ANTOLOGÍA DE SUS VERSOS
1918-1983

AUSTRAL / LITERATURA

ESPASA CALPE

GERARDO DIEGO

ANTOLOGÍA DE SUS VERSOS

1918-1983

Edición
Francisco Javier Díez de Revenga

COLECCIÓN AUSTRAL

ESPASA CALPE

—

Maqueta de cubierta: Enric Satué

—

Depósito legal: M. 4.214—1996

ISBN 84—239—7388—3

Impreso en España/Printed in Spain
Impresión: UNIGRAF, S. L.

Editorial Espasa Calpe, S. A.
Carretera de Irún, km 12,200. 28049 Madrid

ÍNDICE

XI.—*Biografía incompleta*

XII.—*Hasta siempre*

XIII.—*Fábula de Equis y Zeda*

XIV.—*Poemas adrede*

XV.—*Alondra de verdad*

XXII.—*Amazona*

XXIII.—*Amor solo*

XXIV.—*Paisaje con figuras*

XXV.—*Sonetos a Violante*

APÉNDICE

INTRODUCCIÓN

A Elena Diego y
a Pureza Canelo

En el contexto de la poesía española del siglo XX, la figura de Gerardo Diego sobresale, como tantas veces se ha señalado, por su fecunda variedad. Vista la obra en su conjunto, sorprende también por su extensión en el tiempo, ya que podemos situar su producción poética entre 1918 y 1983, lo que supone más de sesenta y cinco años de dedicación a la poesía. Sobre el primer aspecto, el propio poeta hizo constar siempre su gusto por la variedad, por lo moderno y por lo clásico, por lo divino y por lo humano, y no es de extrañar que su obra poética haya llegado a ser considerada sobre la base de dos modalidades imperantes, que el poeta denominó poesía «relativa» (la más clásica y tradicional) y poesía «absoluta» (la más avanzada o vanguardista). Pero la realidad conjunta de su producción, en la que, en efecto, deben ser tenidas en cuenta estas dos variedades, está presidida por un mismo sentido que unifica su experiencia artística. A pesar de las aparentes contradicciones, y a pesar de las diferencias formales entre su poesía «de creación» y su poesía «de expresión», la obra está conducida por igual concepto de aventura poética, en consonancia con lo que proclamaron otros poetas de su generación, por la idea de creación en libertad que, impulsada por un patente afán de renovación, afecta tanto a un soneto dedicado a una catedral gótica, a la estructura de un libro religioso o a la interpretación poética de una sinfonía, de una sonata, de una pintura vanguardista o de una difícil suerte taurina.

Nacido en Santander el 3 de octubre de 1896 en el seno de una familia de comerciantes —su padre tenía una tienda recordada muchos años más tarde en *Mi Santander, mi cuna, mi palabra*—, cursó estudios en el Instituto General y Técnico, donde tendría como maestro a Narciso Alonso Cortés, que muchos años más tarde contestaría su discurso de ingreso en la Real Academia Española. Estudia Letras en la Universidad de Deusto, con Juan Larrea como compañero, y se examina en la Universidad de Salamanca con Miguel de Unamuno, entre otros. En 1916 terminaría la carrera en la Universidad de Madrid. En 1918, en *El Diario Montañés* publica el cuento «La caja del abuelo», su primera obra literaria. Por esas fechas pronuncia una polémica conferencia en el Ateneo de Santander con el título de «La poesía nueva».

Obtiene, por oposición, y ante un tribunal que preside Emilia Pardo Bazán, la cátedra de Lengua y Literatura del Instituto de Soria, en 1920, por lo que se traslada a vivir a la ciudad para trabajar en el mismo centro docente en el que lo había hecho Antonio Machado. Con el primer sueldo se costea la publicación de su primer libro de versos, *El romancero de la novia,* mientras que su nombre aparece en colaboraciones en las revistas más avanzadas del momento: *Grecia, Cervantes, Reflector,* etc. Luego vendrán los contactos de nuestro poeta y Juan Larrea con Vicente Huidobro, a quien conocen en 1921 y visitan en París en 1922, mientras aparecen sus primeros libros vanguardistas, *Imagen, Manual de espumas,* y prepara el que obtendría, en 1925, el Premio Nacional de Literatura: *Versos humanos.* Por estos años desempeña su cátedra en Gijón, en el Real Instituto Jovellanos.

La amistad con los poetas más jóvenes, Guillén, Dámaso Alonso, Salinas, Alberti, García Lorca, genera en 1927 actividades que tendrán trascendencia histórica singular: crea la revista *Carmen,* con su suplemento *Lola,* organiza las ediciones conmemorativas del centenario gongorino —a él le correspondería llevar a cabo una magnífica *Antología poética en honor de Góngora*— y participa en la famosa excursión a Sevilla, posando con sus compañeros en la conocida fotografía generacional en el Ateneo de la ciudad andaluza. Realiza a partir de entonces viajes que dejarán huella en su poesía, tanto por España —Galicia, sobre todo— como por Latinoamérica —Uruguay y Argentina—. En 1932 lleva a cabo su histórica *Antología 1915-1931* de poetas contemporáneos en la que forman, junto a poetas consagrados, los que constituían la nómina central de la «joven literatura». Y, a partir de ese año, ya catedrático en Madrid, después de algunos otros en Santander, participa directamente en reuniones y tertulias muy trascendentes para la historia literaria española. En 1934 se casa en Toulouse y en Sentaraille (boda civil y religiosa) con la estudiante francesa Germaine Marin, que habría de ser compañera inseparable durante toda su larga vida. A final de año realiza su viaje más prolongado, a las Islas Filipinas, en misión cultural. Trasladado de nuevo a Santander, veranea en Sentaraille, en el Pirineo francés, donde en julio de 1936 le sorprende el inicio de la guerra civil. No regresaría a la capital cántabra hasta su toma por el ejército nacionalista, en el verano de 1937. Es entonces cuando se incorpora, tras la inevitable depuración, a su cátedra, que, finalizada la contienda, trasladaría al Instituto Beatriz Galindo de Madrid. En este centro permanecería hasta su jubilación.

Los difíciles años de posguerra no le impiden ser uno de los primeros poetas en publicar libros en España y, así, en 1940 aparece *Ángeles de Compostela,* y en 1941, *Alondra de verdad,* junto a *Romances* y *Primera antología de sus versos.* La actividad literaria del poeta es muy conocida y respetada, por lo que no es extraño que en 1947 fuese elegido para ocupar un sillón en la Real Academia Española, en la que ingresaría con un discurso sobre una estrofa de la *Jerusalén conquistada* de Lope de Vega.

Los años siguientes serán de intensa actividad, con la publicación de nuevos libros, homenajes, viajes y premios nacionales e internacionales, entre los que destaca el Calderón de la Barca, en 1962, por su única incursión teatral: su retablo escénico *El cerezo y la palmera.* Recibe también el Premio de la Société des Poètes Françaises. El reconocimiento por parte de la nueva España vendría en 1979 con la concesión del Premio Miguel de Cervantes, que compartiría con Jorge Luis Borges, y que sucesivamente recibirían todos los poetas de su generación menos Vicente Aleixandre: Guillén, Alonso, Alberti. Su muerte, el 7 de julio de 1987, cierra una dilatada dedicación a las letras, caracterizada por el polifacetismo: poeta, profesor, crítico literario y musical, estudioso de la pintura, aficionado taurófilo y tratadista de la fiesta, ocasional dramaturgo, comentarista de actualidad en la prensa, lector constante, pianista consumado...

Gerardo Diego, poeta vanguardista

Gerardo Diego fue, como se ha estudiado con detenimiento, uno de los fundadores de la vanguardia en España [1]; participó, y muy activamente, en las más importantes veladas y tertulias en las que se generó el movimiento avanzado literario español, y, por último, mantuvo amistad, y muy estrecha en algunos casos, con las figuras míticas de la vanguardia hispánica: Cansinos-Assens, Eugenio Montes, José de Ciria y Escalante, Juan Larrea y Vicente Huidobro. A todo ello hay que añadir que fue cultivador sucesivamente de la poesía ultraísta y creacionista, movimientos primeros de la literatura avanzada hispánica que nuestro poeta, como nadie, supo distinguir. A la poesía de creación permaneció fiel a lo largo de toda su vida, hasta bien entrados los años ochenta de nuestro siglo y de su propia y venturosa edad, lo que supone una definitiva y extraña nota distintiva. Y, por si fuera poco lo ya señalado, Gerardo Diego fue teórico de estos movimientos y nos dejó una obra, dispersa todavía, en la que lleva a cabo, por medio de artículos, prólogos, reflexiones, introducciones, presentaciones, etc., análisis más que lúcidos de los movimientos españoles de vanguardia, tanto desde el punto de vista histórico, con atención detenida a nombres, grupos, revistas, etc., como desde la perspectiva de los lenguajes poéticos, con especial referencia a la imagen, en una de las más interesantes teorías poéticas que se escribieron en los años veinte en España, años singularmente fecundos en todos estos terrenos [2].

---

[1] La presencia de Gerardo Diego en antologías de la vanguardia, incluso del surrealismo, así como en los panoramas y estudios globales sobre el ultraísmo y el creacionismo es habitual. Véanse las referencias contenidas en Juan Manuel Bonet, *Diccionario de las vanguardias literarias en España,* Madrid, Alianza, 1995, que valora muy certeramente la posición de nuestro poeta en relación con el amplísimo mundo de la vanguardia hispánica. Específicamente, se han ocupado de su obra vanguardista, entre otros muchos, José Luis Bernal, *La biografía ultraísta de Gerardo Diego,* y J. Bernardo Pérez, *Fases de la poesía creacionista de Gerardo Diego.*

[2] Se espera una próxima edición de la obra en prosa de Gerardo Diego, actualmente en preparación. Una interesante muestra de las poéticas de la época puede verse en Gerardo Diego, *Poesía española contemporánea. Antología,* edición de Andrés Soria Olmedo, Madrid, Taurus, 1991. Véase también Gerardo Diego, *Crítica y poesía*, Madrid, Júcar, 1984,

Escribía Gerardo Diego en la revista *Cervantes,* en octubre de 1919: «La imagen debe aspirar a su definitiva liberación, a su plenitud en el último grado. El creador de imágenes (poeta, creador, niño-Dios) empieza a crear por el placer de crear. No describe, construye. No evoca, sugiere. Su obra apartada va aspirando a su propia independencia, a la finalidad de sí misma. La imagen múltiple no explica nada y es la poesía en el más puro sentido de la palabra» [3]. En tan temprana fecha, el poeta establecía ya lo que sería una idea muy personal de la poesía como creación y como libertad, que afianzó con su participación en la vanguardia hispánica y su conocimiento directo de las experiencias más avanzadas, de las que surge su concepto de la libertad de la poesía, idea que mantendría hasta el final. Libertad que el poeta recuerda con añoranza, muchos años después, en 1970, cuando era búsqueda y rigor juvenil, como ocurre con el ultraísmo y su libro *Evasión,* que no constituirá precisamente una literal «evasión», porque, como el propio poeta indica, «no era rehuir el peligro, el compromiso, el bulto, sino todo lo contrario, buscarlo en la escapada de la cárcel hacia la aventura» [4]. Por el contrario, el poeta lo presenta más bien como ejercicio de la libertad: «ultraísmo no escuela, sino libertad, no teoría, sino deseo, propósito de ir más allá, de romper con lo establecido» [5]. Aunque lo cierto es que todo, a su juicio, no fue más que un intento: «Por lo que toca al ultraísmo, su limbo era de credulidad infantil y de ausencia de blanco a donde dirigir los disparos. En términos generales los poetas ultraístas nos lanzábamos a una aventura constante hacia lo desconocido, pertrechando cada uno con el equipo que encontraba más a su alcance» [6].

Sus indagaciones teóricas en torno a la libertad de imaginación dieron sus resultados, dentro de la vanguardia, cuando, en el París de 1922, conoció, aún más de cerca, los atrevimientos de los vanguardistas y comprendió, con Vicente Huidobro,

---

único volumen que recoge alguno de los estudios sobre poesía española del poeta.

[3] Gerardo Diego, «Posibilidades creacionistas», *Cervantes,* octubre 1919.

[4] Gerardo Diego, *Versos escogidos,* pág. 21.

[5] *Ibídem.*

[6] *Ibíd.,* págs. 33-34.

que la palabra de la poesía podía contener y expresar el mundo que él había buscado en el ultraísmo. Ahora sí se lograría la gran empresa de la poesía como «creación». Y así lo recuerda cuando evoca sus conversaciones en aquel año con Juan Gris, María Blanchard o Ferdinand Léger: «Escuchándoles yo pensaba siempre en mi música y en mis músicos, y traducía mentalmente los términos plásticos a vocabulario temporal y sucesivo que por serlo era más idóneo para "componer" poesía. Los "rapports", las gradaciones desde el tema u objeto de la naturaleza hasta su transfiguración en unidad, y calidades autónomas plásticas y cromáticas, ya en el sentido abstraedor, ya por el contrario concretador si se partía de lo geométrico, me abrían cada día inéditas perspectivas que luego en la paz feliz de la playa cantábrica encontraban su armónica poetización» [7].

Bajo los efectos de esta trasposición artística, con su novedad y su originalidad, se produce una estética nueva que no es, sin embargo, distinta o contraria a la buscada por el poeta en todos los tiempos, como medio para sublimar la realidad y poetizarla. El poema «de creación» o «creacionista» lo hace a su modo, pero consigue resultados similares a otros: «El poeta no puede crear nada —escribe Diego—. Crea con palabras y las palabras preexisten y de ellas no puede librarse. Pero un poema creado no es un poema antirrealista, al contrario, es un poema intensamente realista —o, mejor dicho, real— con una realidad acrecentada y magnificada que en la realidad de la vida prende sus raíces» [8]. Gerardo Diego ha ejercitado estas propuestas hasta el final de sus días, en una tan interesante como mantenida trayectoria de poesía de creación, cuyo resultado no es, sin embargo, convalidable con experiencias poéticas de rancia solera y sólido prestigio hoy como puede serlo el surrealismo, por más que las apariencias puedan engañarnos, y el propio poeta se ha encargado de señalarlo en más de una ocasión, como más adelante señalaremos. *Evasión* es, entre sus libros, el único que el poeta considera ultraísta. Escrito entre 1918 y 1919, y representado en la *Primera antología de sus versos* como libro independiente, con el número IV, está

---

[7] Gerardo Diego, *Versos escogidos*, pág. 37.

[8] Gerardo Diego, *Crítica y poesía*, pág. 317.

compuesto con la intención de dar respuesta y hacer práctico su deseo de «evasión de prisiones, de jaulas estróficas o de otra índole, amor del riesgo y exploración de lo incógnito», lo que evidencia el carácter experimental de los cincuenta y cuatro poemas que formaron la edición venezolana, no autorizada, de 1958. Lo publicado de *Evasión* en España tan sólo está compuesto por veintitrés poesías que formaron, en 1922, la primera parte de *Imagen,* que en la *Primera antología de sus versos* figura con el número V. Aparecido en 1922, es un libro ultraísta y creacionista, ya que sus otras dos partes, «Imagen múltiple» y «Estribillo», difieren bastante de la estrictamente ultraísta, formada por los poemas de *Evasión.* Corresponden estos a sus primeros escarceos ultraístas, que pronto abandonaría tal como siempre advirtió: «Los poemas de este año —1919— podrían reunirse (tal fue mi intención) bajo el título común de *Evasión,* prelibro del que se han dado fragmentos más o menos extensos en libros (así, una sección, la primera, de *Imagen)* y revistas. Agrupa este título poemas diversos, no un conjunto homogéneo y cerrado, que hay que juzgar como lo que son, como mi búsqueda personal de escapatoria hacia la libertad iniciando una poesía propia» [9]. Todo ello revela que su actividad en ese primer año de trabajo, ya público, como poeta fue muy intensa. Entonces ya dio a conocer muchos de los poemas que construirían sus libros más avanzados, lo que manifiesta para la historia que nuestro poeta se convertía así en una de las figuras jóvenes más representativas de los orígenes de la vanguardia en España.

Tras los datos teóricos e históricos, está la poesía realizada por Gerardo Diego, adscribible al arte de vanguardia, que sigue despertando interés entre lectores y estudiosos, especialmente el libro *Imagen,* que ha visto dos recientes ediciones, además de su inclusión en *Poesías completas* [10]. Si interesa hoy este pequeño volumen de versos, escrito entre 1918 y 1921, es porque, en estos tiempos en que en poesía se buscan nuevos caminos que sirvan para la expresión de nuestro tiempo, encontramos en él al poeta juvenil lanzado a la búsqueda de un

---

[9] Gerardo Diego, *Obras completas. Poesía,* vol. II, pág. 1115.

[10] Gerardo Diego, *Imagen,* Madrid, Crisol. Serie Especial, Aguilar, 1987. También, en edición de José Luis Bernal, Málaga, Centro de Estudios de la Generación del 27, 1990.

mundo nuevo de expresión poética. Y dado que *Imagen* se compone, desde su edición príncipe, de tres partes, de las cuales la primera es ultraísta *(Evasión)* y las dos siguientes creacionistas, el libro resulta especialmente útil para conocer el sentido de ambos movimientos, sus diferencias y, desde luego, el paso del poeta por estas dos tendencias. O, por mejor decirlo, el paso por el ultraísmo y su detención y adscripción definitiva al creacionismo. *Evasión* se constituye de este modo en la máxima representación de la adscripción ultraísta del poeta. Como él ha señalado, no se trata de evadirse de nada ni de escurrir el bulto, sino todo lo contrario, comprometerse con una estética nueva, aunque tales espacios desconocidos no sean otros que las cabriolas ultraístas, a cuya ortodoxia más rigurosa está en estos momentos el poeta adscrito. Luego, muchos años después, Diego ha calificado la configuración de tal poesía como canciones con «inevitables gallos y fallos» [11], justificando lo que era obligado al cultivar experiencias ultraístas. Puede ser que hoy día tal poesía resulte desenfadada, pero, si mantiene su carácter sorprendente, cumple plenamente con los objetivos que la produjeron. Una cuestión que ha de llamar la atención es la superación de la eufonía de la rima, consustancial con la poesía tradicional. Un poema como «Nocturno funambulesco» supera con creces los conceptos establecidos en lo que a rima se refiere, reiterando sonidos no admitidos en la estética común. Se intenta, desde luego, como se dice en otro poema, «repudiar lo trillado / para ganar lo otro». No se trata, por supuesto, de una escritura automática, ni se pretenden investigar rincones oníricos de nuestra mente. Ahora, lo que Gerardo Diego quiere es superar una estética manida e ir, como etimológicamente alude el nombre del movimiento, «más allá». Una buena prueba de que el poeta tiene los pies en la tierra, la constituyen, indudablemente, los poemas que componen el «Zodiaco», representaciones de cada uno de los signos en las que se unen lo mítico, lo mágico y lo cultural. El poeta seleccionó, para la *Primera antología de sus versos,* «Virgo», una de las composiciones de esta serie.

La segunda parte del libro, reunida bajo el título de «Imagen múltiple», es muy diferente en efecto, ya que está compuesta por poemas en los que se han tomado una serie de de-

---

[11] Gerardo Diego, *Versos escogidos,* pág. 21.

cisiones formales que los hacen distintos de los anteriores. Ha prescindido de los signos de puntuación y ha incorporado la representación plástica del poema a su propia expresión, por medio de meditadas disposiciones tipográficas de orden casi caligramático. Unas breves palabras teóricas nos introducen en el poemario y ponen de manifiesto la adscripción de este a las enseñanzas que Huidobro había traído a España. En observaciones muy en consonancia con el pensamiento del poeta chileno, Diego asegura que poesía es creación y pretende «que la obra viva por sí sola y resucite en cada hombre una emoción distinta» [12]. El poema más valioso de la colección es «Gesta», del que sabemos, por haberlo explicado el poeta en diferentes ocasiones, que se trata de una autobiografía en imágenes «más o menos irracionales». Su lectura resulta emocionante en su longitud y en su libertad de interpretación. El lector penetra en la vida del poeta y la recrea a través de numerosas imágenes que surgen como chispazos originales, con las que van creando relaciones, que, posiblemente, habría que allegar a las «greguerías» de Ramón Gómez de la Serna, con quien el poeta, justamente, estaba en esta época bastante relacionado. Otros poemas del conjunto responden a intenciones diversas en las que confluyen el común sentimiento de crear imágenes que sean representativas de realidades, tal como querían los dos guías o mentores del poeta en este momento: Juan Larrea y Vicente Huidobro.

Se configura la tercera parte, la titulada «Estribillo», como un intento de incorporar el sentido musical del estribillo, con toda su lección de popularidad, a la nueva poesía. Se parte de un poema, «Estética», significativamente dedicado a Manuel de Falla. Al final de sus días literarios, Diego volvería a dedicar a Falla un gran poema: «Los árboles de Granada», de 1975, en el que la figura del músico inspira el ritmo estacional de un espléndido texto, con cuya musicalidad interna este de 1920 tiene cierta relación. En el de *Imagen* confluyen, dentro de su corto espacio, lo popular, lo musical y lo creacionista, para terminar con un conocido «Estribillo Estribillo Estribillo / El canto más perfecto es el canto del grillo». A esta parte pertenece otro «clásico» de la poesía creacionista española: el

---

[12] Gerardo Diego, *Imagen,* edición de José Luis Bernal, pág. 145.

poema «Columpio», que se recuerda por su efectividad plástica. Resulta inútil tratar de descifrar la serie de imágenes vanguardistas que nos llevarían a detectar el reflejo de la indecisión del personaje evocado por el poeta. Por esto, la anécdota, lo argumental, poco importa en un poema creacionista. Lo interesante es la expresión de esa idea, del ritmo del poema a través de una serie de recursos que van desde la disposición tipográfica caligramática hasta la contraposición de imágenes que llevan a cabo un vaivén entre el sí y el no, una especie de columpiarse entre la decisión y la indecisión. De ahí el título del poema. Gerardo Diego quiere a toda costa introducir un ritmo de contrapeso, reflejo de la indecisión de este poético soñador que se debate consigo mismo. Tres veces se produce el paso de la negación a la afirmación para destacarla sobradamente, incluso, en una ocasión, distanciando los adverbios a los extremos del verso. Otros elementos contribuyen a crear este ritmo. Es patente la irregularidad del verso, aunque exista un cierto predominio de las medidas, como son la endecasílaba, la heptasílaba, fácilmente perceptibles. Aun así, el poeta prefiere basar su ritmo en las relaciones léxicas, es decir, en las asociaciones de contenidos, ayudadas por elementos tradicionales como la rima, tan perceptible en palabras como *colores, amores, flores.* Lo complejo de las imágenes, la belleza de las asociaciones de ideas, la rapidez con que se suceden, constituyen los principales aciertos del poema. El empleo del verso libre, aquí, parece la más apropiada fórmula de expresión rítmica, pero lo esencial en ese contexto es la musicalidad de vaivén, de columpio, que caracteriza la composición. El columpio queda visualmente dibujado con la disposición tipográfica del poema.

Abría así *Imagen,* de la mano de la lírica hispánica más avanzada en ese momento (Huidobro, Larrea), el camino para una nueva representación poética del mundo. La imagen creacionista era el vehículo, y la sorpresa que causó entre los lectores y entre los entendidos de poesía no fue poca. Antonio Machado, que distinguía con afecto al joven poeta que estaba empezando y que apreciaba sus cualidades como tal (en 1924, le otorgaría el Premio Nacional de Literatura un jurado en el que estaría don Antonio, aunque, eso sí, a un libro muy diferente a este, *Versos humanos),* le dedicó una reseña en el periódico *La Voz de Soria,* en la que el autor de *Campos de Castilla,* alejado desde luego de la estética avanzada, descubría en él características que nos permiten hoy entender mejor este libro, ya que veía en el autor a «un joven poeta que se ha escapado de la mazmorra simbolista», y en el libro, además de «verdaderos prodigios de técnica», «una sana nostalgia de elementalidad lírica, de retorno a la inspiración popular» [13]. Las palabras de Machado descubrían con claridad el valor de esta obra, que, ahora, más de setenta años después, se mantiene con su lección de búsqueda y autenticidad líricas.

Los libros siguientes, dentro de esta modalidad vanguardista, mantienen el mismo espíritu: *Limbo* (1919-1921) es una especie de apéndice o «paralipómenos» de *Imagen,* dedicado a los ultraístas de la revista *Grecia,* que, como todos los poetas de vanguardia, estaban un poco en el limbo, según recuerda con humor el poeta; *Manual de espumas* (1922), considerado por su autor como «el cancionero más ortodoxo dentro del movimiento creacionista», está escrito en Gijón con el recuerdo de las conversaciones con los artistas parisinos, por lo que lo considera muy próximo a la pintura cubista, aunque en una versión muy personal, idílica «y profunda, delicadamente humana». La aparición de este libro, ya en 1925, muy tarde respecto a su composición, produce un paréntesis en la poesía de vanguardia de Gerardo Diego, del que no se sale hasta llegar a las distintas entregas de *Biografía incompleta* (1925-1966) y *Biografía continuada* (1971-1982). Hacia 1925 considera José Luis Bernal que la biografía ultraísta de Gerardo Diego ha terminado [14]. Es el año de *Versos humanos* y el poeta avanza firme en su camino creador de una poesía atenta a renovados impulsos.

Poesía relativa: clasicismo y modernidad

Dejando aparte la poesía estrictamente creacionista de Gerardo Diego, un muy importante sector de su obra poética, quizá el más conocido por los lectores, se ajusta al amplísimo concepto de «poesía relativa», que el poeta acuñó para distin-

---

[13] Antonio Machado, *Poesía y Prosa,* edición de Oreste Macrí con la colaboración de Gaetano Chiappini, Madrid, Espasa Calpe, 1988, vol. III (Prosas Completas [1893-1936]), pág. 1641.

[14] José Luis Bernal, *La biografía ultraísta de Gerardo Diego,* cit.

guir las dos modalidades que habitualmente se señalan en su obra. Pero hay que insistir en que entre ambas modalidades existe una constante permeabilidad, advertible en numerosos recursos, propios del lenguaje de vanguardia, que comparecen constantemente en aquellos poemas que teóricamente, al menos, se ajustarían a una línea neoclasicista o tradicional, evidenciada sobre todo en los moldes métricos clásicos, empleados para la expresión rítmica de este importante sector. Tal permeabilidad es especialmente manifiesta en dos libros muy interesantes: la *Fábula de Equis y Zeda,* compuesta entre 1926 y 1929, es decir, en pleno fervor gongorino, y *Poemas adrede,* que, comenzado en 1926, no se finalizará hasta 1941, por lo que hemos de notar que, nacido en la etapa de fidelidad a Góngora, se ha de ir completando durante toda la época que consideramos de plenitud, entre 1936 y 1941, etapa sobre la que hemos de volver, en la que surgen los dos libros más perfectos de todo Gerardo Diego, a nuestro juicio: *Alondra de verdad* y *Ángeles de Compostela,* por lo menos este último en su primera redacción.

La *Fábula de Equis y Zeda* quiere vincularse a la lírica clásica del siglo de oro, desde el momento en que el poeta escoge una estrofa desusada modernamente, como es la sextina real, pero tal dependencia es muy relativa, ya que el poeta optará por soluciones personales, de origen vanguardista, que superan fácilmente el inicial parentesco barroco-culterano. Del mismo modo, *Poemas adrede* adopta una serie de moldes tradicionales desde el punto de vista métrico y rítmico, como pueden ser los endecasílabos y heptasílabos en las más diversas combinaciones, estas últimas más o menos clásicas, así como los octosílabos, con presencias de significativos pies quebrados. Igualmente, desde el punto de vista lingüístico, hallamos el uso de una sintaxis notablemente barroca. Pero todos estos recursos, heredados de la tradición lírica de nuestro siglo de oro, se combinan con los hallazgos vanguardistas, de manera que el poeta lo que pretende es realizar una poesía *adrede,* es decir, una poesía con el único objetivo de ser poesía. Gianfranco di Stefano [15] ha estudiado estas experiencias, cuyos resultados son sorprendentes, utilizando una palabra grata al poeta, como

[15] Gianfranco di Stefano, «Clasicismo y creacionismo en los *Poemas adrede* de Gerardo Diego», págs. 253 y sigs.

ocurre en «Azucenas en camisa» con sus aires garcilasianos y lopescos o en «Palabras proféticas», inspirado por San Juan de la Cruz. Libros como la *Fábula de Equis y Zeda* y *Poemas adrede,* desde su planteamiento vanguardista, hay que considerarlos puentes entre ambas modalidades practicadas por el poeta, como en cierto modo también lo son libros totalmente clásicos como *Alondra de verdad* y *Ángeles de Compostela.* La maestría de Gerardo Diego, reconocida por García de la Concha [16], será la que consiga esta misteriosa fusión, en la que la palabra, la imagen, la escritura poética en definitiva, adquieren una extraordinaria originalidad, muy efectiva a la hora de crear una lírica moderna, objetivo siempre perseguido por Gerardo Diego y por todos los poetas de su generación.

La poesía relativa de Gerardo Diego está caracterizada, desde el punto de vista formal, como hemos adelantado, por el empleo de formas métricas clásicas, desde el soneto al romance, desde la lira a los diferentes tipos de silvas, con una variedad absolutamente asombrosa [17]. Pero al mismo tiempo, el poeta asimila formas rítmicas modernas, más o menos cercanas al verso libre, que dan a estos libros «relativos» una variedad y una modernidad muy relevantes. Desde el punto de vista temático, hallamos al poeta de las múltiples atenciones, que demuestra que no sólo es múltiple en procedimientos formales y en planteamientos estructurales, sino también, ya dentro de una modalidad, en atenciones muy variadas. Del mismo modo que su abundante obra en prosa constituida fundamentalmente por una fecundísima obra periodística —compuesta por más de 3.500 originales— se destaca por la absoluta variedad de argumentos, su poesía relativa es justamente relativa a un inmenso contenido temático. Miledda C. D'Arrigo [18] realizó un ya clásico intento de acercamiento a esa multiplicidad, cuando se propuso estudiar sus «versos humanos», que, dicho sea recurriendo a una cita tópica —de Plauto—, podríamos concretar en que al ser hombre, todo lo humano le interesa. El término «hu-

---

[16] Víctor García de la Concha, «Maestría de Gerardo Diego», páginas 339-351.

[17] Francisco Javier Díez de Revenga, *La métrica de los poetas del 27,* Murcia, Universidad de Murcia, 1973, págs. 149 y sigs., 192 y sigs., 248 y sigs.

[18] Miledda C. D'Arrigo, *Gerardo Diego, il poeta di Versos humanos,* págs. 1-5.

manos», aparecido en el título del libro de 1925, se refería —no debe quedar duda— a este sentido de amplitud, cuya oposición, en todo caso, sería a «divinos», que figurará en el título de un libro de madurez, *Versos divinos,* aunque planteado y compuesto a lo largo de los años. Concretaba lo inconcretable Miledda fijando en tres grandes grupos sus temas «humanos»: el paisaje, el amor y los temas «minori», en los que entrarían los toros y la música. Habría que añadir también la pintura, acentuado su interés por este campo en los años de madurez, la religión, la autobiografía —memorias personales, familiares, profesionales, estéticas, literarias...—, la actualidad y la literatura, que glosará constantemente, sobre todo la literatura española del siglo de oro. Son estos algunos de los motivos o conjuntos de motivos que es posible delimitar inicialmente, pero la amplitud de sugerencias y la conexión entre unos y otros argumentos complican extraordinariamente su clasificación al tiempo que evidencian su extraordinaria riqueza.

La complejidad aumenta con los años y los libros. Un ejemplo: el libro *Soria,* que es uno de los de más dilatada ejecución, ya que, comenzado en 1921, no conocerá su edición definitiva hasta 1977, no puede reducirse a considerarlo un libro de paisaje, porque más de medio siglo de atención a una ciudad y a su memoria superan fácilmente una inicial clasificación superficial: la memoria, el sentido del paso del tiempo, el entusiasmo ante símbolos permanentes de plenitud, apoyarán la idea de complejidad temática. Muy interesantes son las aportaciones de las fechas más recientes a su viejo libro *Soria,* que finalmente se reúnen con el título de *Soria sucedida.* Su aparición en 1977, cuando el poeta ya ha cumplido los ochenta años, posibilita la inclusión de poemas relacionados con la ciudad y su entorno de fechas muy recientes, entre 1969 y 1976, en los que la evocación de otras épocas desata reflexiones e inquietudes sobre el tiempo y la edad, la lejana juventud, el recuerdo, la representación de lugares lejanos y, finalmente, la amistad, como virtud propia de senectud [19]. Aun así, hay que seguir señalando, como hizo Concha Zardoya [20], el efecto de re-

---

19 Francisco Javier Díez de Revenga, *Poesía de senectud,* pág. 151 y sigs.

20 Concha Zardoya, «Una insistencia temática. Castilla en la obra de Gerardo Diego», págs. 290-293.

torno interminable a un paisaje entrañado en su espíritu y singularmente atractivo, como lo es Castilla. Alejado conscientemente de la interpretación pesimista de los escritores de principios del siglo, nuestro poeta marca diferencias notables, que pronto fueron apreciadas, incluso por los protagonistas de la interpretación arquetípica, entre ellos Antonio Machado.

Otro tanto sucede con *Mi Santander, mi cuna, mi palabra,* memoria personal y familiar de un paisaje, en la que entran para enriquecerla multitud de motivos vinculados a las edades —infancia, juventud, primera madurez— y a los recuerdos. Llama la atención en este libro un componente poco común en la poesía contemporánea: el costumbrismo y la presencia de la vida cotidiana, revelada en las referencias a juegos y distracciones, a la vida comercial de la familia —que con mucha inteligencia el poeta denomina «novela», como queriendo mostrar la consciente invasión de otros terrenos literarios, propios de géneros narrativos—, a las figuras de los hermanos y los amigos, que más que poemas hagiográficos o laudatorios, son trozos de la existencia diaria en los que sorprendemos a personajes viviendo su vida cada día...

Libros de paisajes serían también *Alondra de verdad* y, desde luego, *Ángeles de Compostela,* y lo es más aún su continuación, ya fuera del contexto gallego, *Vuelta del peregrino,* recorrido emocional por diferentes lugares de España adonde el poeta ha acudido en peregrinación. Fue Gerardo Diego también un poeta muy singular en lo que se refiere a la presencia de su vida y sus andanzas por tierras y paisajes españoles en su obra. Apasionado por una geografía que él vivió con entusiasmo, recorrió sin prisas, y visitó con detenimiento, muchos de los escenarios y de los mundos más entrañables de la piel de toro peninsular pasaron a su obra. Y entre esos paisajes, aparte de algunos otros vinculados a su niñez y juventud o lugares en los que vivió en etapas de su vida —Cantabria, Soria, Asturias—, ningún otro dejó una huella más profunda que Galicia, y en concreto Santiago de Compostela. Cultura, paisaje, ambiente, tradición, religiosidad, poetas y santos, leyendas y costumbres. Un mundo rico y complejo, mítico en muchos aspectos, que sintonizó pronto con su personalidad de hombre del Norte, nacido junto al mar Cantábrico, habituado a paisajes llenos de feracidad y vida, clima húmedo y mar presente en todo momento. Todavía, al final de sus días, una serie de poemas, titulada *Mi románica España,* nos devolvería este poeta peregrino de las tierras de nuestro país, que transmite la emoción del arte, del paisaje y de la religiosidad a través de monumentos señeros del románico, algunos trascendentes en su poesía como Silos.

En *Paisaje con figuras,* Gerardo Diego, partiendo de la denominación que se le da a un subgénero pictórico, otorga al paisaje una nueva dimensión, la de ser entorno de una determinada personalidad. La búsqueda del equilibrio entre estos dos integrantes del poema se suele saldar con resultados encomiables, tales como *Visitación de Gabriel Miró,* en el que escritor y entorno natural resultan emocionalmente identificados, tal como el poeta entiende la obra del escritor alicantino: vinculada a un paisaje concreto. Otra perspectiva la representa un libro como *El Jándalo (Sevilla y Cádiz),* en el que la peregrinación se concreta ahora a un contexto muy especial, en el que no sólo los paisajes sino también los amigos han hecho que el poeta quedara prendado de esta tierra singular, más aún para un hombre del Norte, como el poeta expresa en estas creaciones andaluzas suyas.

El amor es otro de los grandes temas de la poesía relativa de Gerardo Diego y, desde los primeros libros, ha estado presente en sus versos. Hay que decir que son diferentes las perspectivas que, a lo largo de más de cincuenta años, dan forma a esta poesía y muestran diferentes intereses, que no responden de forma estricta a una evolución a través del tiempo, sino que, según el momento o el libro, se adopta una actitud u otra. Desde el punto de vista biográfico, cuyos detalles sentimentales suelen acompañar bien los diferentes argumentos de la reflexión amorosa de un poeta, poco o nada se puede señalar que podamos justificar como incidentes notables en la vida sentimental del poeta, por lo menos que haya trascendido. En este caso, hay que recordar su primer amor, la novia protagonista del *Romancero de la novia,* su primer libro publicado, con el primer sueldo de catedrático en cortísima tirada de 100 ejemplares. El Juan Ramón Jiménez de *Jardines lejanos, Rimas* y *Pastorales* influyó directamente en unos versos que no dejan de tener hoy cierto encanto. Aunque los poemas amorosos los podemos encontrar en muchos de los libros del poeta, incluso en algunos de poesía de creación, hay libros completos que tratan del amor, y que constituyen un conjunto en el que el poeta canta todos sus matices, desde planteamientos metafísicos o existenciales hasta canciones galantes, desde el gusto por la recreación de la poesía amorosa del siglo de oro hasta la expresión de las vivencias diarias del amor, su definición, los proyectos del poeta con la amada, la contemplación de su figura. El amor es así tema y argumento de *Amazona,* de *Amor solo,* de *Sonetos a Violante,* de *Canciones a Violante* y de *Glosa a Villamediana.* A estas representaciones hay que añadir otras, personales, conyugales y familiares, contenidas en dos libros en los que el amor alcanza otra dimensión: *La sorpresa (Cancionero de Sentaraille)* y *La fundación del querer,* en los que ese poeta de la vida diaria, capaz de sublimar realidades y costumbres, que Gerardo Diego llevaba dentro, vuelve a brillar con la luz de su verdad y de su virtud.

La música, otro de los mundos predilectos de Gerardo Diego, produjo muchos poemas y algún libro completo, como el primerizo *Nocturnos de Chopin,* en el que el poeta traza unas «paráfrasis románticas» y ambienta adecuadamente el marco en el que el músico polaco creó sus famosos nocturnos. El romanticismo es algo más que una sugerencia en el título y que un reflejo de su admiración hacia Chopin, pero el libro sobresale, desde el punto de vista histórico, por recoger lo que fue un intento constante en el poeta, según él nunca logrado: intentar reproducir con palabras, con poesía, las sensaciones y emociones que causa en el oyente la música de un determinado compositor. El procedimiento, que hay que situar en las corrientes parnasiano-simbolistas, siempre presionó a Gerardo Diego y constantemente volvió una y otra vez, tanto en poesía creacionista como en poesía expresionista, a intentar captar la belleza de la música. Desde estos *Nocturnos* iniciales hasta poemas finales tan significativos como «Revelación de Mozart» o «Los árboles de Granada», con el recuerdo de su amigo Manuel de Falla, pasando por algunos de los magistrales sonetos de *Alondra de verdad* o por *Preludio, aria y coda a Gabriel Fauré,* la música ha perseguido siempre a Gerardo Diego, y el músico que llevaba dentro intentó, y quizá logró como nadie, expresarse por medio del poeta que hoy consideramos vencedor en la lucha desigual entre música y poesía.

Al publicar en 1971 su libro *Versos divinos* el poeta reunía en un volumen muy anunciado la mayor parte de su poesía religiosa, por lo menos aquella que era más estrictamente religiosa y no estaba vinculada a un determinado paisaje, ambiente, ciudad, región, etc. Carácter religioso alcanzan poemas de otros libros e incluso obras enteras, como es el caso de *Ángeles de Compostela,* pero *Versos divinos* tiene otra dimensión, ya que no sólo la unidad de tema (lo religioso cristiano-católico) le da sentido, sino que es también la temperatura, la posición anímica del poeta la que da a esta difícil especialidad poética un sentido moderno y al mismo tiempo fiel a la ortodoxia requerida. Gerardo Diego supera con facilidad esa lírica religiosa, repetitiva y manida, que, una vez pasado el siglo de oro, ha proliferado en nuestras letras y ha mostrado, salvo pocas excepciones, tópicos repetidos, que hacen que el lector moderno se prevenga ante la poesía religiosa. Gerardo Diego salva esta dificultad con soltura y demuestra una recia personalidad de poeta y de católico que sabe interpretar los temas de la religión con visión serena, soltura y originalidad. La seriedad de sus representaciones poéticas viene avalada también por un conocimiento profundo de la religión, aprendido en la lectura de los libros más representativos, empezando por la *Biblia,* de la que proceden sus espléndidas representaciones del Antiguo Testamento, a las que se unen las canciones de tipo tradicional que, a la manera de su maestro Lope de Vega, enriquecen misterios y representaciones de la religión, entre los que destacamos los temas navideños. El temprano *Vía crucis,* que se incorporaría a *Versos divinos,* ha sido considerado por el poeta como libro aparte, justificadamente, sin duda, dados su dramatismo, intensidad y belleza, con rica representación del argumento glosado.

Gerardo Diego era un gran aficionado a los toros y cualquier lector de su obra poética lo sabe muy bien, porque sus poemas dedicados a la fiesta constituyen un capítulo único dentro de la poesía española del siglo XX, que tantos poetas taurinos conoce. La unicidad que corresponde a nuestro poeta se debe a su calidad, a su inspiración original, a la precisión de sus evocaciones poéticas del espectáculo taurino, a su fidelidad a esta temática, a sus conocimientos internos del arte de la tauromaquia, a su amistad con grandes toreros, y, más que nada, a que fue uno de los pocos poetas españoles capaz de articular un libro monográfico sobre la fiesta, *La suerte o la muerte,* obra maestra tanto por su intenso contenido poético como por sus virtudes formales y estructurales, ya que todo el libro está concebido como un gran «poema del toreo». Las diferentes partes de que se compone se estructuran de manera que toreros, escenas costumbristas, grandes festejos y las diferentes suertes de que se compone la corrida de toros, están presentes en los distintos poemas del libro. De la fidelidad del poeta por la fiesta de los toros da cuenta también, desde el punto de vista poético, su segundo libro centrado en este tema, que, aunque mucho más breve, y sin la cohesión estructural del primero, responde muy bien a la continuidad de su afición y de su deseo y propósito de llevarla al verso. Su título: *El Cordobés dilucidado,* que el poeta dio a conocer en una edición en la que también se incluía *Vuelta del peregrino.*

Se completa la poesía relativa de Gerardo Diego con algunos libros que él denominó, no sin desenfado, «inconexos», libros compuestos de poemas muy diversos creados al aire de las más variadas circunstancias, sin que tengamos que clasificarlos como «versos de circunstancias», denominación peyorativa sin duda. Obras de carácter colectáneo, contienen, sin embargo, algunas de las joyas de la poesía de Diego, como lo es, sin discusión, «El ciprés de Silos», integrado en *Versos humanos.* Ni el famoso soneto ni el libro que lo contiene (que —recordemos— obtuvo el Premio Nacional de Literatura junto a *Marinero en tierra,* y supuso una primera consideración general de nuestro poeta —como también la supuso para Rafael Alberti—) pueden ser considerados «versos de circunstancias», como tampoco lo deben ser los poemas que componen otro libro «inconexo», *Hasta siempre,* cuyos versos se escriben en la etapa de plenitud, los años en que se compone *Alondra de verdad. La luna en el desierto y otros poemas* y *La rama* responden igualmente a este carácter acumulativo, habitual por otra parte en todos los poetas de todos los tiempos.

La plenitud innovadora

Una de las etapas más valiosas de la actividad literaria de Gerardo Diego la desarrolla entre 1926 y 1940, continuada con una interesante *coda* o ampliación, ya en 1948-1952, que coronará lo que podríamos considerar su época más personal y de resultados más permanentes. En estos años el poeta escribe dos de sus mejores libros: *Alondra de verdad* y *Ángeles de Compostela,* cuyas primeras ediciones no verían, lógicamente, la luz hasta 1941 y 1940, respectivamente. La aparición de ambos libros encabeza, magistralmente, el proceloso camino de la poesía española de posguerra. Cuando empieza a escribir los sonetos de *Alondra de verdad* en 1926, ya había dado a conocer algunos de sus más representativos poemarios. Entraba el poeta, ya en cierto modo consagrado, en una etapa de sólida madurez, y, por ello, no es de extrañar que estos dos libros hayan sido considerados por la crítica las dos obras maestras de Gerardo Diego.

Alondra de verdad es, como tantos libros de Gerardo Diego, una especie de diario íntimo, formado por cuarenta y dos sonetos («fechos» como los otros tantos del marqués de Santillana, «al itálico modo»). Los reúne el poeta con estricto respeto a la realidad cronológica que los produjo y los vincula, en algunos casos, a experiencias concretas. Así ocurre con las sugerencias paisajísticas, históricas y emocionales de los diferentes lugares recorridos o avistados desde el barco en el viaje de regreso de las Islas Filipinas. *Ángeles de Compostela* es un libro diferente, aunque también contiene las impresiones producidas por circunstancias paisajísticas, históricas y emocionales. Está realizado en los mismos años que *Alondra de verdad* —aunque ampliado posteriormente— y adopta la configuración de un gran retablo arquitectónico en el que cada composición juega un papel armonioso dentro del conjunto, lo que revela marcadas diferencias estructurales entre un libro y otro. Mientras *Alondra* es un libro escrito a lo largo de diez años bajo el signo de la unidad formal, *Ángeles,* en su primera versión, se compone en pocas semanas, entre mayo y julio de 1936, durante las cuales el poeta va complicando la estructura arquitectónica del libro hasta obtener un primer resultado feliz (1940), luego confirmado en la ampliación de 1948-1952.

Es evidente, por tanto, el parentesco cronológico y espiritual entre ambos libros, pero sobre todo lo es la relación de temperatura, de procedimientos formales, de clasicidad, en definitiva, que ambos libros exponen con nitidez. Había comenzado su autor, a principios de 1918, cuando inicia *Versos humanos,* una interpretación de la poesía de signo clasicista, por lo menos desde el punto de vista formal, que compartía sus horas con las imaginaciones vanguardistas contemporáneas, muy intensas en este período inicial. En esta poesía tradicional irían entrando con el tiempo reflejos de los hallazgos vanguardistas que se forjarían en feliz simbiosis con los nuevos avances de la poesía tradicional. *Alondra de verdad* y *Ángeles de Compostela* suponen la culminación de tal etapa clasicista, y las apariciones de estos dos libros mucha influencia habrán de tener en las nuevas promociones y en el clasicismo de la «juventud creadora», aunque no lograron alcanzar a su maestro y a su original combinación de tradición y vanguardia.

En efecto, es el soneto el que dota a *Alondra de verdad* de una uniformidad que no se corresponde, sin embargo, con la gran variedad de temas y registros que caracterizan al libro, lo que supone la confirmación de uno de los rasgos estilísticos más personales y también permanentes del poeta: su versatilidad, que coincide, dentro de la obra completa, con otros muchos libros con los que es posible emparentar este. Los tonos renacentistas con que son tratados algunos temas, la actitud neobarroca en otros, revelan la fidelidad del poeta a nuestro siglo de oro, al que también corresponden como tributo actitudes más ambiciosas: la religiosidad, el tradicionalismo, la emoción ante paisajes y templos (catedral compostelana, Giralda, Silos), que ha producido poemas excepcionales.

Conviven estos motivos con otros reveladores de cierto paganismo cultural desmitificado, muy de Gerardo Diego —Venus en «Cuarto de baño», construido con una configuración plenamente vanguardista—, con recreaciones musicales sobre temas de Schubert, Schumann, Beethoven, Debussy, etc.; visiones y paisajes de andanzas españolas, presencia del mundo taurino (en este caso en forma de alegoría y de imagen avanzada), junto a los juegos de imaginación, típicos de la poesía de Gerardo Diego. Dos poemas suelen destacarse al referir las novedades de *Alondra de verdad:* «Insomnio» y «Cuarto de baño», que sobresalen por su carácter sorprendente y por su originalidad. El primero, de tema amoroso, nos ofrece a una *tú* dormida, contemplada por el poeta en la placidez de su sueño. Dámaso Alonso valoró variedad, matizaciones, precisión y combinación de efectos, que culminan en la bella imagen de «las naves por el mar», símbolo de suavidad y plenitud[21]. No sería desatino poner en relación este poema con otros de estos años, como algún «soneto del amor oscuro» de Lorca o con

---

[21] Dámaso Alonso, «La poesía de Gerardo Diego (Desde la altura de su *Alondra*)», pág. 241.

poemas de los entonces muy recientes libros de Pedro Salinas *La voz a ti debida* o *Razón de amor.* «Cuarto de baño» se sitúa en el terreno de las aproximaciones al mundo moderno, a la tecnología y a los nuevos inventos, pero en clave de humor y de desmitificación del mundo clásico. Azulejos empañados, porcelana de los sanitarios, comparados con la concha de Venus, enmarcan una interpretación insólita, funcional y moderna del conocido mito del nacimiento de la diosa, sugerido bajo el rótulo ordinario de «Cuarto de baño».

Pero la gran aportación de *Alondra de verdad* a la literatura de nuestro siglo reside en el definitivo análisis y en la cuidadosa revisión del soneto como forma poética del siglo XX, que en estos años recibe una especial atención de poetas consagrados, como García Lorca *(Sonetos del amor oscuro)* o Miguel Hernández *(El rayo que no cesa)* entre otros muchos. Virtuoso siempre en lo que a técnicas y formas se refiere, consigue ahora Gerardo dar un gran impulso al soneto adjudicándole una variedad de registros que van desde lo puramente formal o estructural a lo temático, con implantación de multitud de novedades procedentes del arte de vanguardia, de la recuperación del gongorismo y de la huella del gran Lope de Vega.

Un soneto, justamente, es el punto de enlace entre *Alondra de verdad* y *Ángeles de Compostela,* que también ofrecerá una buena porción de magníficos sonetos. «Ante las torres de Compostela», del primer libro, contiene la imagen inicial de una ciudad, una noche y un mundo, que será ampliamente glosado en el segundo de estos dos libros, destacado, sobre todo, por su sólida estructura, en forma de retablo barroco, en el que se incluyen numerosas estampas, referencias, personajes y componentes, reales y simbólicos, del paisaje, la historia y la esencia de Galicia. Presidido por un sentimiento religioso cristiano (el tema del retablo es la Resurrección de la Carne), Galicia representa el marco y el contexto anímico en que se desarrollan una serie de reflexiones metafísicas. Sonetos, romances, formas métricas tradicionales, endecasílabos blancos, etc., revelan, de nuevo, el dominio de la forma y el gusto por la variedad que, en este momento culminante, define la forma de hacer del poeta, completada por su dominio del lenguaje, por su capacidad creadora e imaginística, sin olvidar las ya típicas sorpresas, más brillantes en los poemas de la primera etapa de composición de este interesante libro poético.

El creacionismo permanente

En 1970, cuando Gerardo Diego redacta las interesantísmas introducciones a los libros que representó en sus *Versos escogidos,* a propósito de los poemas antologados pertenecientes a *Biografía incompleta,* muestra cuál es su opinión en este momento sobre los versos que podemos integrar en el arte de vanguardia y que fueron recogidos en 1967 en su *Biografía incompleta* como continuación de *Imagen* y de *Manual de espumas,* y en cierto modo también de *Poemas adrede* y de *Fábula de Equis y Zeda.* Aunque en sus palabras subyace aún, a la altura de 1970, el espíritu defensivo respecto a la consideración no humana de sus versos (*humanos* frente a poemas vanguardistas, aunque luego el poeta enfrentaría, lúcida y precavidamente, *humanos* frente a *divinos),* Gerardo define con claridad los objetivos en ese momento de su poesía de creación o «poesía absoluta». Refiriéndose a *Biografía incompleta* señala que «es, pues, un libro, para entendernos, creacionista, o más sencillamente inventado por composición de elementos reales, pero desarrollados y combinados en busca de una unidad final, y partiendo de la más fiel lealtad a los "datos inmediatos de la conciencia". Libro, por lo tanto, subjetivo, personal hasta la anarquía; y a un tiempo, objetivo, neutral, humano y para todos, hasta la evidencia de lo más concreto» [22]. Respecto a los libros anteriores, las dos *Biografías* ofrecen una evolución formal notable, ya que las disposiciones seudo-caligramáticas dejarán su lugar al manejo de un verso libre junto a una adecuada sintaxis, más complicada, que va sustituyendo las imágenes aisladas de los primeros libros. Los poemas se hacen más extensos, aunque mantienen el mismo culto a la imagen inicial. Lo que fue aventura juvenil, impulso, tendencia casi incontrolada de búsqueda de nueva expresión y de creación de mundos y lenguajes poéticos diferentes, revolucionarios, se convirtió con el tiempo en sustrato indeleble que determinaría en muchos casos la formulación posterior de toda la obra poética de Gerardo Diego, en la que pretende ante todo mantener la creación de imágenes innovadoras, pero que tengan contenido humano. En definitiva, no quiere en ningún momento que su poesía pueda ser considerada «surrealista», y,

---

[22] Gerardo Diego, *Versos escogidos,* págs. 109-110.

para ello, insiste en tres aspectos básicos: que la poesía se inventa por composición de elementos reales; que estos se desarrollan en busca de una unidad final (debe entenderse con un fin expresivo), y que se parte de la más fiel lealtad a los «datos inmediatos de la conciencia». Referencia más que clara al surrealismo y a su teórica inconsciencia.

Anuncia además un avance respecto a *Imagen* y *Manual de espumas,* caracterizados por un sistema prudente y clásico, ya que «procedían por imágenes sueltas en frases breves, aunque no dejasen de unirse por un hilo o sistema planetario en unidad justificadora» [23], al tiempo que marca distancias respecto al surrealismo: «El aspecto de estos nuevos poemas —asegura— se acerca al de cierta poesía sobrerrealista o afín, pero sólo el aspecto. Su tejido orgánico es tan firme, tan trabado y recíproco, como siempre es o debe serlo el poema creado y creador de sugestión para el lector, sugestión que no tiene que ser la misma que la sentida y vivida o soñada por el poeta.» Son las mismas protestas y manifestaciones que García Lorca realizaba, en 1928, cuando en una carta a Sebastián Gasch decía que había iniciado un nuevo estilo. «Mi nueva manera *espiritualista,* emoción pura descarnada, desligada del control lógico, pero ¡ojo!, ¡ojo!, la conciencia más clara los ilumina» [24]. De ahí, naturalmente, surgiría *Poeta en Nueva York,* cuya conciencia y control lógico nunca estuvieron ausentes de sus versos, a pesar de su proximidad al surrealismo. Gerardo Diego, por su parte, reforma, a partir de *Biografía incompleta,* los supuestos iniciales, aunque sin apartarse, en ningún momento, de su clara idea de que la poesía se basa, como creación, en las imágenes.

Biografía incompleta es su libro creacionista iniciado en 1925 y finalizado en 1967, con una primera edición en 1953 y una segunda en 1967, ampliada con poemas de hasta 1966. Como ha explicado detalladamente José Luis Bernal, en 1974 y en la recopilación de su poesía de vanguardia que hizo el poeta con el título de *Poesía de creación,* apareció una nueva sección denominada *Biografía continuada,* de la que ya había

---

[23] Gerardo Diego, *Versos escogidos,* pág. 110.

[24] Federico García Lorca, *Obras completas,* Edición de Arturo del Hoyo, Madrid, Aguilar, 22.ª edición, 1986, vol. III, pág. 965.

avanzado algunos poemas, en 1972, en el libro *Cementerio civil*[25]. Se trataba, en realidad, a pesar del nuevo título, de una «continuación» de su biografía incompleta, ya que en *Poesías completas*[26], el título de *Biografía continuada* como libro desaparecería por indicaciones del poeta, para incorporarse como serie a la sección de *Hojas,* de la que proceden los versos creacionistas seleccionados ahora entre los «Últimos poemas»: «La sombra del nogal», «No escribiré ya más» y «Vuelo en busca de placenta»[27]. Tales poesías constituyen un conjunto que nos permite conocer y valorar el período último de la vanguardia en Gerardo Diego, si es que es posible hablar de los términos «vanguardia» y «período último» al mismo tiempo de un poeta, ya que parece que «vanguardia» ha de relacionarse con «juventud» y «avance», mientras que los finales, los períodos últimos, los consideramos habitualmente épocas de decadencia, en las que la realidad vital, y la descomposición formal en muchos casos, marcan la pauta de un arte poético. Pero en el caso de Gerardo Diego no ocurre así debido a la permeabilidad entre las tan citadas dos modalidades en que su poesía se expresa. La contemplación y reflexión elegíaca de la naturaleza es un tema muy presente en toda su poesía final. El poeta, aun cuando se muestra creacionista, no vacila en mostrar sus sentimientos con una suave melancolía en la que es fácil advertir el paso del tiempo. Un buen ejemplo de esta actitud lo hallamos en el poema «La sombra del nogal», que, como homenaje a Vicente Aleixandre, se publicó en 1978 en *Ínsula.* La composición revela en la imagen de la sombra del nogal el tránsito del

---

[25] Gerardo Diego, *Biografía incompleta,* Madrid, Cultura Hispánica, 1953. 2.ª edición, Madrid, Cultura Hispánica, 1967; *Poesía de creación,* Barcelona, Seix Barral, 1976; 2.ª edición, 1980; *Cementerio civil,* Esplugas, Plaza Janés, 1972. *Cometa errante,* Esplugas, Plaza Janés, 1985. Véase *Antología poética,* introducción de José Hierro, estudio bibliográfico de José Luis Bernal, págs. 362-363.

[26] Gerardo Diego, *Obras completas, Poesía,* vol. II, pág. 1355: «Además de los textos de *Biografía continuada* impresos ya en *Cementerio civil,* quedan otros posteriores para esta sección de *Hojas.* El título me parece suficientemente expresivo y no precisa otros comentarios. Es la segunda parte, abarcando desde 1971 a 1982, continuación de *Biografía incompleta.*»

[27] Gerardo Diego, *Obras completas, Poesía,* vol. II, págs. 1379-1390.

tiempo manifestado en la referencia al otoño, en la caída de los míticos frutos. La presencia en una segunda estancia de la muerte, simbolizada en la caída de esas hojas que se suicidan o en la luz de la luna muerta, así lo atestiguan. Sin embargo, son las sugerentes imágenes creadas las que por sí solas revelan esta melancólica situación o reflexión de decadencia. Luna, hoja, torbellino eólico, haz funesta de la tierra... Quizá lo más definitivamente melancólico lo constituyan los dos versos finales, cuyas interrogaciones revelan desconcierto y tristeza.

Hay que relacionar estos poemas de senectud creacionistas con la figura de la historia a la que están dedicados. Es el caso del poema escrito para Aleixandre, como lo es también en el de dos poemas que fueron incluidos en un homenaje a Jorge Guillén, aunque en la edición en libro no figuren explícitamente a él dedicados. Se trata de «Piedra de audiencia» y «Vuelo en busca de placenta», en los que las imágenes llevan a cabo una notable reflexión sobre la propia poesía —y nuevamente el paso del tiempo—, como es el caso del primero de estos poemas, o sobre la música y también el eterno retorno a los orígenes, imaginados en la placenta, sorprendente figuración poética que sin duda responde a un deseo de originalidad pero también a la necesidad del encuentro con la imagen nueva, pero sobre todo creadora. Sorpresa y creación, poesía y música para Jorge Guillén y también reflexiones sobre el tiempo y la propia naturaleza del hombre y los cambios que se producen con el paso de este tiempo insistentemente reiterado [28].

Estamos interpretando las imágenes que Gerardo Diego ha trazado para que el lector las sienta en su interior con toda la fuerza con la que él las hizo coincidir en la realidad del poema. Pero ofrecemos al lector o al oyente *nuestra* interpretación, que posiblemente sea diferente de la que podría tener un nuevo lector y con seguridad distinta de la que el propio poeta imaginó cuando hizo el poema. Arturo del Villar [29] refirió cómo algunas de sus interpretaciones de poemas creacionistas de Gerardo Diego realizadas por él y conocidas por el poeta, no coincidieron con lo que Gerardo Diego había pensado al escribirlas, y así

---

[28] Véase Francisco Javier Díez de Revenga, *Poesía de senectud,* páginas 131 y sigs.

[29] Arturo del Villar, *La poesía total de Gerardo Diego,* pág. 72.

se lo manifestó el poeta. Por ello debemos ser cautos y no caer en la interpretación, ya que, como escribió Salinas en una «Poética», hecha precisamente para Gerardo Diego y para su *Antología* de 1932, la poesía se explica por sí sola. Si no, no se explica [30]. Y el propio Gerardo Diego, en su artículo «Posibilidades creacionistas», había advertido que la imagen múltiple «no explica nada; es intraducible a la prosa. Es la poesía en el más puro sentido de la palabra. Es también, y exactamente, la Música, que es sustancialmente el arte de las imágenes múltiples; todo valor disuasivo, escolástico, filosófico, anecdótico es esencialmente ajeno a ella. La música no quiere decir nada. (A veces parece que quiere; es que no sabemos despojarnos del hombre lógico, y hasta las obras bellas, desinteresadas, les aplicamos el porqué.) Cada uno pone su letra interior a la Música, y esta letra imprecisa varía según nuestro estado emocional. Pues bien: con palabras podemos hacer algo muy semejante a la Música, por medio de las imágenes múltiples» [31]. Tales ideas de poética creacionista pasaron también a sus poemas últimos, entre los que cabe citar uno de 1977, titulado «No escribiré ya más». Es este, como otros de esta serie, un poema en cierto modo sorprendente por su presencia en este conjunto final, aunque lógico, si se tiene en cuenta el interés permanente de Gerardo Diego por la explicación de su propia poesía, frecuente en sus artículos, conferencias, prólogos [32]. Ahora, después de tantos años, la poética creacionista sigue firme y presente y permanece con la misma lozanía que en las primeras décadas del siglo. La imagen como base de la creación poética y la conexión entre las imágenes sin más código que el de la relación estética, similar a lo que podría ocurrir con el arte preferido de Gerardo Diego siempre: la música. Nuevamente la sorpresa será la base de la poética de Gerardo Diego en el poema «No escribiré ya más...», en el que la imagen del barco nos lleva a un recorrido por el paso del tiempo y la vida como

---

[30] Gerardo Diego, *Poesía española contemporánea. Antología,* edición de Andrés Soria Olmedo, Madrid, Taurus, 1991, pág. 379.

[31] Gerardo Diego, «Posibilidades creacionistas», *Cervantes,* octubre, 1919.

[32] Francisco Javier Díez de Revenga, «Gerardo Diego, poética y poesía», en Arturo del Villar-Francisco Javier Díez de Revenga-Ángel Crespo, *Gerardo Diego,* págs. 121-128.

tránsito, tan presente en la poesía de esta época, a los temas de esta poesía de creación, a la indagación de los orígenes de la poesía y finalmente a la imagen del poeta creando, siempre creando. Como señaló el propio poeta, «El poema "No escribiré ya más..." pertenece a esta última época mía de poemas de creación que, si no me equivoco, va saltando de sorpresa en sorpresa pero siempre, según el título sincerísimamente apunta, justificándose en cada recodo, no de un abuso, sino de un uso de la libertad. Obsérvese, por ejemplo, el recorrido desde "la lágrima que ya asomaba y que se vuelve ceniza" hasta "el beso de la llama a su hijo el humo"» [33]. En estas afirmaciones, se puede advertir cómo nuestro poeta mantiene el mismo espíritu de sorpresa presente en otros muchos textos precedentes. Sorpresa en la creación y libertad en el procedimiento, que esta vez queda simbolizada en el mundo de las imágenes del mar. El verso como un nuevo grumete que sube al barco a punto de zarpar tendrá su sentido si tiene esas imágenes vivas en las que recrearse, en las que realiza su libertad, y si esas imágenes existen para expresar un mundo y su tránsito, la poesía tendrá sentido. Si no es así, el poeta no escribirá ya más, como en el primer verso se indica claramente.

Hacia el final: el último Gerardo Diego

Muy interesante es la última etapa del poeta, la que hemos denominado «de senectud», que, en consonancia con otras representaciones de poetas de su edad y de su tiempo, que alcanzaron muchos años de vida, desarrolla con singular fecundidad y expresión de inquietudes ante el mundo, visto desde su final. Pero en Gerardo Diego, su fe católica ortodoxa le hace enfocar temas típicos de la vejez con una perspectiva diferente: el tema del tiempo y de la muerte, vistos ambos desde la atalaya de la vejez, la memoria y el recuerdo del pasado, revivido con emoción; el canto a la amistad solidificada con los años, la admiración hacia la vejez laboriosa, el propio autorretrato, enfocado desde la perspectiva del paso del tiempo, son todos asuntos propios de un poeta anciano, que Gerardo Diego matiza acorde

---

[33] Gerardo Diego, *Cometa errante,* pág. 15.

con su fidelidad a unos principios siempre claros y mantenidos a lo largo de su vida. Los libros de esta etapa última recogen un sentido sobrenatural de esperanza en un futuro metafísico más allá de la muerte, y una espiritualidad desmitificadora de realidades vitales como pueden ser la edad o la muerte. Así lo recogen *Odas morales, Carmen jubilar, Cementerio civil* o la antología final, *Cometa errante,* así como los poemas de *Hojas,* correspondientes a esta etapa de senectud.

Cementerio civil constituye un buen ejemplo de cuanto decimos, sobre todo desde el momento en que el poeta comienza el libro enfocando la muerte, vista a través de un cementerio civil, de una manera desmitificadora, lo que no impide que otros poemas del libro alcancen consideraciones de intensidad notable. Es lo que ocurre en «Mortal, mira esas nubes», en el que lleva a cabo una reflexión ante las nubes planteando la vida como un sueño y este como imagen de la muerte, dentro de una línea muy tradicional. Pero hay novedades en la metaforización del poema, que revela el ya señalado desenfado: el sueño es una dimisión involuntaria y la vida una fantasmagoría, un conjunto de sueños o unas nubes de Debussy. La vida se relaciona con otro sueño, el sueño despierto, y con la muerte: la vida es muerte. El poeta cierra su reflexión con un patente medievalismo, al personificar la muerte a la manera de las danzas e insistir en la consideración de la vida como un sueño. Otro poema de 1981, «Muriente estás», este perteneciente a *Cometa errante* y a *Hojas,* se presenta como meditación de lo insignificante y fugaz de la vida, del destino del hombre, en el que la muerte se ofrece como obsesiva reiteración casi etimológica de una raíz: muriente, muerto, moribundo, no mortal... Se trata de reflexiones habituales por otra parte en el poeta que ahora cuenta ya con ochenta y cinco años, y que, agotado tras las celebraciones de su doctorado en la Universidad de Santander, medita sobre la débil naturaleza humana: olvido es el mar, mudanza el viento. Metáforas que simbolizan, una vez más, la fugacidad de nuestro mundo expresadas con imágenes creacionistas.

Son muy interesantes para entender el clima anímico en que se desarrolla esta poesía final de Gerardo Diego sus *Odas morales,* poemas escritos en liras, con el recuerdo permanente de fray Luis de León, y dedicados a Jorge Guillén, que también practicó la poesía ética en su etapa de senectud. La laboriosidad, la dedicación a la poesía, la capacidad de dudar, la guerra y su poder de mutación y destrucción, la fe, son algunos de los asuntos que dan sentido a este grupo de odas, en el que sobresale la dedicada «A los vietnameses», alegato del poeta contra los enfrentamientos bélicos simbolizados en este de los años sesenta, presente también en la poesía de Jorge Guillén. La voz madura del poeta se enriquece con recuerdos juveniles de su viaje asiático y oceánico al tiempo que rechaza las imágenes de la lucha del poderoso (dragón, águila, oso) contra el débil (cordero). El recuerdo de tiempos pasados embellece las evocaciones de felicidad, música oriental y danza, colores y árboles, mientras helechos y bambúes protegían a los amantes. Tan idílico ambiente tienen un «ahora» cruel que rompe la armonía y aniquila la belleza, materializado en la presencia de los helicópteros, simbolizados por el poeta con la figura del buitre.

De tono moral muy valioso y expresivo, reflejo de la calidad ética de esta poesía final, es el poema «La amistad», incluido en *Cometa errante* y en *Hojas*. Se trata del canto y exaltación de esta actividad humana por encima del tiempo y de las circunstancias vitales, simbolizada en el fuego que se propaga y nunca se consume y considerada como virtud eterna, como sistema de convivencia y correspondencia vital. La amistad es permanente y la muerte no la interrumpe. La imagen de la ladera (esta ladera) resulta muy efectiva a la hora de expresar la situación en que queda el poeta tras la muerte del amigo. El símil musical último revela la indestructible esperanza metafísica del poeta. Adquiere la poesía de Gerardo en estos últimos poemas un marcado carácter de poesía moral, en el que hay sobre todo una exaltación de virtudes esperanzadoras y definidoras de una poesía de senectud de alta espiritualidad: la paz, la esperanza, la amistad, la fe... Todas ellas dan fuerza a esta lírica reflexiva sólidamente cohesionada, en la que la muerte, el paso del tiempo, la decadencia de la naturaleza humana, la propia vejez se enriquecen por la personal visión creencial de este poeta, excepcional en el conjunto de similares reflexiones de otros escritores de su generación.

La memoria del tiempo vivido, paisajes y personas, hace al poeta regresar a su juventud y lamentar su pérdida, en consonancia con lo que la poesía de este siglo viene consagrando como habitual. En este tipo de poesía destaca el autorretrato, en el que el poeta repasa su vida. Como otros coetáneos suyos, recorre Diego su existencia cuando compone un poema en un momento clave y crucial de su vida, el de su jubilación.

«Carmen jubilar», que dará nombre a todo un libro, es un poema centrado, tras un comienzo de carácter numérico y triunfal, en la imagen del tiempo. Atravesar el arco de triunfo, alegre y jubilar, da lugar al repaso de su vida profesional, que tiene como guía y principal norte a la poesía. La vida pasa pero la poesía permanece con su don mágico capaz de superar las fronteras de la edad y de conducir al poeta a los ansiados caminos de la libertad. Repaso del tiempo y de las ciudades, paisajes y personas, hasta llegar a las «lindas beatrizgalindas», perenne símbolo de juventud, superadoras también del reto del tiempo, uno de los motivos que más inquietud causan al poeta en esta lírica final. En el poema «Salvación del tempo» quedará patente de forma decisiva esta inquietud, al utilizar el concepto musical de «tempo» para trazar la medida de su propio vivir, su propio río, símbolo de su consideración personal y propia del tiempo. La sensación de fluidez aportada por el conocido símbolo, combinado también con la alegoría del camino, darán fe de que el tiempo ha pasado, pero lo que le interesa es el concepto más complejo, pero para él más vital, de «tempo», al que el poeta expresa su fidelidad. Por último, tenemos que hacer referencia a tres series, de las incluidas en sus *Hojas* de *Poesías completas,* que quedan representadas en nuestra selección de «Últimos poemas»: «Jinojepas (1966-1982)», que recupera en la etapa final una juvenil y saludable poesía jocosa, la constituida por las «jinojepas» de Jaime de Atarazanas, valorada hoy por la crítica como una de las representaciones más notables de la literatura lúdica propia de la vanguardia [34]; «Mi románica España», última entrega de la poesía peregrina, viajera y sentimental de Gerardo Diego, en la que vuelve sobre lugares —iglesias, monasterios— entrañables (San Isidoro de León, Silos...), y «Serie de la investidura. Santander, 1980-1982», en la que, coincidiendo con el homenaje de la Universidad de su ciudad natal, vuelven a cobrar vida poética lugares y rincones urbanos vinculados a la infancia y juventud.

---

[34] Gabriele Morelli, «La Generatione del '27 tra *divertissement* e letteratura: la *jinojepa* de Gerardo Diego», en Gabriele Morelli (editor), *Ludus. Gioco, sport, cinema nell'avanguardia spagnola,* 1994, págs. 135-150, y «The ludic element in Spanish avant-garde: Gerardo Diego' s *jinojepa»,* en Derek Harris (editor), *The Spanish Avant-garde,* 1995, págs. 70-83.

La obra poética de Gerardo Diego se distingue, de acuerdo con lo señalado, por su fecundidad, más que por la variedad que tantas veces se ha citado y que el mismo poeta contribuyó, con sus constantes referencias a ella, a difundir. Fecundidad surgida de un sentido personal de la libertad creadora que se une a su gran vocación poética. Libertad que le hace concebir la poesía como un arte abierto en el que es posible expresarse con distintas formas, con distintos lenguajes, todos diferentes pero también todos compatibles con una intensa sensibilidad y una laboriosa capacidad creadora.

La cohesión preside, desde el principio hasta el final, toda la poesía de Gerardo Diego, a pesar de las modalidades, variaciones y multiplicación de temas y estilos. Más que por su versatilidad, de la que tanto habló el propio poeta, desde el prólogo a la *Primera antología de sus versos,* hay que ir considerando la poesía de Gerardo Diego como un espacio libre y abierto, un escenario en el que lo que menos importa son las tendencias, ya sean temáticas o estilísticas, en el que poco supone que la actitud sea vanguardista o neoclasicista. Lo que queda para siempre y es común a toda su obra, lo que otorga trascendencia, es su alto concepto de la poesía como medio para percibir y expresar un anhelo estético y una gran fe ante el mundo, ante la vida y lo que ella ha ofrecido y ofrece al poeta, ante el destino del hombre que vincula a un más allá esperado y deseado. Ese mundo, ancho y propio, que el poeta cantó es el que fue requiriendo una u otra modalidad para así navegar por el amplio océano de lo que llamó «libertad creadora», palabras que Elena Diego considera «claves» para entender a nuestro poeta [35]. «Mi fe en la poesía sigue siendo fundamental en mi vida. Fe quiere decir que la Poesía existe y que el hombre no podría vivir sin ella. Nada más humano, nada más generoso como ofrenda de un hombre a los demás hombres» [36]. La libertad, la pureza en la expresión y sobre todo la fe, la gran fe en la poesía como creación excepcional, como arte misterioso y profundamente humano.

FRANCISCO JAVIER DÍEZ DE REVENGA.

---

[35] Elena Diego, *Gerardo Diego para niños,* pág. 20.

[36] Gerardo Diego, *Segunda antología de sus versos,* pág. 15.

BIBLIOGRAFÍA SELECTA

1. Bibliografía de Gerardo Diego

Ediciones críticas, antologías y colecciones de obras poéticas

Romances (1918-1941) [edición de Gerardo Diego], Cuadernos de Poesía, Barcelona, Patria, 1941.

Primera antología de sus versos [edición de Gerardo Diego], Madrid, Austral, Espasa-Calpe, 1941, 9.ª edición, 1980.

Poemas, edición de Manuel Altolaguirre, México, Secretaría de Educación Popular, 1948.

Antología (Primer cuaderno 1918-1940), edición de Gerardo Diego, Salamanca, Anaya, 1958, 2.ª edición, 1970.

Poesía amorosa (1918-1961) [edición de Gerardo Diego], Barcelona, Plaza Janés, 1965, 2.ª edición aumentada, 1970; 3.ª edición, 1974; 4.ª edición, 1979; 5.ª edición, 1980,

Segunda antología de sus versos [edición de Gerardo Diego], Madrid, Austral, Espasa-Calpe, 1967, 4.ª edición, 1985.

Antología poética (1918-1969) [edición de Gerardo Diego], Madrid, Dirección General de Enseñanza Media y Profesional, 1969.

Versos escogidos [edición de Gerardo Diego], Madrid, Gredos, 1970.

Clausura e volo, edición de Miledda C. D'Arrigo-Bona, Parma, Ugo Guanda, 1970.

Palma de mano abierta (Antología), edición de José Gerardo Manrique de Lara, Madrid, Tercer Programa de Radio Nacional de España, 1973.

Ángeles de Compostela. Vuelta del peregrino, edición de Arturo del Villar, Madrid, Narcea, 1976.

Poesía de creación [edición de Gerardo Diego], Barcelona, Seix Barral, 1976, 2.ª edición, 1980.

Poemas mayores [edición de Gerardo Diego], Madrid, Alianza, 1980.

Poemas menores [edición de Gerardo Diego], Madrid, Alianza, 1980.

Gerardo Diego, edición de Arturo del Villar, Madrid, Ministerio de Cultura, 1981.

Alondra de verdad. Ángeles de Compostela, edición de Francisco Javier Díez de Revenga, Madrid, Castalia, 1985.

Gerardo Diego para niños, edición de Elena Diego, Madrid, La Torre, 1985, 2.ª edición, 1987.

Cometa errante [edición de Gerardo Diego], Esplugues de Llobregat, Plaza Janés, 1985.

Manual de espumas. Versos humanos, edición de Milagros Arizmendi, Madrid, Cátedra, 1986.

Antología poética, introducción de José Hierro, selección de Juan Carlos Temprano, estudio bibliográfico de José Luis Bernal, Santander, Institución Cultural de Cantabria, 1988.

Obras completas. Poesía [preparadas por Gerardo Diego], Edición de Francisco Javier Díez de Revenga, Madrid, Aguilar, 1989, 2 vols., 1500 y 1564 págs.

Imagen, Edición de José Luis Bernal, Málaga, Centro Cultural de la Generación del 27, 1990.

Antología poética, Edición de José Luis Bernal, Málaga, Centro Cultural de la Generación del 27, 1991.

2. Bibliografía sobre Gerardo Diego

Acereda, Alberto: «Gerardo Diego por tierras de La Rioja», *Cuadernos de Investigación Filológica,* XVI, 1990, págs. 75-87.

Alonso, Dámaso: «La poesía de Gerardo Diego (Desde la altura de su *Alondra)», Escorial,* XI, 1943, págs. 119-141. *Poetas españoles contemporáneos,* Madrid, Gredos, 1969, págs. 235-255.

Altolaguirre, Manuel: *De Altolaguirre a Gerardo Diego. Epistolario,* Edición de Maya S. Altolaguirre, Madrid, Ediciones Caballo Griego para la Poesía, 1991.

Ascunce Arrieta, José: «"Angelus" de Gerardo Diego», *Mundaiz,* 37- 38, 1989, págs. 113-136.

ASCUNCE ARRIETA, JOSÉ: «“Angelus” de Gerardo Diego: expresión de un arte plural», *Actas del X Congreso Internacional de Hispanistas,* Barcelona, Universidad de Barcelona, 1992, págs. 1617-1626.

BENITO DE LUCAS, JOSÉ: «Cuando Gerardo no fue a Berlín. Datos para una biografía», *La Estafeta Literaria,* 594-595, 1976, págs. 32-34.

BERNAL SALGADO, JOSÉ LUIS: *La biografía ultraísta de Gerardo Diego,* Cáceres, Universidad de Extremadura, 1987.

—: «La revista *Vltra* de Oviedo en el mar revuelto del ultra», *Anuario de Estudios Filológicos,* X, 1987, págs. 25-45.

—: «“La biografía incompleta” de Gerardo Diego», *Alfinge,* 5, 1988, págs. 71-87.

—: «Antonio Machado y Gerardo Diego: ¿Algo más que un paralelo soriano?», *Antonio Machado hoy. Actas del Congreso Internacional conmemorativo del cincuentenario de la muerte de Antonio Machado,* Sevilla, Alfar, 1990, vol. I, págs. 271-283.

—: «La ejemplaridad vanguardista de Gerardo Diego», en Gabriele Morelli, *Treinta años de vanguardia española,* 1991, págs. 121-136.

— (editor): *Gerardo Diego y la vanguardia hispánica,* Cáceres, Universidad de Extremadura, 1993.

—: «Creacionismo y neogongorismo en la poesía “Adrede” de Gerardo Diego», en José Luis Bernal (editor), *Gerardo Diego y la vanguardia hispánica,* 1993, págs. 43-66.

—: «Cosmovisione poetica di Gerardo Diego: tra fantasia e sport», en Gabriele Morelli (editor), *Ludus. Gioco, sport, cinema nell'avanguardia spagnola,* Milano, Jaca Book, 1994, págs. 121-134.

BERNAL, JOSÉ LUIS, y DÍAZ DE GUEREÑU, JUAN MANUEL: «*Desteñidas esquelas. Charlas líricas.* Algunas cartas de Gerardo Diego a Juan Larrea», *Ínsula,* 586, 1995, págs. 13-16.

BLAS VEGA, JOSÉ: «Gerardo Diego. Bibliografía», *La Estafeta Literaria,* 594-595, 1976, págs. 37-40.

BOUSOÑO, CARLOS: «Gerardo Diego y Vicente Aleixandre», en *El legado cultural de España al siglo XXI. 2. La literatura: clásicos contemporáneos,* Madrid, Colegio Libre de Eméritos-Círculo de Lectores, 1992, págs. 245-260.

CANELO, PUREZA: *Gerardo en mis poemas,* Badajoz, Cuadernos Poéticos Kylix, 1987.

CANO, JOSÉ LUIS: «Soria y Gerardo Diego», «Paisaje con figuras», «Gerardo Diego y su poema del toreo», *La poesía de la generación del 27,* Madrid, Guadarrama, 1970, págs. 92-101.

CANSINOS ASSENS, RAFAEL: «Versos humanos de Gerardo Diego», *La Nueva Literatura,* III, 1927, págs. 303-313.

CARPINTERO, HELIODORO: «Soria y Gerardo Diego», *Ínsula,* 46, 1949, pág. 3.

CIRRE, JOSÉ FRANCISCO: «Creacionismo y superrealismo», *Forma y espíritu de una lírica española,* México, Gráfica Panamericana, 1950. 2.ª edición: Granada, Los Libros de Altisidora, 1982, págs. 103-146.

COLOMER, RAFAEL G., e INFANTES DE MIGUEL, VÍCTOR (editores): *Gerardo Diego con la poesía experimental,* Madrid, Biblioteca Nacional-Casa de Cantabria, 1988.

COSSÍO, JOSÉ MARÍA DE: «De la poesía de Gerardo Diego», *Escorial,* V, 1941, págs. 440-451.

COSTA, RENÉ DE: «San Juan en vanguardia», *Revista Chilena de Literatura,* 39, 1992, págs. 143-149.

—: «Posibilidades creacionistas: Gerardo Diego», en José Luis Bernal (editor), *Gerardo Diego y la vanguardia hispánica,* 1993, págs. 25-42.

CRESPO, ÁNGEL: «Paralelismos alquímicos en un poema de Gerardo Diego», *Puertaoscura,* 6, 1988, págs. 22-24.

D'ARRIGO, MILEDDA C.: *Gerardo Diego, il poeta di Versos Humanos,* Torino, Universitá, 1955.

—: «Gerardo Diego: Biografía incompleta», *Poesía Española,* 39, 1955, págs. 17-22.

DEBICKI, ANDREW P.: «Temas íntimos salvados por el arte: algunos poemas de Gerardo Diego», *Estudios sobre poesía española contemporánea,* Madrid, Gredos, 1968, págs. 262-284.

DELGADO, FERNANDO G.: «Gerardo Diego a las puertas de los ochenta años», *Ínsula,* 334, 1976, págs. 1 y 12.

DENNIS, NIGEL: «Writers in the bathroom: readings in Spanish Avant-garde», en Derek Harris (editor), *The Spanish Avant-garde,* Manchester, Manchester University Press, 1995, págs. 39-53.

DÍAZ DE GUEREÑU, JUAN MANUEL: «"... tan sólo un reverbero". Gerardo Diego en las cartas de Larrea», *Ínsula,* 491, 1987, pág. 24.

DIEGO, ELENA: «La obra en prosa de Gerardo Diego (preludio a una edición)», en José Luis Bernal (editor), *Gerardo Diego y la vanguardia hispánica,* 1993, págs. 215-234.

DÍEZ DE REVENGA, FRANCISCO JAVIER: «Tres cantigas de la Arrixaca (De Alfonso X a Gerardo Diego)», *Murgetana,* 40, 1975, págs. 75-88.

—: «Gerardo Diego y sus *Versos divinos», Anales de la Universidad de Murcia,* 31, 1976, págs. 99-108.

—: «Poemas mayores y menores en Gerardo Diego», *Monteagudo,* 70, 1980, págs. 39-42.

—: «Ultraísmo, creacionismo y ¿surrealismo? en Gerardo Diego», *Los cuadernos del 27,* 1, 1985, págs. 5-15.

—: «Gerardo Diego y 1927», *Ínsula,* 481, 1986, pág. 25.

—: «Gerardo Diego en la plenitud de su poesía», *Ínsula,* 491, 1987, pág. 23.

—: *Poesía de senectud (Guillén, Diego, Aleixandre, Alonso y Alberti en sus mundos poéticos terminales),* Barcelona, Anthropos, 1988.

—: «El primer Gerardo Diego vanguardista», *Monteagudo,* 5, 1988, págs. 29-30.

—: «Gerardo Diego: fe y espiritualidad de una senectud», *Homenaje al Profesor Antonio Gallego Morell,* Granada, Universidad de Granada, 1990, vol. I, págs. 405-423.

—: «Gerardo Diego y los orígenes de la literatura de vanguardia en España», en Tomás Albaladejo-Francisco Javier Blasco-Ricardo de la Fuente (editores): *Las vanguardias. Renovación de los lenguajes poéticos,* Gijón, Editorial Júcar, 1992, págs. 149-168.

—: «La permanencia de la vanguardia en el último Gerardo Diego», en José Luis Bernal (editor), *Gerardo Diego y la vanguardia hispánica,* 1993, págs. 111-124.

DITTMEYER, HANNELORE: «Gerardo Diego: Dichtung und Welthaltung (*Manual de espumas* als Ausdruck einer Dichterpersönlichkeit»), *Romanistisches Jahrbuch,* IX, 1959, págs. 331-353.

ESPEJO SAAVEDRA, RAFAEL: «Realidad y poesía en cuatro sonetos de Gerardo Diego», *Anales de Literatura Española Contemporánea,* XIV, 1989, págs. 51-64.

ESPINA, ANTONIO: «Gerardo Diego, "*Soria* (poesía)"», *Revista de Occidente,* 1, 1923, pág. 118.

FUSTER, JOAN: «El tercer Diego (incompleto)», *Verbo,* 19-20, 1950.

GALLEGO MORELL, ANTONIO: *Vida y poesía de Gerardo Diego,* Barcelona, Aedos, 1956.

—: «Notas a Gerardo Diego», *En torno a Garcilaso y otros ensayos,* Madrid, Guadarrama, 1970, págs. 144-160.

—: «El ciprés de Silos en la poesía», «Gerardo Diego y Soria y Soria en Gerardo Diego», *Diez ensayos sobre literatura española, Revista de Occidente,* Madrid, 1972, páginas 151-214.

—: «Gerardo Diego, antólogo», *Ínsula,* 491, 1987, páginas 27-28.

GALLEGO ROCA, MIGUEL: «Gerardo Diego en la revista *Favorables París Poema* (París, 1926)», *Homenaje al Profesor Antonio Gallego Morell,* Granada, Universidad de Granada, 1992, vol. II, págs. 27-43.

GARCÍA DE LA CONCHA, VÍCTOR: «Una polémica ultraísta: Gerardo Diego en el Ateneo de Santander (1919)», *Homenaje al Iltmo. Sr. D. Ignacio Aguilera Santiago,* Santander, Institución Regional de Cantabria, 1981, págs. 175-195.

—: «Maestría de Gerardo Diego», *La poesía española de 1935 a 1975,* Madrid, Cátedra, 1987, vol. I, págs. 339-351.

GÓMEZ DE BAQUERO, E.: «Los versos de Gerardo Diego», *Pen Club. Los poetas,* Madrid, Renacimiento, 1929, págs. 75-81.

GÓMEZ DE LA SERNA, RAMÓN: «Gemelismo: Gerardo Diego y Vicente Aleixandre», *Revista Nacional de Cultura,* XVI, 1954, págs. 19-27.

GULLÓN, RICARDO: «La veta aventurera de Gerardo Diego», *Ínsula,* 90, 1953, págs. 3 y 4.

—: «Aspectos de Gerardo Diego», *Ínsula,* 137, 1958, págs. 1 y 4.

—: «Gerardo Diego y el creacionismo», *Ínsula,* 354, 1976, págs. 1 y 10.

HERNÁNDEZ, MARIO: «Visión incompleta de Gerardo Diego (1896-1987)», *FGL. Boletín de la Fundación Federico García Lorca,* 2, 1987, págs. 27-28.

—: «Diez poemas sobre el vals», *Poesía,* 29, 1987, páginas 117-141.

—: «*Imagen* en *Cometa errante*», *Anales de Filología Hispánica,* 4, 1988-1989, págs. 47-58.

—: «Pregerardo Antediego: Ofrenda a Federico Chopin», en

José Luis Bernal (editor), *Gerardo Diego y la vanguardia hispánica,* 1993, págs. 25-44.

HERNÁNDEZ VALCÁRCEL, MARÍA DEL CARMEN: «Poesía y música en los *Nocturnos de Chopin* de Gerardo Diego», *Estudios literarios dedicados al Prof. Mariano Baquero Goyanes,* Murcia, Universidad de Murcia, 1974, págs. 199-209.

HERNÁNDEZ VISTA, VIDAL E.: «El ciprés de Silos (estudio estilístico y estructural)», *Prohemio,* I, 1, 1970, págs. 19-46.

HIERRO, JOSÉ: «Entrañable Gerardo», *Punta Europa,* XI, 1966, págs. 36-39.

—: «Una divagación informal y frívola para Gerardo Diego», *Ínsula,* 368-369, 1977, pág. 1.

LARREA, JUAN: *Cartas a Gerardo Diego,* edición de E. Cordero de Ciria y Juan Manuel Díaz de Guereñu, San Sebastián, Cuadernos Universitarios, 1986.

LENA, GIORGIO RICCARDO DI: *Temas y técnicas en la poesía de Gerardo Diego,* The Florida State University, 1971.

LÓPEZ CASTRO, ARMANDO: «Gerardo Diego y la búsqueda de la totalidad», *Cuadernos para Investigación de la Literatura Hispánica,* 14, 1991, págs. 257-297. Y en *Poetas del 27,* León, Universidad de León, 1993, págs. 193-248.

LUIS, LEOPOLDO DE: «Gerardo Diego: su poesía amorosa, su poesía religiosa», *La poesía aprendida,* Valencia, Bello, 1975, págs. 104-111.

—: «Consideraciones sobre la poesía de Gerardo Diego», *Nueva Estafeta,* 15, 1980, págs. 43-44.

MANRIQUE DE LARA, JOSÉ GERARDO: *Gerardo Diego,* Madrid, Epesa, 1970.

—: «Gerardo Diego sin Atarazanas», *Homenaje a los Premios Cervantes,* Madrid, Asociación de Escritores y Artistas Españoles, 1986, págs. 193-212.

MARCH, KATHLEEN N.: «Gerardo Diego: la poesía como laberinto original», *Ínsula,* 411, 1981, pág. 3.

—: «Vida y vanguardia: las *Biografías* de Gerardo Diego», *Letras de Deusto,* 36, 1986, págs. 161-169.

MONTERO PADILLA, JOSÉ: «Gerardo Diego en su geografía lírica», *Homenaje a los Premios Cervantes,* 1986, páginas 153-170.

—: «Soria con Gerardo Diego», *Celtiberia,* 72, 1986, páginas 233-272.

MONTES, EUGENIO: «Gerardo Diego. *Manual de espumas»,* *Revista de Occidente,* 10, 1925, págs. 125-127.

MORELLI, GABRIELE: «El metrónomo en la poesía de Gerardo Diego», *Ínsula,* 491, 1987, págs. 27-28.

— (editor): *Trent'anni di avanguardia spagnola,* Milano, Jaca Book, 1988. Versión española, ampliada: *Treinta años de vanguardia española,* Sevilla, El Carro de la Nieve, 1991.

—: «Homenajes inéditos de Aleixandre a Gerardo Diego», *Voz y Letra. Revista de Filología,* III, 2, 1992, págs. 159-162.

—: «Una lettera inedita di V. Aleixandre a G. Diego in occasione dell'uscita della sua *Antología», Strumenti Critici,* VIII, n. 3, 1992, págs. 427-434.

—: «Recepción de la antología *Poesía española* de Gerardo Diego en España (y en Italia)», en José Luis Bernal (editor), *Gerardo Diego y la vanguardia hispánica,* 1993, páginas 67-96.

—: «La Generatione del '27 tra *divertissement* e letteratura: la *jinojepa* de Gerardo Diego», en Gabriele Morelli (editor), *Ludus. Gioco, sport, cinema nell'avanguardia spagnola,* 1994, págs. 135-150.

—: «The ludic element in Spanish avant-garde: Gerardo Diego' s *jinojepa»,* en Derek Harris (editor), *The Spanish Avant-garde,* 1995, págs. 70-83.

MUÑOZ OLIVARES, CARMEN: «Gerardo Diego o la búsqueda de la palabra artística», *Universitas Tarraconensis,* XII, 1988-1989, págs. 77-97.

NEGHME ECHEVERRÍA, LIDIA: «Análisis comparado de *Imagen* de Gerardo Diego y de *Poemas Árticos* de Vicente Huidobro», *Revista Chilena de Literatura,* 41, 1993, págs. 99-112.

NICOLÁS, CÉSAR: «Lope y Diego: algo más que una influencia», *Lope de Vega y los orígenes del teatro español,* Madrid, Edi 6, 1981, págs. 879-888.

NIETO, MIGUEL (editor): «Cartas inéditas de Juan Larrea y Gerardo Diego», *Contemporáneos. Revista de poesía,* 11, 1992, págs. 3-10.

NORA, EUGENIO DE: «La obra de Gerardo Diego a través de su primera antología», *Cuadernos Hispanoamericanos,* 4, 1948, págs. 133-139.

PARAÍSO, ISABEL: «El orden de la pirueta (Notas sobre la métrica libre de Gerardo Diego)», *Crisol,* 9, 1988, págs. 47-64.

PÉREZ, J. BERNARDO: *Fases de la poesía creacionista de Gerardo Diego,* Valencia, Albatros-Hispanófila, 1989.

—: «Las trenzas de la cometa. En torno a la aventura creacionista de Gerardo Diego», en José Luis Bernal (editor),

Gerardo Diego y la vanguardia hispánica, 1993, páginas 97-110.

PINO, CLARA ELISA: «Mitos, astronomía y sideromancia en el «Zodiaco» de Gerardo Diego», *Anales de Filología Hispánica,* 5, 1990, págs. 121-136.

ROSALES, LUIS: «Ante un libro imaginario de Gerardo Diego», *El sentimiento del desengaño en la poesía barroca,* Madrid, Cultura Hispánica, 1966, págs. 261-268.

SAN JOSÉ LERA, JAVIER: «Una clave decisiva de la "Generación del 27": José María de Cossío (Cartas y documentos inéditos de Miguel Artigas, Gerardo Diego, Jorge Guillén y Rafael Alberti)», *Ínsula,* 545, 1992, págs. 9-13 y 16-20.

SERRANO ASENJO, JOSÉ ENRIQUE: «Las ruinas: poética y herencia modernista en *Imagen* de Gerardo Diego», *Hispanófila,* 101, 1991, págs. 37-48.

STEFANO, GIANFRANCO DI: «Clasicismo y creacionismo en los *Poemas adrede* de Gerardo Diego», *Prohemio,* V, 2-3, 1974, págs. 253-270.

SUÁREZ CAMPOS, J. M.: «Las imágenes visuales en la poesía de Gerardo Diego», *Nueva Etapa,* 19, 1960, págs. 51-56.

VALENTE, JOSÉ ÁNGEL: «Gerardo Diego a través de su *Biografía incompleta, Cuadernos Hispanoamericanos,* 15, 1953, págs. 112-114.

VILLAR, ARTURO DEL: «Tierra, alma y poesía en un soneto de Gerardo Diego», *Poesía Hispánica,* 286, 1976, págs. 12-17.

—: «Gerardo Diego, escultor de ángeles en verso», *Bellas Artes 76,* 54, 1976, págs. 7-12.

—: «Una rima creacionista de Gerardo Diego», *Ínsula,* 368-369, 1977.

— (editor): *Imagen múltiple de Gerardo Diego,* Carboneras de Guadazaón, El Toro de Barro, 1980.

—: «El creacionismo según Gerardo Diego», *Arbor,* CVI, 1980, págs. 85-95.

—: *Gerardo Diego,* Madrid, Ministerio de Cultura, 1981.

—: «Imágenes y alegorías del viaje a Compostela de Gerardo Diego», *Nueva Estafeta,* 45-46, 1982, págs. 39-48.

—: *La poesía total de Gerardo Diego,* Madrid, Los Libros de Fausto, 1984.

—: «Una estrofa creacionista de Gerardo Diego», *Homenaje a los Premios Cervantes,* 1986, págs. 171-192.

VILLAR, ARTURO DEL; DÍEZ DE REVENGA, FRANCISCO JAVIER, y CRESPO, ÁNGEL: *Gerardo Diego,* Barcelona, Anthropos-Ministerio de Cultura, 1989.

VIVANCO, LUIS FELIPE: «La palabra artística y en peligro de Gerardo Diego», *Introducción a la poesía española contemporánea,* Madrid, Guadarrama, 1974, I, págs. 177-220.

ZARDOYA, CONCHA: «Una insistencia temática. Castilla en la obra de Gerardo Diego», *Poesía española del siglo XX,* Madrid, Gredos, 1974, vol. II, págs. 273-294.

ZUBIAURRE, ANTONIO DE: «Sobre Gerardo Diego retratista y un retrato ejemplar», *La Estafeta Literaria,* 594-595, 1976, págs. 12-16.

ESTA EDICIÓN

Gerardo Diego reunió la *Primera antología de sus versos* en los primeros meses de la posguerra para la Colección Austral de Espasa Calpe, que la publica por primera vez, en 1941. Ese mismo año, simultáneamente, se imprimiría la segunda edición, en Buenos Aires, a la que seguirían otras siete: en 1944, 1947, 1958, 1967, 1976, 1977 y 1980. En total, nueve ediciones. En octubre de 1967, cuando su obra había crecido de forma extraordinaria, reúne la *Segunda antología de sus versos,* que publica igualmente la Colección Austral ese año. Otras tres ediciones se imprimen en 1976, 1977 y 1985. En total, cuatro ediciones.

Tanto la *Primera* como la *Segunda antología* cuentan con sendos prólogos del poeta, fechados en 1941 y 1967, cuyo interés es indudable para la historia de la poesía de su autor, para el conocimiento de su poética y para la valoración de sus propósitos. Además, ambas ediciones contaban con unos apéndices finales de notable valor documental: «Fechas de las composiciones» y «Libros representados en esta antología». La *Primera antología* contó también con una «Nota aclaratoria para la cuarta edición», a partir de esta entrega.

La presente edición reproduce en su integridad las dos colecciones formadas por Gerardo Diego, en su mismo orden y con los mismos criterios que el poeta lo hizo, que aunque, en otras ocasiones, él mismo ha modificado, siguen teniendo una validez absoluta para la comprensión de su fecunda y compleja poesía. Se mantienen igualmente los dos breves prólogos, dada su importancia para el conocimiento de su poética, sobre todo el primero de ellos, cuyo valor histórico es indiscutible. Igualmente, se incluyen, como «Apéndice», las relaciones de fechas y de libros. Respecto a la tabla cronológica, su valor documental es evidente, ya que este es el único lugar en el que Gerardo Diego facilita esta información tan valiosa para comprender la evolución de su poesía. Respecto a la segunda, la relación de libros, sigue constituyendo la bibliografía más minuciosa y completa de la obra poética de Gerardo Diego, de la que se han servido tantos estudiosos.

Completamos la edición con una representación imprescindible de «Últimos poemas» (1968-1983), en la que hemos recogido veinte composiciones significativas de la poesía final de Gerardo Diego. Pertenecen a sus dos últimos libros, *La fundación del querer* y *Cementerio civil* (que no estaban representados en las anteriores antologías y a los que hemos dado una numeración romana sucesiva), y a su serie final *Cometa errante,* que no fue sino un adelanto del conjunto de *Hojas,* que en *Poesía completa* de 1989 dio a conocer una importante obra inédita de su autor. Hemos procurado que estén representadas todas las modalidades puestas en práctica por el poeta en esta etapa final, tal como se explica en nuestra introducción.

Las dos antologías de la Colección Austral fueron el medio de mayor difusión por el que la poesía de Gerardo Diego fue conocida en España y en Hispanoamérica (y en todo el hispanismo) durante casi cincuenta años, desde la década de los cuarenta a la de los ochenta, ya que los libros que el poeta iba publicando eran de difusión muchas veces minoritaria, reducida a círculos intelectuales determinados, de manera que los volúmenes de Austral fueron los que verdaderamente llegaron a los estudiantes, a los lectores no especializados, a los degustadores de la buena poesía. Su interés y su vigencia están garantizados por ser su autor mismo el que los reunió con esa gran capacidad de «antólogo de sí mismo» que tantas veces llevó a cabo con acierto, pero que en estas dos colecciones culminó con el acceso a la popularidad que esperamos que ahora se renueve y continúe con esta edición conjunta de ambas antologías.

FRANCISCO JAVIER DÍEZ DE REVENGA.

PRIMERA ANTOLOGÍA
DE SUS VERSOS
(1918-1941)

A Ricardo E. Molinari
Austral, Poeta, Amigo

PRÓLOGO

Si escoger una antología o ramillete es tarea siempre apasionada, parcial y errónea, como hija de la prefiguración y del capricho del día y la hora, el peligro del desacierto se acrece cuando hay que arrancar las flores del propio jardín. Nadie menos llamado, en cierto modo, que uno mismo para gozar calidades, matices y fragancias, para apreciar con sereno e inexorable juicio los vacíos y fracasos de nuestra familiar botánica. Como las buenas madres a los suyos, el poeta quiere por igual a todos sus hijos: los que le dicen cumplidos y logrados, por recrearse en su salud y lozanía; los enclenques y enfermizos, porque necesitan mejor cuido; los díscolos y de mala entraña, porque su desventura moral reclama la plegaria y el perdón. Los unos por la felicidad resbalada de su parto, suave y ensebada como una botadura de barco; los otros por los tártagos, angustias y trasudores que costaron; todos aspiran por igual al materno cariño.

Pero, por otra parte, ¿quién como el propio poeta, si alberga una mínima conciencia clásica de autocrítico o una simple memoria autobiográfica, está en condiciones de valorar la implenitud del logro y de medir exactamente la distancia —tantálica o enorme— entre su realización y el ideal absoluto de la belleza entrevista? Ni tampoco otro que no sea el artista mismo conoce a ciencia cierta las intenciones generales de su arte ni las particulares de cada ensayo concreto de obra. Un equilibrio, pues, de poeta y crítico me parece la cualidad deseable para intentar, con la posible fortuna, la empresa tentadora. Para una antología de poesía ajena —actual o histórica— yo exigiré siempre al crítico antólogo ejecutoria de legítimo poeta. Para la propia selección demandaré al poeta rigores contrastados de crítico.

No me propongo yo ahora —no es esta la ocasión— hablar

de la Poesía ni de mi poesía. Acerca de mi fe y mis esperanzas, algo he dicho, y escrito anda por ahí en libros y papeles dispersos. Y mucho más queda por decir, y confío en que se presentarán para ello más propicias coyunturas. Creo que las más altas cimas poéticas son las tocadas directamente de la nieve de la Gracia o del fuego del Misterio. Y por conocerme yo tan considerablemente huérfano de estos altísimos dones —como comprobará el lector de estas páginas—, siempre me he esforzado en practicar, frente a la eterna Poesía, la virtud de la humildad, y frente a mis favoritos poetas, nuevos y viejos, el ejercicio de la modestia. La acogida benévola que la generosidad de amigos y lectores ha dispensado a mis versos ha podido comprometer en alguna ocasión tan virtuosos propósitos. Pero para curarme de tentaciones me basta abrir un libro de Garcilaso o de San Juan de la Cruz, de Rubén Darío o de Antonio Machado.

Y aquí terminarían estas confesiones si no me creyera obligado a orientar al lector, que no conoce necesariamente la historia de la Poesía en el último cuarto de siglo, en la quizá aparente contradicción o incongruencia de este libro. Debo a la crítica, en general, elogios sin duda excesivos; mas en ocasiones me ha señalado errores o fracasos que estoy siempre bien dispuesto a reconocer. Pero lo que me fuerza a una actitud de legítima defensa es la acusación que más de una vez se me ha dirigido de doblez moral, de insinceridad, de maniqueísmo y otros improperios parecidos. Como también de traición y cobardía al abandonar las heroicas trincheras de la vanguardia para congraciarme con la rutinaria burguesía. O viceversa, de negar la íntima voz de la santa tradición para fingir cabriolas que me sitúen favorablemente en la cucaña del esnobismo. Nada diría yo si tales reparos de voluble versatilidad fueran dirigidos a mis criaturas, objetivamente consideradas. Para eso están ya ahí, fuera, entregadas a las humanas disputas. Que se defiendan ellas, si pueden. Pero juzgar torcidas mis rectas intenciones es pasar de la raya. Si algo puede absolver mis pecados poéticos, es mi pureza de intención. Mi sinceridad —no me obligará el lector a que se lo jure— ha sido siempre absoluta. Y he puesto en cada uno de mis libros y de mis estrofas la máxima autenticidad de emoción. Que luego se pierda en los roces del mecanismo, ya será sólo culpa de mi insuficiencia verbal y de mi torpeza técnica. Pero la convicción más profunda ha presidido todos mis esfuerzos.

Yo no soy responsable de que me atraigan simultáneamente el campo y la ciudad, la tradición y el futuro; de que me encante el arte nuevo y me extasíe el antiguo; de que me vuelva loco la retórica hecha, y me torne más loco el capricho de volver a hacérmela —nueva— para mi uso particular e intransferible. Hay horas para explorar por esos mundos y horas para encerrarse a solas con sus recuerdos. Y todo esto —ya lo dijo Debussy— hay que hacerlo con el «do-re-mi-fa-sol-la-si»; es decir, los poetas —el oficio «se las trae»— tenemos que resolverlo todo con el a-b-c-dario. Todas estas inquietudes se reducen en mí a dos únicas intenciones. La de una poesía relativa; esto es, directamente apoyada en la realidad, y la de una poesía absoluta o de tendencia a lo absoluto; esto es, apoyada en sí misma, autónoma frente al universo real del que sólo en segundo grado procede. Esta última, naturalmente, es más difícil y ocupa dentro de mi obra una superficie menos extensa. Pero si más difícil, no es en mí menos constante —véanse las fechas— ni menos «humana». El título de uno de mis libros ha podido inducir a error sobre mis intenciones. Yo puedo asegurar que no hay en mi poesía de estirpe tradicional piezas que superen ni quizá igualen en acumulación y hondura de experiencia vital, en desgarro y temblor de alumbramiento, a, por ejemplo, *Gesta, Nubes, Quién sabe,* entre lo incluido en este volumen, o al *Desenlace* de la *Fábula de Equis y Zeda,* que no reproduzco porque para comprenderle habría que incluir entera la demasiado extensa Fábula. Es posible que estos poemas para el lector resulten fríos, pero yo me acuerdo muy bien de la sangre que me costaron. Y en cuanto a la simultaneidad de ambas formas poéticas, si la clarísima diferencia de propósitos no la justificara moralmente, permítaseme que me escude en ejemplos insignes: el Góngora de las *Soledades* y el de las letrillas monjiles o los romances burlescos; el Strawinski del «Sacre du printemps», y el del «Pulcinella»; el Bartók de los cuartetos y el de las piezas para niños; el Picasso de los retratos y el de las telas cubistas. Y tantos otros.

Finalmente, para que el lector no se llame a engaño ni pierda el tiempo buscando el quinto pie del gato, conservo en los libros de intención más creadora la ausencia de puntuación con que aparecieron. Es un detalle secundario, claro está. Pero aparte de que desde Mallarmé y Apollinaire fue una consigna que aclaraba en seguida la intención, empieza ya a adquirir sabor de época, y, como todas las cosas museables, bien está como está y como estuvo. La distribución de blancos, el juego de mayúsculas y el empleo de mínimos signos ortográficos asegura la única lección posible.

Al fin del volumen incluyo, para entretenimiento de ociosos, una tabla cronológica por años (a veces una poesía está trabajada en varias etapas; en ese caso la coloco en el año más decisivo). Va también una correlación entre los libros representados en esta ANTOLOGÍA y los ya impresos que forman mi bibliografía exterior y visible. En conjunto, esta selección supone poco más de la cuarta parte de cuanta poesía he escrito; pero la representación proporcional de cada libro varía, sin que en ningún caso llegue a la mitad respectiva. Como se verá, incluyo no pocos poemas hasta hoy inéditos; algunos inéditos absolutos, otros inéditos en libro.

1941

I

INICIALES

(1918)

1

POETA SIN PALABRAS

Voy a romper la pluma. Ya no la necesito.
Lo que mi alma siente yo no lo sé decir.
Persigo la palabra y sólo encuentro un grito
roto, inarticulado, que nadie quiere oír.

¡Dios mío, tú el poeta! ¿Por qué no me concedes
la gracia de acertar a decir cosas bellas?
Dame que yo consiga —merced de las mercedes—
interpretar las flores, traducir las estrellas.

Yo escucho sus secretos. Yo entiendo su lenguaje.
No el ser sordo, el ser mudo es mi condenación.
Para mí es como un alma dolorida el paisaje
y el mundo es un sonoro y enfermo corazón.

Llevo dentro, muy dentro, palabras inefables
y el ritmo en mis oídos baila sus armonías,
mientras vagan perdidas, ciegas e inexpresables
yo no sé qué interiores, soñadas melodías.

Como un niño que tiende sus bracitos desnudos
a las cosas y quiere hablar y no sabe y llora...,

así también ante ellas se abren mis labios mudos
de poeta sin palabras que el gran milagro implora.

Tú, Señor, que a los mudos ordenabas hablar,
y ellos te obedecían. Pues mi alma concibe
bellas frases sin forma, házmelas tú expresar.
Ordénale ya «Habla» al poeta que en mí vive.

2

INSTANTE LÍRICO

Ya se apagaron los celestes fuegos.
Ahora el paisaje es como un gran latido,
palpita un manso anhelo de ternura
en su regazo lírico,
en tanto que con gracia sosegada
se despereza el suelo estremecido.
El labio innumerable de la brisa
me acaricia solícito.

Juego de luces: suave como bálsamo,
el ámbito humedece de amarillo
temblor la luz difusa
del éxtasis muriente vespertino,
y en ella se disuelve
la que derrama tibio
el farol con su pulpa azucarada
y su aureola verdosa. Se oye el tímido
pestañear del lucero de la tarde,
solo en el infinito.

Es todo aéreo, frágil, luminoso.
Todas las cosas son como suspiros
que del alma del mundo, tierna y grande,
se escapasen furtivos.

Y yo siento en mi alma cómo nacen
las alas milagrosas del espíritu.

3

LA CARAVANA DE LAS LECHERAS

En las tibias mañanas de mayo, julio, octubre,
por la alameda abajo el paso se descubre
de la reata plácida que los caminos cubre
acarreando el jugo de la rosada ubre.

Sobre los altos chopos, jilgueros, gorriones
trenzan su algarabía joviales y zumbones.
Un sol recién nacido despierta los balcones
y filtra entre las hojas trémulos medallones.

Solemne y panorámica llega la cabalgata
que viene de la aldea en lenta caminata:
lecheras sollamadas, borricos en reata
que, menuda y ligera, multiplican la pata.

Al vaivén de los trotes, la hojalata y la olla
acompasan su ritmo de sonora bambolla.
En el bache abismada la carreta se atolla.
Asnos blancos al sol... Un cuadro de Sorolla.

Domésticos, sesudos, van pasando los burros,
letanía asinaria de los nombres cazurros:
Generosos y Estrellas, Rucios, Florindas, Curros.
Llega un sabroso aroma de matinales churros.

Al modo mujeriego sobre la áspera albarda
asnalgan las lecheras. Y tras la vieja tarda,
como blanca paloma junto a torpe avutarda,
monta la moza esbelta que en las huertas escarda.

El ramal del cabestro en la mano que acopla
caricias de mujer y riesgos de manopla.
Sus faldas rameadas la brisa agita y sopla.
Rasga el aire el aroma de una rústica copla.

Es la escena de égloga que huele a pan y a heno,
a tomillo y a hierba, a maíz y a centeno,

a heno de la cuadra y a pan limpio y moreno,
a borona y a aceña y a troje bien relleno.

Parece un episodio de la vida de Ruth.
En la alameda de oro un rapaz lanza un chut.
Un pajarillo alegre modula su cu-cut,
motivo de una idílica pastoral en *ut*.

El aire se caldea con un hálito de horno,
con un cálido aliento, preludio del bochorno
que quemará las hojas. Para el visual soborno
han colgado sus muestras las tiendas del contorno.

Entre el polvo y el sol van volando las moscas.
Los asnos se sacuden los tábanos con foscas
contracciones. Y mercan las amazonas roscas
de pan tibio que cruje entre sus manos toscas.

Los pitos de las fábricas sollozan la señal.
Al azul matutino sube el humo industrial.
Y la última lechera, trabando del ronzal
de su pollino, avanza por el camino real.

4

MIRANDO EL TEJADO

Tejas, sedientas tejas de los tejados,
no estáis tan secas
como mi alma.
Cales, pálidas cales entre ladrillos,
no sois tan áridas
como mi alma.
Vidrios, cansados vidrios de las guardillas,
no veis tan turbio
como mi alma.
Hilos, desnudos hilos de los teléfonos,
no os hiere el viento
como a mi alma.

Musgos, musgos parásitos y generosos;
ni eso siquiera
brota en mi alma.
Ropas, tendidas ropas tomando el sol;
negras tinieblas
cercan mi alma.
Cosas, humildes cosas en los tejados;
en turbio sótano
yace mi alma.
Todas vosotras luego veis las estrellas;
niebla perpetua
ciñe mi alma.

5

SILENCIO

La voz, la blanca voz que me llamaba
ya apenas entre sueños la adivino.
Suena su son angélico
cada día más tímido.

Bajo el agua del lago va enterrándose,
va hundiéndose en el fondo del abismo.
Los años van tejiendo
densas capas de limo.

Ella se esfuerza por romper las ondas,
por dejar su cristal en mis oídos.
Y yo apenas la escucho
como un leve suspiro.

Más que la voz percibo ya el armónico.
Ya más que timbre es vacilante espíritu.
Me ronda, helado, mudo,
el silencio infinito.

6

TENTACIÓN

No. De noche no. De noche
no, porque me miran ellas.
Sería un mudo reproche
el rubor de las estrellas.

Tan inocentes, tan puras,
con sus ojos ignorantes,
latiendo como diamantes
allá arriba en las alturas.

—Entonces, mira. Mañana
bajo el sol viejo y ardiente.
La luz ciega, muerde, aplana.
El alma duerme... y consiente.

—¿De día? No. Las estrellas
en el cielo están también.
¿No lo sabías? Sí. Ellas,
aunque invisibles, nos ven.

7

IMPROMPTU

Cuando me tiendo en la playa
boca arriba,
en estas noches tan hondas
y tan íntimas,

noches de claras, diáfanas
maravillas,
tan evidentes, tan nuevas,
tan antiguas,

la inmensidad se me abre
sin orillas,
sin linderos y sin márgenes,
infinita.

Y qué ansias de hacer cándida
mi vida
para que Dios la contemple
desde arriba.

Qué hermosura. Niño astrónomo.
(Yo tenía
nueve años y estudiaba
de puntillas,

torciéndome en el balcón,
cosmografía:
Sirio, Antares, Betelgeuse...)
¡Ay, qué líricas

las estrellas, qué profundas
y qué limpias!
Y ver lo que hay más allá,
más arriba,
más detrás de las más altas,
más encima.

Sí, cómo todas me llaman
y me miran.
Parece que dicen: Sube,
date prisa.

Cómo se abre el horizonte
y se amplifica
como la honda de la piedra
centrífuga.

Cómo crece el corazón,
cómo rima
con los astros y los ángeles
y palpita

olvidado de la muerte
y de la vida
... cuando me tiendo en la playa
boca arriba.

8

Los poetas saben muchas cosas,
piedras raras, extrañas flores.
Y en mi jardín no hay más que rosas,
rosas blancas y de colores.

Yo no me atrevo a hacer poesía.
Mi ajuar irrisorio es tan pobre.
Mi hacienda se gasta en un día
como una moneda de cobre.

Remotas memorias fragantes
de lejanos mayos floridos.
Y un puñado de consonantes
para hacer versos doloridos.

La novia imposible y soñada.
Un dolor de renunciación.
Y una música sepultada
en el fondo de mi corazón.

La ventaja del pobre es esta:
que nadie le puede robar.
Mi poesía es torpe y modesta.
Oh, no me la podréis quitar.

II

EL ROMANCERO DE LA NOVIA

(1918)

9

ELLA

¿No la conocéis? Entonces
imaginadla, soñadla.
¿Quién será capaz de hacer
el retrato de la amada?

Yo sólo podría hablaros
vagamente de su lánguida
figura, de su aureola
triste, profunda y romántica.

Os diría que sus trenzas
rizadas sobre la espalda
son tan negras que iluminan
en la noche. Que cuando anda,

no parece que se apoya,
flota, navega, resbala...
Os hablaría de un gesto
muy suyo..., de sus palabras,

a la vez desdén y mimo,
a un tiempo reproche y lágrimas,
distantes como en un éxtasis,
como en un beso cercanas...

Pero no: cerrad los ojos,
imaginadla, soñadla,
reflejada en el cambiante
espejo de vuestra alma.

10

LAS TRES HERMANAS

Estabais las tres hermanas,
las tres de todos los cuentos,
las tres en el mirador,
tejiendo encajes y sueños.

Y yo pasé por la calle
y miré... Mis pasos secos
resonaron olvidados
en el vesperal silencio.

La mayor miró curiosa,
y la mediana riendo
me miró y te dijo algo...
Tú bordabas en silencio

como si no te importase,
como si te diese miedo.
Y después te levantaste
y me dijiste un secreto

en una larga mirada,
larga, larga... Los reflejos
en las vidrieras borrosas
desdibujaban tu esbelto

perfil. Era tu figura
la flor de un nimbo de ensueño.
... Tres erais, tres, las hermanas
como en los libros de cuentos.

11

LA DESPEDIDA

Aquel día —estoy seguro—
me amaste con toda el alma.
Yo no sé por qué sería.
Tal vez porque me marchaba...

—Me vas a olvidar —dijiste—.
Ay, tu ausencia será larga,
y ojos que no ven... —Presente
has de estar siempre en mi alma.

—Ya lo verás cuando vuelva.
Te escribiré muchas cartas.
Adiós, adiós... Me entregaste
tu mano suave y rosada,

y, entre mis dedos, tu mano,
fría de emoción, temblaba.
... Sentí el roce de un anillo
como una promesa vaga...

Yo no me atreví a mirarte,
pero sin verte notaba
que los ojos dulcemente
se te empañaban de lágrimas.

Me lo decía tu mano
en la mía abandonada,
y aquel estremecimiento
y aquel temblor de tu alma.

Ya nunca más me quisiste
como entonces, muda y pálida.
... Hacía apenas tres días
que eran novias nuestras almas.

12

SUEÑOS

Anoche soñé contigo.
Ya no me acuerdo qué era.
Pero tú aún eras mía,
eras mi novia. ¡Qué bella

mentira! Las blancas alas
del sueño nos traen, nos llevan
por un mundo de imposibles,
por un cielo de quimeras.

Anoche tal vez te vi
salir lenta de la iglesia,
en las manos el rosario,
cabizbaja y recoleta.

O acaso junto al arroyo,
allá en la paz de la aldea,
urdíamos nuestros sueños
divinos de primavera.

Quizás tú fueras aún niña
—¡oh remota y dulce época!—
y cantaras en el corro,
al aire sueltas las trenzas.

Y yo sería un rapaz
de los que van a la escuela,
de los que hablan a las niñas,
de los que juegan con ellas.

El sueño es algo tan lánguido,
tan sin forma, tan de nieblas...
¡Quién pudiera soñar siempre!
Dormir siempre ¡quién pudiera!

¡Quién pudiera ser tu novio
(alma, vístete de fiesta)
en un sueño eterno y dulce,
blanco como las estrellas!...

III

NOCTURNOS DE CHOPIN

PARÁFRASIS ROMÁNTICAS

(1918)

13

NOCTURNO XI

Op. 37, núm. 1

A Luis Barreda.

Sentadas sobre un pozo alabastrino
una mujer desnuda —amor profano—
y una blanca doncella —amor divino—.
¿No recordáis el cuadro del Tiziano?

También en el nocturno chopiniano
se oye primero el cántico argentino
que nos dice las rosas del camino,
que al goce invita del amor profano.

El ave del amor borda su trino
escondida en el bíblico manzano,
y un cupidillo frívolo y pagano
apunta al cielo el chorro cristalino.

Es todo risas. Se respira un vano
perfume anacreóntico; y el vino
tiñe acaso el paisaje veneciano
como en una vendimia del Bassano
o en una bacanal del Aretino.

Un acorde litúrgico; imagino
que lo trenza algún órgano cristiano.
Es la aureola del amor divino
la que ilumina el corazón humano.

Renunciamiento, paz, quietud, lejano
son de plegarias místicas. El lino
de un cuento nazareno y peregrino
devana el dulce corazón del piano.

Y se piensa en el claustro; el vespertino
toque de Ángelus, trémulo y lontano,
un conventual jardín benedictino,
azucenas, cipreses, una mano
blanca en las sombras lentas adivino...

Pasa el encanto del amor divino.
Vuelve el triunfo del amor pagano.
Ya conoces los dos, mi buen hermano.
Pero tú no decides tu camino.
Es tan bello el amor a lo profano...
Es tan bello el amor a lo divino...

14

NOCTURNO XII

Op. 37, núm. 2

A Santiago de la Escalera.

La noche resbala
con mansa dulzura.
Como una azucena
de nevada túnica,
inocente y lírica,
florece la luna.
Las estrellas cantan
su cantiga muda
y sueña el paisaje

dormido en la bruma.
¡Qué suave sosiego!
¡Qué paz tan profunda!
Cual blandas cadencias
de canción de cuna,
únicos rumores
que el silencio surcan,
se estremece el bosque,
la brisa susurra
y abajo en el río
rezan las espumas.

Sólo dos zagales
—él fuerte, ella rubia—
velan en el valle
por gozar la albura
de la noche clara,
de la noche rústica.

—Juan, ¿estoy soñando?
¡Oh, qué dulce música!
—Parecen campanas;
no las sentí nunca.
—¿Quién las toca, di?
—No sé; pero escucha.
María, te quiero.
—¿Si serán las brujas?
—María, si vieras...
—O serán los ángeles
allá en las alturas...
—María, te adoro...
—¿Campanas o guzlas?
—¿Me atiendes, María?
—Qué paz, qué dulzura...
¿Oyes las campanas?
—María, ¿me escuchas?
—Campanas celestes,
¿sonáis en la luna?
Tañido divino...
¡Oh, Juan, esa música!...
—María, ¿me quieres?

—... No puedo ser tuya.

15

NOCTURNO XIV

Op. 48, núm. 2

A Enrique Menéndez.

Ha cruzado divina y desnuda.
Es la Forma, es la Forma, es la Forma.
El artista, sujeto en la Norma,
la llama en su ayuda.

Cuando pasa sonríe y promete
y saluda cordial y exquisita,
mas qué breve es su breve visita,
su azar de cohete.

Es celeste como hecha de astros,
perfumada de incógnita esencia.
Es la Amada de la adolescencia,
toda de alabastros.

No se sabe si es sueño o es niebla.
No se sabe si túnica o nube.
Deja un rastro de luz cuando sube,
y el aire despuebla.

Es la imagen del ángel más leve
que Jacob vio en las blancas escalas.
Al trasluz transparenta sus alas
sutiles de nieve.

Sólo muestra su carne de estrella
en la magia de luna en el río.
Es espíritu, es aire, es vacío
sin molde y sin huella.

En la virgen cuartilla se posa.
Sobre el piano despliega su ala.
Y si vamos a asirla, resbala
esquiva, medrosa.

La queremos cazar prisionera
y el intento enseguida comprende,
y batiendo las alas, asciende
feliz a su esfera.

¡Quién pudiera seguirla en su vuelo
y arrobado en dichoso desmayo,
patinar por el hilo de un rayo
de luna hasta el cielo!

IV

EVASIÓN

(1919)

16

SALUDO A CASTILLA

En el agua fría de la palangana
            yo te saludo, Castilla,
en el agua y filo de cristal de la mañana.

Te he conocido, madre, aun sin salir de casa.
            Te he conocido
por la losa de rosa y la pared bien rasa.

Aprisa los gallos cantan, cantan con petulancia,
            cantan aprisa
como aquellos del Cid en Cardeña la rancia.

Y hay en el aire un primoroso olor secular,
            un olor dilatado
sobre el espacio y el tiempo como el ritmo del mar.

Aun sin salir de casa, te conozco, Castilla.
            Madre, te he adivinado
en los áureos buñuelos y en la cuerda de la mirilla.
            Y al abrir el balcón,
            ¡qué maravilla!
Grito glorioso al descubrirte como un nuevo Colón:
            ¡¡Castilla!!
            ¡¡Castilla!!

17

INSINUACIÓN

Oh, ven, ven, ¿a qué esperas?
Los árboles te llaman
agitando sus miembros infinitos.
La tierra abre sedienta
la boca, y modifica
la incómoda postura de sus muslos.
Sus párpados entoldan los tejados.
Alborotan los niños de la escuela.
Se hace más tersa y suave
la mejilla frutal de las mujeres.
Y acarician mi frente anubarrada,
barriéndola de duros pensamientos
los plumeros de seda de la brisa.
Oh, ven, ven pronto
a adormecer —silencio— nuestros sueños,
contándoles tu historia sin sentido,
tan casta y voluptuosa,
toda de besos mudos
y calladas sorpresas.

18

LOS SIETE SOSTENIDOS

Jabón de sol en los percales
y en los sombreros primaverales.
Y sobre el humo y el azul,
como un alleluia pascual,
la gloria del arco triunfal.
Amplia guirnalda de golondrinas.
Y abajo en las velas marinas,
banderas, blusas y ropas al sol,

la brisa moldea turgencias,
alfarerías y opulencias.
Cuatro redondas nubecillas blancas
regatean en el azul marino
—bruñido espejo— de arriba.
El oxígeno nos hace neumáticos,
jinetes alados sobre los vientos.
Senos de luz. Estandarte vencedor.
Do sostenido mayor.

19

EL PARQUE

A Sebastián Risco.

Verdeoro, verdemar, verdebronce, el encaje
botánico, aristócrata del parque su frescura
nos ofrece, acuarela que nos lava el paisaje
con las nítidas luces de la cámara oscura.

El sol abre las flores con su cálido beso
y dibuja unas sombras azules y violetas.
El sol es un plutócrata, un Vanderbilt, un Creso.
Oros para los árboles, las nubes, los poetas.

Dulces píos de pájaros. Aleteos de fronda.
Bajo un lánguido sauce el banco de la cita.
Leyendo un libro rojo pasea esbelta y blonda
mademoiselle, fräulein, miss, sensible y erudita.

Cruza un auto suntuoso, charolado y neumático.
Un limo de hojas secas sobre el arroyo ciego.
Y frente al sol muriente abre su arco cromático
la mágica parábola de la manga de riego.

20

VERSOS

Versos, versos, más versos,
versos
para los hombres buenos, sublimes de ideales
y para los perversos;
versos
para los filisteos, torpes e irremisibles
y los poetas de los lagos tersos.
Versos
en los anversos
y en los reversos
de los papeles sueltos y dispersos.
Versos
para los infieles, para los apóstatas,
para los conversos,
para los hombres justos
y para los inversos;
versos, versos, más versos,
poetas, siempre versos.
Ahoguemos con versos
a los positivistas,
dejándolos sumersos
bajo la enorme ola de los versos,
en ella hundidos, náufragos, inmersos.
Versos
en el santo trabajo cotidiano
y en los momentos tránsfugas, transversos.
Versos tradicionales
y versos nuevos, raros y diversos.
Versos,
versos,
más versos,
versos,
versos
y versos,
siempre versos.

21
LA COMETA

Las nubes se han abierto al paso
de la luna en cuarto creciente.
El azul celeste es de raso
tras el encaje transparente.

La luna sube y sube y sube
vertiginosa y alocada.
Se encarama sobre una nube
como una cometa encantada.

Once estrellas forman su cola,
que ondea a derecha y a izquierda
y sube tan alta y tan sola
que hay el temor de que se pierda.

Trepa por el cielo ligera
y las niñas cantan a una
girando en el corro: «—Quisiera
ser tan alta como la luna.»

Yo también querría volar,
«—ay, ay, como la luna—», más alto,
sobre las estrellas del mar
celeste, en un aéreo asalto,

en una asunción infinita,
sobre la nube y la ultranube,
como la blanca favorita
sube esta noche y sube y sube.

22
NOCTURNO FUNAMBULESCO

El muelle es el escenario.
Desde allí diviso el vario,
brumario y extraordinario
panorama.

Los luceros se estremecen.
Tan diminutos parecen
margaritas que florecen
en la grama.

Sobre el silencio terrestre
se abre el blanco circo ecuestre
en el paisaje rupestre
de la luna.
Mis visiones de noctámbulo
acrobatizo sonámbulo
en equilibrio funámbulo
una a una.

La luna en cuarto creciente
es como un huevo esplendente.
Todo el cielo se resiente
de su luz.
Los faroles en hilera
son estrellas de primera,
de segunda y de tercera
magnitud.

Se divisa en lontananza
el verde de la esperanza
y el rojo, sobre la panza
de un vapor.
Y con el lunar reflejo
se agitan en el espejo
formando un vivo aparejo
tricolor.

La guirnalda de las luces
cae en el agua de bruces,
quebrándose en mil chapuces.

Y si arrecia
la brisa sobre el cristal
móvil, rizado, banal,
baila el agua un carnaval
de Venecia.

23

AHOGO

Déjame hacer un árbol con tus trenzas.

Mañana me hallarán ahorcado
en el nudo celeste de tus venas.

Se va a casar la novia
del marinerito.

Haré una gran pajarita
con sus cartas cruzadas.
Y luego romperé
la luna de una pedrada.
Neurastenia, dice el doctor.

Gulliver
ha hundido todos sus navíos.

Codicilo: dejo a mi novia
un puñal y una carcajada.

24

VIRGO

(ZODÍACO)

Virgo, en las manos de cera
levanta la rubia Espiga.
Y derribada en la era,
dice la virgen: —Mi amiga,
mi amiga casta y sin velo,
la blanca Virgen del cielo.
Quién pudiese ir en un vuelo—.
La mira el Cisne y piensa en Leda.
Como pueda...

—Pon en mis ancas tu raso
—dice Pegaso—.
Virgo, llamas refrenadas.
Mieses. Sol. Dulces miradas.
Horóscopos de demencia.
Peligros de adolescencia.
Sueñan las doncellas
amantes;
vuelan las estrellas
errantes.

25

SAN JUAN

POEMA SINFÓNICO EN EL MODO WAGNERIANO

A Juan Larrea, en el día
de San Juan —1919.

TABLA TEMÁTICA

MOTIVO DE	LA PRIMAVERA	Margarita, novia del grillo. Dame tu estrella, Margarita.
	EL ESTÍO	Amapola, labio de seda. Bésame, cálida Amapola.
	LA FIESTA PAGANA	Humo de estrellas en plenilunio. Dancemos en el rito druídico.
	LA FIESTA CRISTIANA	Del agua de gracia, San Juan, llena tu concha en el Jordán.
	LA RONDA DE LOS MOZOS	Viva la moza. Viva la Juana. Viva el espliego y la mejorana.

Margarita, novia del grillo.
Dame tu estrella, Margarita.
Margarita, ha venido la golondrina.
Trae una estrella en el pico.
Escucha. Escucha. Cri-cri-cri.
¿Le dirás a tu novio que sí?
Margarita, fíjate bien,
que el pícaro nordeste quiere
abrazarte el talle por detrás.
Margarita, qué linda estás.
Novia de grillos y de luceros.
Dame tu estrella para mi ojal.

La verde cabellera de espigas
—Margarita, novia del grillo—
ha lanzado una idea roja,
seda de labio, sed de Amapola.
Gota de sol tropical.
Dame tu estrella para mi ojal.
Amapola, cálida Amapola,
presiento el ardor de tu boca.
La cigarra te quiere aturdir.
No duermas, no, labio de seda.
Bésame, cálida Amapola.
Bésame sedeña y tórrida.
Margarita, Amapola,
novia del grillo, labio de seda.
Se dan la mano las dos hermanas
—sangre de estrella, beso de luz—
bajo la feria del plenilunio.

Humo de estrellas. Humo de hogueras.
Hogueras en el cielo y en la tierra.
Coro de vírgenes. Surge la diosa.
Dancemos al corro de antorchas.
Dancemos en el rito druídico.
Hagamos el tierno sacrificio.
Llegó la hora del plenilunio
—grillos celestes, llama Amapola—.

Sangre de niño. Columnas de humo.
Danza de antorchas. Corro de estrellas.
San Juan. San Juan. San Juan.
La golondrina trae el plenilunio.
Vértice del solsticio de junio.
Se dan la mano las dos hermanas.

Ven a nosotros, concha de gracia.
Humo de estrellas, sangre de hogueras.
Del agua de gracia, San Juan,
llena tu concha en el Jordán.
Y santifica nuestras cabezas
bajo la feria de las estrellas.
La blanca túnica del Precursor,
alba del Sol Redentor.
Huelen los grillos. Luna de gracia.
Concha rizada del agua santa,
bésanos la nuca bautismal.
La paloma del Santo Espíritu
baja a posarse sobre el bautizo.
Agua de gracia del Jordán.
Túnica aurora de San Juan.
Humo de estrellas. Errantes cohetes.
Lunar verbena en el prado verde.

Viva la moza. Viva la Juana.
Viva el espliego y la mejorana.
Ronda de mozos, flor en la oreja,
mejillas rojas de las hogueras.
Arcos de flores. El tamboril
—viva el espliego— repica-cri-cri.
Campanero, toca las campanas.
Viva la moza. Viva la Juana.
Danzas druídicas. Corros de estrellas.
Rondas de mozos. Viva la fiesta.
Abren los ojos las margaritas.
Curvan sus alas las golondrinas.
San Juan. San Juan. San Juan.
Grillos. Estrellas. Rondas. Cohetes.
Humo. Amapolas. Tin-tan. Tin-tan.

V

IMAGEN

IMAGEN MÚLTIPLE - ESTRIBILLO

(1918-1921)

26

GESTA

A Vicente Huidobro.

Por vez primera entre la lluvia muerta
cantaban los tranvías zozobrantes

Y en la sala del piano
un esqueleto
jugaba al ajedrez con guantes negros

Golondrinas precoces recitaban sus versos

La abuela junto al tiempo
rezaba su rosario de nietos

Y el rumor de las sombras en la estancia
encendía romanzas sin palabras

A la luz pensativa de mis manos
todo lo voy contemplando
Los balcones en folio
miniados de países musicales
y de los que pendían como sellos
lágrimas verticales

La retreta de sueños
y papeles pintados

desfilando a compás
sobre los puentes del ocaso
Y un día
la cometa
que desaté en mi regazo
y ancló desorientada en el pasado

En la ciudad dormida
salían retozando de la escuela
los signos ortográficos
Y los ángeles de la guarda
en el pico traían las estampas

Para los meses muertos
no siembran ataúdes los sepultureros

Venid que os embalsame

Sobre vuestros disfraces arrugados
yo nevaré mis versos
Aquel corro de niñas

Para la primavera
los besos maduros caerán de sus trenzas

Por entonces Mambrú volverá de la guerra

En las revistas ilustradas
las efemérides
se han convertido en alas disecadas

Y el lápiz que planté
alumbra la calle como un farol

Me he asomado al balcón

En un pañuelo amortajado
llevaban a enterrar el último adiós

Los verbos irregulares
brincan como alegres escolares

Por el termómetro trepa la emoción

En una sonata blindada
me embarqué con la brújula imantada

Las campanas vuelan en mi cabellera
La novia que me espera
se ha amputado las alas

Voy midiendo las millas con mis rimas

A la hora del té
los abanicos bailan un minué

Para apagar mi sed
fumé todas las islas

La lampara del estío abrió
su sombrilla

Y un hálito de playa
atraviesa la lona de campaña

De tienda a tienda
el oasis cuelga sus hamacas

Todos los astros corren en las regatas
Ella ondea en la meta con la copa en la mano
El lecho del estío está lleno de náufragos

En el hall del hotel
las playas pelotaris
jugaban al tenis

Un día al despertar
me sentí acariciado de campanas pascuales

Con la capucha descubierta
pasaron en procesión las catedrales

Los pilluelos jugaban a los dados
con ojos de mujer

Galanes apasionados
rasgueaban las rejas

Sin saber cómo
me hallé a las puertas del aeródromo

Como un gorrión herido
cojeaba el aeroplano

El buen veterinario condolido
le llevó a la barraca

Una noche en un globo
vino a mí el bulevar

La trenza enroscada al cuello
no le dejaba hablar

Yo le fui desnudando
beso a beso
sin notar que se apagaba
entre mis brazos

Sobre la acera mortuoria
con el paraguas estilográfico
le escribí el epitafio

Y a mi alborotado ruiseñor
lo encerré en la jaula
y oprimí el botón del ascensor

Las manos en los bolsillos
me alejé por los años entoldados de plátanos

Salamancas diáfanas
quemaban los domingos en las plazas

Y las romerías mártires
hilaban en sus torres danzas ágiles

Las coplas enlazadas
ciñeron un collar a mi garganta

Como péndulos
lentos
del ocaso
los pueblos olvidados tocaban a muerto

Y en la estación del alba
ahorcaron el reloj y la campana

En sus sepulcros prolongados
a lo largo de las fiestas
dormían los itinerarios

Y mi hijo aún no nacido
lloraba entre las hojas de mi libro

Mariposas efímeras
volaban de mi pipa
Los besos malogrados
desfilaban por mis párpados

Al remover el álbum
los tirabuzones
me tendieron sus brazos

Y las recién nacidas vacaciones
en sus axilas tibias
en vez de libros de texto traen nidos de vencejos

Una mano inocente
Entre mis dedos
ríe el mundo transparente

En la hoguera
sin
lumbre
voy quemando uno a uno los instantes

Sembrando mis imágenes
me hallaréis olvidado entre la nieve

La mujer paisaje
desnuda como un circo
canta tardes antiguas
en las trémulas gargantas del ramaje

En las aguas del piano
se ha ahogado aquel recuerdo
sin dejar rastro ni de sus cabellos

La sirena aúlla
como un perro lejano

Los años venideros
se han extraviado allá por los senderos

Todo lo voy contemplando
a la luz soñadora de mis manos

Mi gesta encadenada
se alzará arco tras arco
como el gran acueducto de los siglos

Y allá Tras las murallas
Anclada en el silencio
La biblioteca

El tiempo sabe a cloroformo

A la luz de mis dedos
que arden como cirios
lo veo

Todos los paraguas
acuden a mi entierro

Y doncellas sin novio
me esposan las manos
con un rosario póstumo de versos

27

ROSA MÍSTICA

Era ella
Y nadie lo sabía

Pero cuando pasaba
los árboles se arrodillaban

Anidaba en sus ojos
el ave maría

y en su cabellera
se trenzaban las letanías

Era ella Era ella

Me desmayé en sus manos
como una hoja muerta

sus manos ojivales
que daban de comer a las estrellas

Por el aire volaban
romanzas sin sonido

Y en su almohada de pasos
me quedé dormido

28

CARNAVAL

A Adolfo Salazar.

Carnaval Carnaval
De mis mejillas algo va a volar

Los dedos de los árboles
empiezan a ejercitarse en el doigté
Mi cabellera corre como el tren

Rodando sobre los meses
la isla recién parida
viene en su carroza

Sobre el tejado

la última suicida
grita y se alboroza

He guardado la lámpara en el armario
como quien bota un barco

Para qué
si el sol ríe en mis zapatos
y hay en mis ojos melodías vírgenes

Un pájaro modisto
confecciona disfraces con el pico

Sonriendo entre los senos oscilantes
como globos cautivos
fumaba el antifaz

En mi bolsillo
se me ha extraviado la ciudad

Era bello en los mármoles
ver danzar los desfiles de las calles

Era bello y perfecto
como un andamio aéreo de arquitecto

La avenida flotante
fluye solemne entre las dos fachadas

Las citas acumuladas
levantaron el vuelo en los aleros

Y una lluvia de cartas amatorias
sepultó los bancos del paseo

Aquel borracho
con el tapón chistera alicaído
barajaba las losas de la acera
para jugarse el último altercado

Sobre la muchedumbre
las ventanas vuelan
Y la luna esta noche
no reparte esquelas

Pobre corazón mío

Hoy no le he dado cuerda

Quién podrá sostener
sin quedarse ciego
tantos devotos besos de mujer

Y quién sabrá escanciar
mi sombrero efervescente de soñar

Como si fuesen serpentinas
voy desenrollando las callejas antiguas

Un farol apostado
me pedía limosna con la mano

La cola de la taquilla es un tren detenido

Hay un arco triunfal
Y después un espejo
que no tiene cristal

En él los viejos retratos
bailan un rigodón
mientras el álbum llora

Allí me busqué en vano

Pero algo de mí mismo
encontré callejeando
entre las ruinas del escenario

Y para qué callarlo

Las doce campanadas
disputaban mi carne a bofetadas

Un tiro

En guardarropía he caído yo mismo herido

La policía ha desaparecido

Sobre la luz voltaica
sangra el carnaval

29

TRIUNFO

Sí

Del oriente al ocaso
estalla un arco de triunfo

Elefantes atónitos
pastan en los oasis de mis ojos

Y el viento se ilumina
en el fondo del mar

Mi pecho no se cansa de disparar

La vida
ciudad maldita
empieza a arder

Hagamos de todos los gritos
una sola mujer

30

FE

Gusanos del papel
van hilando los libros con la miel

Aunque todo se pierda
queda un rastro de garganta
y un temblor de agua
No temas
Cuelga tu vida como ropa inútil
y chapúzate en músicas desnudas

Para los sueños imposibles
la luna se hizo carne

Yo he visto una mujer
modelando su hijo
con una máquina de coser

31

LÁMPARA

Azulejos
sobre el regazo de los tiempos

La lámpara florece
todos los inviernos

De su carne rosácea
brota el aroma de los sueños silvestres

Un ave infatigable
abre su vuelo en círculos concéntricos
Algún ídolo roto
se duerme en un rincón

Y el péndulo ahorcado
toca con los pies en el suelo

32

ÁNGELUS

A Antonio Machado.

Sentado en el columpio
el ángelus dormita

Enmudecen los astros y los frutos

Y los hombres heridos
pasean sus surtidores
como delfines líricos
Otros más agobiados
con los ríos al hombro
peregrinan sin llamar en las posadas

La vida es un único verso interminable

Nadie llegó a su fin

Nadie sabe que el cielo es un jardín

Olvido

El ángelus ha fallecido

Con la guadaña ensangrentada
un segador cantando se alejaba

33

HOMBRE

Quién mueve nuestras ramas
nuestras ramas elásticas
Quién agita las noches apiñadas

Sólo una flecha negra
supo abatir el vuelo en mi costado

Y mis manos
palomas disecadas
hacen el aire agua

Un sueño transversal
se repliega en el vacío mural

Bajo las alas eléctricas
las estrellas cautivas
iban gritando mueras y vivas

El hombre respiraba con los párpados

Y dentro de sus círculos
los mártires estaban anclados

34

ESTÉTICA

A Manuel de Falla.

Estribillo Estribillo Estribillo
El canto más perfecto es el canto del grillo

Paso a paso
se asciende hasta el Parnaso
Yo no quiero las alas de Pegaso

Dejadme auscultar
el friso sonoro que fluye la fuente

Los palillos de mis dedos
repiquetean ritmos ritmos ritmos
en el tamboril del cerebro

Estribillo Estribillo Estribillo
El canto más perfecto es el canto del grillo

35

HOY

A J. Rivas Panedas.

Quiero inaugurar
el encendido espejismo del símbolo
que ya tiembla de verse frente al mar

En sus carnes
los pájaros nocturnos croan
y los balandros
se despiden dejándose violar
de este viento que silba
motivos de centauros vírgenes

Las locuras se abrazan a sus piernas
y aunque sabe que no puede nadar
quiere sembrar caricias

Ya las horas más agrias que limones
no exprimen su zumo de canciones

Habrá que ir recogiendo
todos los trozos de espejo
que ladran sin saber si tienen dueño

Y en este gran balido universal
quién me sabrá encontrar
esta calle sin nombre en mi recuerdo

Sí   Hoy hay que inaugurar
el encendido símbolo sin símbolo

Hoy hay que prometer
y aventar las pavesas
aunque luego al abrir nuestra mano
Dios   haya   volado
y nos quede solamente
un tembloroso deseo de envejecer

Después de todo
en este viaje no estaremos solos

36

REBAÑO

Los balcones de mi alma
están llenos de lluvia

Yo a las lluvias
las distingo
por sus tactos colores y sabores
lo mismo que a las frutas

Pero el gran caserón está desierto
y la agonizante cosa que me alumbra

no entiende el telégrafo de banderas
que urgentemente la llama desde fuera

Y ella
se morirá

Y en busca
de otros balcones volarán las lluvias

37

COLUMPIO

A caballo en el quicio del mundo
un soñador jugaba al sí y al no

Las lluvias de colores
emigraban al país de los amores

Bandadas de flores
Flores de sí Flores de no

Cuchillos en el aire
que le rasgan las carnes
forman un puente
Sí No

Cabalgaba el soñador
Pájaros arlequines
cantan el sí cantan el no

38

MADRIGAL

A Juan Ramón Jiménez.

Estabas en el agua
estabas que yo te vi
Todas las ciudades
lloraban por ti

Las ciudades desnudas
balando como bestias en manada

A tu paso
las palabras eran gestos
como estos que ahora te ofrezco

Creían poseerte
porque sabían teclear en tu abanico

Pero

No

Tú
no estabas allí

Estabas en el agua
que yo te vi

39

VERBO ALARIDO

Verbo alarido
verbo rugido
magnolias explosivas
muerden las estrellas de los hielos
y hay una única virgen
a lo largo del cielo

Seguid adelante
Las noches se cobijan bajo mi estandarte

Afirmando las raíces en lo negro
será gloria de luz el pensamiento
y nuestras hojas vegetales
volarán por encima de los puertos
cubrirán a los muertos

Despacio
Silencio
No despertéis al
péndulo

Los minutos son polvillo de centellas
y mi rosario va encendiendo las estrellas

Estas pisadas que oísteis en mi oreja
yo no sé si son verdes o son negras
yo no sé de quién son

Yo canto

Esta es mi voz

Me reconozco en el espejo lento
y este ferrocarril que me explora el costado
cansado de roer ha resbalado

Las lluvias son mis brazos

Solo yo voy ascendiendo
desnudo como el sol
En el fondo ronca el reloj

El mundo está lleno de negros

Cielos blancos y amarillos
me tejerán un manto parabólico

Mis pies serán uno solo

Y de espaldas a los ríos
incendiaré en la hoguera mineral
este verbo alarido

40

REFLEJOS

A Pedro Garfias.

En este río lácteo
los navíos no sueñan sobre el álveo

Como un guante famélico
el día se me escapa de los dedos

Me voy quedando exhausto
pero en mi torso canta el mármol

Una rueda lejana
me esconde y me suaviza
las antiguas palabras

Cae el líquido fértil de mi estatua
y los navíos cabecean
amarrados al alba

41

MOVIMIENTO PERPETUO

No canta el agua en la rueda
que se murió en la alameda

La luna abre la sombrilla
camino de la alameda

La sortija La sortija
Dame la mano dice mi hija

El agua muerta no canta
La luna llora en mi garganta

Todos los pájaros piden limosna

En mi garganta rueda la rueda
El agua ha muerto en la alameda

El agua ha muerto hija
La enterrarán en una sortija

42

GUITARRA

Habrá un silencio verde
todo hecho de guitarras destrenzadas

La guitarra es un pozo
con viento en vez de agua

43

ABANICO

El vals llora en mi ojal

Silencio

En mi hombro se ha posado el sueño
y es del mismo temblor que sus cabellos

44

BANDEJA

Nada más

Dejar la cabeza

sobre la mesilla

Y dormir con el sueño de Holofernes

VI

LIMBO

(1919-1921)

45

CETRERÍA

violines
He aquí que los
insectos
que ganaron la cúspide
se lanzan a volar

Sobre los mares y los cementerios
se inicia una ovación de bofetadas
Mi capitán
resucitan los muertos
El arco iris de risas
flecha sus arpones
a las bandadas de arpegios mensajeros
cogidos de las manos

Los ríos empinados como serpientes geysers
empiezan a trepar por los cohetes

Más allá Más arriba
Las amazonas centrífugas de las ruletas
montadas a la grupa van a caza de estrellas

Y tú patinadora
sobre mi paralelo
haz añicos tus valses sobre el hielo

Alzaremos de un salto
a todo el mar como una tromba épica
Y las esquivas muchachas nadadoras
arrancarán los astros
enterrando sus restos en cenizas de espumas

46

MAR

A José María Chacón y Calvo.

Cuántas tardes viudas
arrastraron sus mantos sobre el mar
Pero ninguna
como tú
tarde grave
hermana mía
dolorosa como una
señorita de compañía

Aquel poema desplegó sus velas
y escribió con la quilla sus estelas
versos horizontes
salpicados de acentos
que cantan sacudidos por los vientos

Pájaros ciegos gimen en el faro
que ha olvidado todos sus cánticos
Y la tarde enlutada
acaricia mis manos apagadas

Sobre la roca náufraga
un humo pide auxilio

47

FRÍO

La pared inclinada
no se cae

La lluvia tiembla
como una oveja

Hace tanto frío
que se abren las hojas
de los libros nuevos

Mi mano

El río

Aquella cabeza
se desinfla silbando

Entre mis hojas
una lágrima muerta

48

AJEDREZ

A Luis Zubillaga.

Hoy lo he visto claro
Todos mis poemas

son sólo epitafios

Debajo de cada cuartilla
siempre hay un poco de mis huesos

Y aquí en mi corazón
se ha cariado el piano

No sé quién habrá sido
pero del reloj
en vez del péndulo vivo
colgaba un ancla anclada

Y sin embargo
todavía del paracaídas
llueven los cánticos

Alguna vez ha de ser

La muerte y la vida
me están
jugando al ajedrez

49

SED

A Joaquín de la Escosura.

El sol quiere vencerte
multiplicando los brazos de la hélice

Yo a tu lado en cuclillas
manso como los ojos de las niñas

Pobre sol enjaulado
y sin saber cantar
y sin haber volado

Acógete a este árbol de mis versos

Yo espantaré esas alas que te acechan

Yo a tu lado en cuclillas
y el sol que huye de puntillas

Déjame
hilar estelas en los páramos
y ser un poco de agua entre tus manos

50

CALLE

Como una puerta de aspas giratorias
la calle va dando vueltas

Cautamente
hurtan sus sueños blancos las vidrieras

Por las chimeneas bajan del cielo
suaves polichinelas

Entre un oleaje de música
ha pasado el ángel
cuya cabellera riega las calles

Cada farol es una herida
Esta noche es más larga que nunca la vida

VII

VERSOS HUMANOS

SONETOS - GLOSAS - CANCIONES - ELEGÍAS
VERSOS CANTÁBRICOS - EPÍSTOLAS

(1918-1925)

51

Mi nombre es la bandera jamás vista
impaciente de entrar en el combate.
El nacido cautivo que el rescate
año tras año espera. Ya optimista

pregona mundos nuevos la conquista,
y el extraño argonauta va en su yate,
clavado en el costado el acicate,
al vellocino que quizás no exista.

Yo le veo avanzar sobre las ondas,
unánimes las velas redondas,
abriendo un haz de líquidas centellas.

Mi nombre espera. Un día y otro día
lo están fraguando en lírica aljamía
con perdurables signos las estrellas.

52

EL CIPRÉS DE SILOS

A Ángel del Río.

Enhiesto surtidor de sombra y sueño
que acongojas el cielo con tu lanza.
Chorro que a las estrellas casi alcanza
devanado a sí mismo en loco empeño.

Mástil de soledad, prodigio isleño;
flecha de fe, saeta de esperanza.
Hoy llegó a ti, riberas del Arlanza,
peregrina al azar, mi alma sin dueño.

Cuando te vi, señero, dulce, firme,
qué ansiedades sentí de diluirme
y ascender como tú, vuelto en cristales,

como tú, negra torre de arduos filos,
ejemplo de delirios verticales,
mudo ciprés en el fervor de Silos.

53

GLOSA

Déjame vivir verdades:
la verdad de tus miradas,
la de tus apasionadas
promesas de eternidades,
y entre tus sinceridades,
la doble verdad querida
con que llaman a la vida
tus dos palmas amorosas
cuando estrechan, perezosas,
mi mano desfallecida.

Gracias a ti salgo ileso
de ansiar pasado y futuro,
y amo el presente seguro
y vuelvo a sentir mi peso.
Sé que son caricia y beso
realidad de realidades,
y pues mis ojos no evades
cuando de cerca me miras,
no quiero vivir mentiras,
déjame vivir verdades.

Ahora empiezo a ver las cosas
a una luz clara y precisa.
Veo la risa en la risa
y las rosas en las rosas.
Y esta luz que torna hermosas
las cosas en oleadas
de profundas llamaradas,
es la lumbre verdadera
que no morirá, aunque muera,
la verdad de tus miradas.

¿Eras antes como ahora?
Ese resplandor profano,
¿fue alguna vez meridiano
o es esta su limpia aurora?
Yo espiaría hora tras hora
las rutas iluminadas
por tus abiertas miradas,
la de tus horas prudentes,
la de tus indiferentes,
la de tus apasionadas.

Pero el pasado, ¿qué importa?
Sólo el porvenir es nuestro
y él ha de ser el maestro
ante nuestra senda absorta.
Dicen que la vida es corta,
y es verdad. Pero hay verdades
más largas que las edades
y, entre ellas, las más benditas
son las de tus infinitas
promesas de eternidades.

Mujer, bien pronto aprendiste
a ser de veras mujer.
Yo te he enseñado a saber
estar muda y estar triste.
Ya sabes en qué consiste
este vivir —no te enfades—
temiendo infidelidades
y recelando cuestiones,
entre mis indecisiones
y entre tus sinceridades.

Que sea todo fealdad,
que todo sea mentira;
el consuelo de la lira,
el goce de la amistad.
Que triunfen la deslealtad
y el desencanto en la vida.
Qué más da si en la escondida
vida de nuestra pasión
es nuestra mutua adhesión
la doble verdad querida.

No. Dime que todo es cierto.
Dime, y siempre lo repitas,
que, vivo, me necesitas
y que me amarías, muerto.
Palabras que en mi inexperto
corazón punzan la herida
con esa tu voz vencida,
sorda, opaca, casi inerte
con que triunfan de la muerte,
con que llaman a la vida.

Qué confianza en el destino
esta que a tu lado siento.
Ahora ya no fío al viento
la razón de mi camino.
Ahora estudio, ahora adivino
mi itinerario de rosas
descifrando las sinuosas
líneas —laberinto un día—
que ofrecen en simetría
tus dos palmas amorosas.

Podrán los labios mentir
y aun los ojos engañar.
Tal vez me querrán celar
la verdad de tu sentir.
Pero inútil; al huir
se enreda en las temblorosas
manos, las fieles esposas
que burlándote inocentes
son, cuando aguardan, prudentes;
cuando estrechan, perezosas.

Yo quisiera devolverte
todo este bien que me haces.
Quisiera en perpetuas paces
atar la vida y la muerte.
Yo quisiera merecerte
y hacer tan tuya mi vida
como esta glosa dolida
que tus contornos abraza
y ahora verso a verso traza
mi mano desfallecida.

54

Pone al copiarte mi espejo
un poco de oscuridad.
El cielo es azul celeste
y azul marino la mar.

55

Aguja de mi destino,
quién te acertara a enhebrar.
Ola versátil del mar,
quién supiera tu camino.

—Pero hay aguja y hay seda.
Y en el mar agua que rueda.

56

Fronteriza y elástica
la playa ¿es mar o es tierra?
Tú gustas de imprimir
en el borde tus huellas.

Un instante se ahondan
en la arena las manchas.
Se aclaran levemente.
Las limpia la resaca.

Y tú hilvanas de nuevo
tu jareta andariega.
Y la cubre otra orla
de clara espuma terca.

Porfía de elementos.
No ceja el campeonato
hasta que tú le cedes
tu pespunte arriesgado.

Derrota victoriosa.
Retirada perfecta.
Tus zapatos incólumes
burlaron la sorpresa.

La mar celosa esconde
en su museo íntimo
la reiterada estampa
de tus pies atrevidos.

Desde que tú las miras
la ola mejor se peina,
más cernida es la espuma,
la playa más morena.

57

Ayer soñaba.
Tú eras un árbol manso
—isla morada, abanico de brisa—
entre la siesta densa.
Y yo me adormecía.

Después yo era un arroyo
y arqueaba mi lomo de agua limpia,
como un gato mimado,
para rozarte al paso.

58

Una torre de rimas
quise elevarte.
Escalaban tus cimas
mis pisos de arte.
Naipe a naipe, el trabajo
todos los días.
Vino un soplo, y abajo.
Tú sonreías.

59

Una a una desmonté las piezas de tu alma.
Vi cómo era por dentro:
sus suaves coyunturas,
la resistencia esbelta de sus trazos.
Te aprendí palmo a palmo.
Pero perdí el secreto
de componerte.
Sé de tu alma menos que tú misma,
y el juguete difícil
es ya insoluble enigma.

60

Quisiera ser convexo
para tu mano cóncava.
Y como un tronco hueco
para acogerte en mi regazo
y darte sombra y sueño.
Suave y horizontal e interminable
para la huella alterna y presurosa
de tu pie izquierdo

y de tu pie derecho.
Ser de todas las formas
como agua siempre a gusto en cualquier vaso
siempre abrazándote por dentro.
Y también como vaso
para abrazar por fuera al mismo tiempo.
Como el agua hecha vaso
tu confín —dentro y fuera— siempre exacto.

61

Mujer de ausencia,
escultura de música en el tiempo.
Cuando modelo el busto
faltan los pies y el rostro se deshizo.
Ni el retrato me fija con su química
el momento justo.
Es un silencio muerto
en la infinita melodía.
Mujer de ausencia, estatua
de sal que se disuelve, y la tortura
de forma sin materia.

62

Arquitectura plena.
Equilibrio ideal.
Las olas verticales
y el mar horizontal.

Tú oblicua.

La verticalidad,
voluntad de ola y trigo.
Yo me tiendo en la playa
para soñar contigo.

Tú oblicua.

Los puntos cardinales,
cabeza, pies y manos.
La rosa de los vientos,
de los vientos humanos.

Tú oblicua.

Norte. Sur. Este. Oeste.
Cenit. Nadir. No sigo.
Es imposible astucia
la de acertar contigo.

63

Siempre abiertos tus ojos
(muchas veces se dijo) como un faro.
Pero la luz que exhalan
no derrama su chorro en los naufragios.
Enjuto, aunque desnudo,
voy derivando orillas de tu radio.
Soy yo el que giro
como un satélite imantado.
Y dime. Esta luz mía —tuya— que devuelvo,
¿a qué te sabe muerta en tu regazo?
¿Puede aumentar tu lumbre
este selenio resplandor lejano?

64

Pero tú nada temas.
Cada año del futuro
me llevará —minúsculo trofeo—
un mechón de cabellos en el puño.
¿Y nada más? Sí. Las estrellitas
se han de apagar por turno.
Y bogando en un mar chico de aceite
una, más fiel, me velará el sepulcro.

65

ELEGÍA A ENRIQUE MENÉNDEZ

Una humilde corona,
dulce Enrique Menéndez,
de eternas siemprevivas
quisiera entretejerte,

que sobre tu sepulcro
calladas balanceen
sus espigados tallos
al soplo del nordeste.

Tú que amabas las flores
de tu huerto obediente,
tu huerto que en tu ausencia
tristemente florece,

acéptame estas pocas
florecillas silvestres
regadas de mis lágrimas
entre mis manos leves.

Flores de cada día
que corté amargamente
de mis pobres jardines
efímeros y estériles,

flores de cada hora
que mi tierra me ofrece
para adornar altares,
para decorar sienes.

Y qué ara más bendita
que tu sepulcro agreste,
divina jaula triste
sin cantor que la alegre.

Y a qué sienes ceñir
corona de laureles

como a estas tuyas nuevas
que ya nunca encanecen.

Aquí, pues, te las dejo
desmayadas y flébiles,
pero a nadie le digas
que hoy he venido a verte.

Los días van pasando.
Van pasando los meses.
Las flores y los pájaros
han vuelto y tú no vuelves.

Te arrancó de nosotros
la burladora muerte,
y desde entonces pisas
huertos siempre perennes.

Abajo, los poetas,
jardineros terrestres,
cantamos y cortamos
las flores del poniente.

Las del alba tú sólo
las cosechas celeste,
del jardín de la vida
tras el mar de la muerte.

Te fuiste tú y seguimos
torpemente vivientes.
Qué vergüenza vivir
cuando los buenos mueren.

Toma estas flores tristes,
dulce Enrique Menéndez,
pero a nadie le digas
que hoy he venido a verte.

66

BRINDIS

A mis amigos de Santander que festejaron mi nombramiento profesional.

Debiera ahora deciros: «amigos,
muchas gracias»; y sentarme, pero sin ripios.
Permitidme que os lo diga en tono lírico,
en verso, sí, pero libre y de capricho.

Amigos:
dentro de unos días me veré rodeado de chicos,
de chicos torpes y listos,
de dóciles y ariscos,
a muchas leguas de este Santander mío,
en un pueblo antiguo,
tranquilo
y frío.

Y les hablaré de versos y de hemistiquios,
y del Dante, y de Shakespeare, y de Moratín (hijo),
y de pluscuamperfectos y de participios.
Y el uno bostezará y el otro me hará un guiño,
y otro, seguramente el más listo,
me pondrá un alias definitivo.
Y así pasarán cursos monótonos y prolijos.

Pero un día tendré un discípulo,
un verdadero discípulo,
y moldearé su alma de niño
y le haré hacerse nuevo y distinto,
distinto de mí y de todos; él mismo.
Y me guardará respeto y cariño.

Y ahora yo os digo:
amigos,
brindemos por ese niño,
por ese predilecto discípulo,

por que mis dedos rígidos
acierten a modelar su espíritu
y mi llama lírica prenda en su corazón virgíneo,
y por que siga su camino
intacto y limpio.
y por que este mi discípulo,
que inmortalizará mi nombre y mi apellido,
... sea el hijo,
el hijo
de uno de vosotros, amigos.

67

EL SONETO DE CATORCE AÑOS

Está la noche limpia y clara.
Entra la luna en tu aposento.
¡Oh, si el espejo reflejara
tu atolondrado pensamiento!

Están abiertos los pulmones
para aspirar el aire puro.
La brisa trae insinuaciones
para tu cuerpo prematuro.

Estás alegre y triste y rara.
Algo en tu carne va a nacer.
(Bien te podrías llamar Sara,
tal vez Judit, quizás Ester.)

Y hay un misterio que se aclara
entre la luna y la mujer.

68

OFRENDA

A mis amigos de Gijón, al aparecer mi «Manual de espumas».

Cuando a vosotros vine, regresaba de un viaje
—mieses agavilladas, calles color de anís—.
Se apagaba el verano, y en mi retina traje
amarillo de Soria y grises de París.

¿Comprendéis mi secreto? Mi oído era una urna
de castas soledades armoniosas de insectos,
de músicas de dancings, donde la moda turna
ritmos disciplinados en compases perfectos.

Y yo, desde la costa, frente al arco del Abra,
pastoreaba antiguos rebaños de emociones,
y quebraba un marisco o una bella palabra
para ver qué escondían en sus caparazones.

Delicia de los ojos. Playa de San Lorenzo,
de Este a Oeste extendido su manto de canela.
La mirada perdida en el confín del lienzo
o acariciando el seno sonoro de la vela.

Y el mar me iba ofreciendo su muestrario de espumas
de jabón, de gris plata, de licor verde o fresa,
efímeras estrellas disueltas entre brumas
para el hombre que sufre y la mujer que besa.

Naturaleza y Arte. La lección de insistencia,
de reiterado impulso, de eternas tentativas.
Porque el mar sólo es eso. Voluntad de presencia
y un ensayo paciente de estrofas sucesivas.

Así, para mis versos cursé el aprendizaje
buscando un equilibrio de belleza madura,
en esta villa vuestra que aún es casi paisaje
y no tiene dos casas de la misma estatura.

¿Vuestra? Y mía también. Devané en ella el ocio
que se tradujo en flores de una inútil poesía.
Pero no es todo estéril. Cumplí ese sacerdocio
de enseñar lo que apenas se aprende día a día.

Amigos: a vosotros estos versos de ofrenda
y a vuestra villa honrada del carbón y el navío.
Camino a la Belleza, planté en ella mi tienda.
La ruta es imposible, pero el norte ya es mío.

El mapamundi me abre sus dos valvas gemelas.
Cruje de ociosas brisas mi náutico aparejo.
Acompañadme en tanto a remendar las velas
y a educir el elástico tubo del catalejo.

69

VISITA AL MAR DEL SUR

A Rafael Alberti.

De aquel mar me despedía,
mi cántabro mar maestro,
para buscar el mar nuestro,
mar nuestro de cada día.
Yo apostaba en la porfía,
sobre la vuelta de Ulises,
buen catador de países,
Colón prudente de Thules
tras de las aguas azules,
como aquel tras de las grises.

Y al sur llegué. El panorama
desde los montes que piso
se dibuja alto y preciso,
pródigo se desparrama.
Cerca, la encendida trama
de la vertiente en retazos.
Y arriba el mar visto a plazos,
sucesivo y momentáneo,
el arco mediterráneo
que rebasa de mis brazos.

Yo, por contrapunto, pienso
en mis cantiles del norte,
y traban mutuo soporte
visión fiel, recuerdo intenso.
Queda el presente indefenso.
El ayer triunfa. Y en plena
metamorfosis de arena,
bajo la luz que hago lluvia,
vierto aquella arena rubia
sobre esta playa morena.

Pero el sur vuelca su tinta
azul-negra. El horizonte
comba el lomo de bisonte
y ciñe el piélago encinta.
Nace la luna distinta
y en plata la mar coagula.
La marea casi nula
mi pecho acalma y compasa.
La espuma antigua se tasa
y la brisa se estipula.

Noche disuelta en jazmines,
iluminada de escamas,
que pulsa en todas las ramas
músicas de los confines.
Mullidora de cojines
para apoyar la cabeza,
sé a la unánime certeza
del sabor de este marisco,
que aquel mar que airaba el risco
es el que hoy se despereza.

Ya vuelvo al norte tranquilo.
Ya con doble voz dialogo,
y alternadamente bogo
mar yacente, mar en vilo.
Mi hipotético nautilo
me interna en un inexacto
mar, fruto de un limpio pacto,
mar arista, mar tabique,
mar que navega mi psique
al soplo de un viento abstracto.

70

A JUAN LARREA

En su partida de España.
(1924)

Cuando, por fin, decides libertar tus amarras,
y surcando el otoño contra las golondrinas,
«amueblas tus canciones» en el norte, y desgarras
desteñidas esquelas y estrofas clandestinas.

Cuando —primera escala de tu viaje de bodas
con la Poesía intacta— a París tiendes vuelo
y rasgas impaciente las vestiduras todas
de cinco años de célibe y de cinco de celo,
permite, amigo mío, que mientras te acomodas
en tu nupcial carruaje yo te tienda el pañuelo.

Eran los años frescos y eran los meses turbios
de nuestras primaveras de furores poéticos.
Y nuestras charlas líricas paseaban los suburbios
fermentadas de odios a los dioses miméticos.

Era el diario poema y era el hallazgo urgente
y el zambullirse intrépido en líricos abismos,
y el volver del sondeo con el arduo presente
de una inédita especie de inquietos futurismos.

Y el gozo del regalo que, sin saber a veces
por qué, nos deparaba la intuitiva quirurgia,
y el sabor de un licor cuyas podridas heces
bailaban en un vaso de extraña metalurgia.

Una tarde, ¿te acuerdas?, nos llegó el meteoro.
«Una estrella desnuda se alumbra sobre el llano.»
A su fulgor supimos cómo se alquimia el oro
y se hace geometría la sombra del arcano.

Tú bien pronto prendiste tu portátil lucero
y en el cielo de España nadie el prodigio supo.
Yo, al riesgo de los soplos, tan sólo un reverbero
en cuyo disco abierto vuestras luces agrupo.

Algunos halagaban las lejanas vislumbres
de mi fácil satélite. Le creían planeta.
Pero yo les hablaba de lo que hay tras las cumbres,
de la voluble luna y del alba secreta.

Ya han pasado los años. Tu estrella de bolsillo
te guía con su llama que a tu arbitrio gradúas.
Mi sol falso, de viejo, se va haciendo amarillo.
Día a día se mella su corona de púas.

Bien sabes, Juan, que es cierto, que en poca agua naufrago.

Más de una vez temiste seriamente por mí.
Por eso, aunque te vayas, tu estrella de Rey Mago
que me alumbre este valle donde vivo y nací.

Siempre un próximo estímulo necesito. Así ahora
sobre mi mesa muestra sus letras *framboisées*
el título de un libro donde a su dama adora
—imposible a él, hoy tuya— Stéphane Mallarmé.

Al radio de mi brazo se me ofrecen actuales
el Góngora de Hozes y mi Bocángel raro;
mi Bocángel, un cofre de esplendores verbales
cuyo oro hilado arde como exquisito faro.

Ya adivino tu gesto esquivo y enigmático.
Sí. Ya te entiendo. Temes que me tienten las glosas,
que me contagie el morbo estéril del gramático
y en heroico herbolario pare el cultor de rosas.

No, amigo. Te prometo ganar siempre mi día,
como los de aquel mayo y junio, un lustro hace.
Por mi diario poema luchar con alegría,
y emprender en mi mapa tus viajes. *Vade in pace.*

VIII

MANUAL DE ESPUMAS

(1922)

71

PRIMAVERA

A Melchor Fernández Almagro.

Ayer Mañana
Los días niños cantan en mi ventana

Las casas son todas de papel
y van y vienen las golondrinas
doblando y desdoblando esquinas

Violadores de rosas
Gozadores perpetuos del marfil de las cosas
Ya tenéis aquí el nido
que en la más ardua grúa se os ha construido

Y desde él cantaréis todos
en las manos del viento

Mi vida es un limón
pero no es amarilla mi canción

Limones y planetas
en las ramas del sol
Cuántas veces cobijasteis
la sombra verde de mi amor
la sombra verde de mi amor

La primavera nace
y en su cuerpo de luz la lluvia pace

El arco iris brota de la cárcel

Y sobre los tejados
mi mano blanca es un hotel
para palomas de mi cielo infiel

72

PARAÍSO

A J. Moreno Villa.

Danzar

Cautivos del bar

La vida es una torre
y el sol un palomar
Lancemos las camisas tendidas a volar

Por el piano arriba
subamos con los pies frescos de cada día

Hay que dejar atrás
las estelas oxidadas
y el humo casi florecido
Hay que llegar sin hacer ruido

Bien saben los remeros
con sus alas de insecto que no pueden cantar
y que su proa no se atrevió a volar

Ellos son los pacientes hilanderos de rías
fumadores tenaces de espumas y de días

Danzar

Cautivos del bar

Porque las nubes cantan
aunque estén siempre abatidas las alas de la mar

De un lado a otro del mundo
los arcoiris van y vienen
para vosotros todos
los que perdisteis los trenes

Y también por vosotros
mi flauta hace girar los árboles
y el crepúsculo alza
los pechos y los mármoles

Las nubes son los pájaros
y el sol el palomar

Hurra

Cautivos del bar

La vida es una torre
que crece cada día sobre el nivel del mar

73

OTOÑO

A J. Chabás Martí.

Mujer densa de horas
y amarilla de frutos
como el sol del ayer

El reloj de los vientos te vio florecer
cuando en su jaula antigua
se arrancaba las plumas el terco atardecer

El reloj de los vientos
despertador de pájaros pascuales
que ha dado la vuelta al mundo
y hace juegos de agua en los advientos

De tus ojos la arena fluye en un río estéril

Y tantas mariposas distraídas
han fallecido en tu mirada
que las estrellas ya no alumbran nada

Mujer cultivadora
de semillas y auroras

Mujer en donde nacen las abejas
que fabrican las horas

Mujer puntual como la luna llena

Abre tu cabellera   origen de los vientos
que vacía y sin muebles
mi colmena te espera

74

NOCHE DE REYES

A J. Díaz Fernández.

El niño y el molino
han olvidado su único estribillo

Se ha callado la rueda en mi bemol
alrededor del pozo
por donde sube el agua y baja el sol

La mano en la mejilla
piensan las chimeneas que volarán un día

Hoy no vendrá la luna
ni pasará el borracho
entre el portal abierto y la canción de cuna

Aquí al pie del muro
fatigado del viaje
el viento se ha sentado

El policía lleno de fe
apunta las estrellas nuevas en el carnet

Y sin lograr atravesar el barrio
las fluviales carretas
cabecean en vano

Sólo cantan alegres las veletas
Las casas melancólicas
se peinan los tejados

Y una de ellas se muere
sin que nadie se entere

Esta noche no viene la luna
ni el farol al borracho le sirve de cuna

75

HOTEL

A Alfonso Reyes.

La frente sin laurel y sin sombrero
y el corazón para el color de moda

A cada nuevo baile
el reloj pierde el paso
y se equivoca de hora

El viento nace de tu manto
y acaricia las frutas
desgajadas del tango

Vendimia de las nubes pisoteadas
y de las músicas amadas
Y el ritmo de los suspiros
hace girar las parejas
y acercarse a nosotros el vestíbulo

Cerrando bien los ojos
pienso en las travesías
y en los hoteles que anclan la quilla envejecida

Son las islas transatlánticas
donde crecen los mástiles
y dan frutos de invierno
donde los tísicos respiran
el oxígeno tierno
Al izar la bandera
esparce por los aires
plumas de cazadores y aromas de maderas

El otoño marchita corbatas y sombreros
y de la alfombra brota la primavera

Ruleta del azar y de las temporadas
Los jockeys de la moda sortean sus colores

Y aquel que pierde la jugada
tiene derecho a un vals para mudar de amores

Yo amo el buen tiempo y el hotel
y yo he visto mujeres de rizos calcinados
Las olas las rociaban de espumas de cocktail

76

NOVELA

A Paul Dermée.

La verja del jardín se ha cruzado de brazos

El viento ladra entre los troncos

El auto que pasaba se llevó los sollozos
y apaciguó el estanque

Diríase que el sol
se ha burlado del parque

He aquí los tres policías
a investigar el rapto
buscando huellas de la huida
por las teclas del piano

A cada nuevo indicio
un pájaro falso traspone el edificio
y sometida al interrogatorio
una estrella muda marcha al suplicio

Prosigamos adelante

La infatigable carretera
va y viene sin cesar por la ladera
Son las cinco de la tarde
Junto al arroyo el agua
y a muy pocos kilómetros la primavera

La luna corre para llegar antes

Dónde están los amantes
Apenas las esquinas ciudadanas
se despidieron
                    hasta mañana
cuando se vio saltar de un coche
del brazo del traidor
la inesperada noche

El reloj de la torre dilató su pupila
y los gallos despistados
cuentan una hora más de las precisas

En todos los rincones hay un bulto
y una luz cuelga del balcón
A cada paso del transeúnte
la luz cede y el cielo se resiente

Henos por fin ante el ladrón

El reloj ingenuo canta el crimen

Y entre el llorar de las cortinas
la luna estalla de pasión

La ciudad duerme en el sitio de costumbre

Y en el lugar del suceso
el farol asustado contempla al árbol preso

77

NUBES

A Eugenio d'Ors.

Yo   pastor de bulevares
desataba los bancos
y sentado en la orilla corriente del paseo
dejaba divagar mis corderos escolares

Todo había cesado
Mi cuaderno
                    única fronda del invierno
y el quiosco bien anclado entre la espuma

Yo pensaba en los lechos sin rumbo siempre frescos
para fumar mis versos y contar las estrellas

Yo pensaba en mis nubes
                                    olas tibias del cielo
que buscan domicilio sin abatir el vuelo

Yo pensaba en los pliegues de las mañanas bellas
planchadas al revés que mi pañuelo

Pero para volar
es menester que el sol pendule
y que gire en la mano nuestra esfera armilar

Todo es distinto ya

Mi corazón bailando equivoca a la estrella
y es tal la fiebre y la electricidad
que alumbra incandescente la botella

Ni la torre silvestre
distribuye los vientos girando lentamente
ni mis manos ordeñan las horas recipientes

Hay que esperar el desfile
de las borrascas y las profecías

Hay que esperar que nazca de la luna
el pájaro mesías

Todo tiene que llegar

El oleaje del cine es igual que el del mar
Los días lejanos cruzan por la pantalla
Banderas nunca vistas perfuman el espacio
y el teléfono trae ecos de batalla

Las olas dan la vuelta al mundo
Ya no hay exploradores del polo y del estrecho
y de una enfermedad desconocida
se mueren los turistas
la guía sobre el pecho

Las olas dan la vuelta al mundo
Yo me iría con ellas
Ellas todo lo han visto
No retornan jamás ni vuelven la cabeza
almohadas desahuciadas y sandalias de Cristo

Dejadme recostado eternamente

Yo fumaré mis versos y llevaré mis nubes
por todos los caminos de la tierra y del cielo
Y cuando vuelva el sol en su caballo blanco
mi lecho equilibrado alzaré al cielo.

78

CUADRO

A Maurice Raynal.

El mantel   jirón del cielo
es mi estandarte
y el licor del poniente
da su reflejo al arte

Yo prefiero el mar cerrado
y al sol le pongo sordina
Mi poesía y las manzanas
hacen la atmósfera más fina

En medio la guitarra

Amémosla

Ella recoge el aire circundante
Es el desnudo nuevo
venus del siglo o madona sin infante

Bajo sus cuerdas los ríos pasan
y los pájaros beben el agua sin mancharla

Después de ver el cuadro
la luna es más precisa
y la vida más bella

El espejo doméstico ensaya una sonrisa
y en un transporte de pasión
canta el agua enjaulada en la botella

79

CAMINO

A Jorge Guillén.

Yo ya sé que es estéril
la rueda indagatoria
pero esta puerta de aspas será siempre mi noria

Las manos vacías suben
Las estrellas se van
Mis monedas son flores
y un día se mustiarán

Desde aquel día ya no habrá pastores

La calle cambia de postura
como mi barca semanal
La misma luna vive
de un ritmo vegetal

Dejemos el compás para el joven poeta
y a los astrónomos la ruleta
Las mariposas de hoy aman la oficina
Y esto no se interpreta

Nuevo día

Sin embargo yo soy el que ayer se moría
cuando cada farol era una herida mía

En la estación del alba
han fijado el cartel
El sol consulta diariamente su ruta
y se provee de miel

A la orilla gastada del camino
mi sombra y yo nos despedimos

Y el tren que pasaba
ha dejado mis manos colmadas de racimos

80

ALEGORÍA

Vedme aquí caminando sobre mi propio verso
como el barco de la tarde
que deja sobre el mar un reguero de sangre

No os acerquéis vosotros a escucharme

ganadores del pan
y del licor de amor

Ya murió el último intérprete
Llevaba en la mano la flor natural

Belleza sin jornal
Belleza clásica
de mi violín estival

Los pájaros aprenden mis endecasílabos
y la lluvia afina su guitarra enmohecida

Pasan bailando los días
Cada uno inventa una nueva figura
Y no creáis que esto es un juego

Es el verso sin humo
o el mar que se inaugura

Mi llave abre los trajes
y les extrae la carne interior

Corazón del vestido
Guardarropa y poesía sin dolor

81

NOCTURNO

A Manuel Machado.

Están todas

También las que se encienden en las noches de moda

Nace del cielo tanto humo
que ha oxidado mis ojos

Son sensibles al tacto las estrellas
No sé escribir a máquina sin ellas

Ellas lo saben todo
Graduar el mar febril
y refrescar mi sangre con su nieve infantil

La noche ha abierto el piano
y yo las digo adiós con la mano

82

ECO

A Rodolfo Halffter.

Repertorio del mar
Todos los días muda de programa y de traje

Cuánta música apócrifa
Cuánto color teñido

Y cómo copia el cielo
su tela y su oleaje

Un velero naufraga
y canta y canta y canta mi pañuelo

Se va alejando el mar
A veces se inclina un poco a la derecha
pero siempre son nuevos sus versos de romance
mar exangüe de tantos mástiles y flechas

Los peces laboriosos
trenzando y destrenzando estelas

Está ya viejo el mar
Ya no puede cantar

y los navíos que cruzan
se deshojan de malestar

El color es ya aroma
y la música brisa

El último naufragio hoy a las seis

Mi flauta y la luna
hacen la espuma

83

ESPECTÁCULO

A Francisco Vighi.

A la derecha un resplandor

Es el rubor del cielo
o el calcetín inmaculado
arco iris del suelo

Todo está intacto

El pichón aprende el canto
y las reglas del vuelo
Hoy se renueva el río y el amor sin pacto

La música dirige el concilio de dioses
y la luna hace el entreacto

Otra vez el mar

Se ha declarado en huelga
y no quiere acompañar

El piloto descuida la estrella y el violín
y mi mano abanica los veleros cansados

Es como un solo de jardín
entre el murmullo de los prados

Buenos días

Es la primera vez que sale el sol sin hacer ruido

Y yo consulto en la guía
Dónde se hace el trasbordo sin cambiar de vestido

Pasan las horas llevando mi equipaje
No sé si llegaré a tiempo al desenlace

Las estrellas se relevan por turno

Última hora

Un instante se ha visto
Era el astro anular
o la aureola de Cristo

El bosque y la orquesta lloran

En mi reloj son las cuatro

Cae sobre el mar la lluvia
como un telón de teatro

IX

VIACRUCIS

(1924)

84

OFRENDA

Dame tu mano, María,
la de las tocas moradas.
Clávame tus siete espadas
en esta carne baldía.
Quiero ir contigo en la impía
tarde negra y amarilla.
Aquí en mi torpe mejilla
quiero ver si se retrata
esa lividez de plata,
esa lágrima que brilla.

Déjame que te restañe
ese llanto cristalino,
y a la vera del camino
permite que te acompañe.
Deja que en lágrimas bañe
la orla negra de tu manto
a los pies del árbol santo
donde tu fruto se mustia.
Capitana de la angustia:
no quiero que sufras tanto.

Qué lejos, Madre, la cuna
y tus gozos de Belén:

—No, mi Niño. No, no hay quien
de mis brazos te desuna.
Y rayos tibios de luna
le acariciaban la piel
sin despertarle. Qué larga
es la distancia y qué amarga
de Jesús muerto a Emanuel.

¿Dónde está ya el mediodía
luminoso en que Gabriel
desde el marco del dintel
te saludó: —Ave, María?
Virgen ya de la agonía,
tu Hijo es el que cruza ahí.
Déjame hacer junto a ti
ese augusto itinerario.
Para ir al monte Calvario,
cítame en Getsemaní.

A ti, doncella graciosa,
hoy maestra de dolores,
playa de los pecadores,
nido en que el alma reposa.
A ti, ofrezco, pulcra rosa,
las jornadas de esta vía.
A ti, Madre, a quien quería
cumplir mi humilde promesa.
A ti, celestial princesa,
Virgen sagrada María.

85

TERCERA ESTACIÓN

A tan bárbara congoja
y pesadumbre declinas
y tus rodillas divinas
se hincan en la tierra roja.
Y no hay nadie que te acoja.
En vano un auxilio imploras.

Vibra en ráfagas sonoras
el látigo del blasfemo.
Y en un esfuerzo supremo
lentamente te incorporas.
Como el Cordero que viera
Juan, el dulce evangelista,
así estás ante mi vista
tendido con tu bandera.
Tu mansedumbre a una fiera
venciera y humillaría.
Ya el Cordero se ofrecía
por el mundo y sus pecados.
Con mis pies atropellados
como a un estorbo le hería.

86

PENÚLTIMA ESTACIÓN

He aquí helados, cristalinos,
sobre el virginal regazo,
muertos ya para el abrazo,
aquellos miembros divinos.
Huyeron los asesinos.
Qué soledad sin colores.
Oh, Madre mía, no llores.
Cómo lloraba María.
La llaman desde aquel día
la Virgen de los Dolores.

¿Quién fue el escultor que pudo
dar morbidez al marfil?
¿Quién apuró su buril
en el prodigio desnudo?
Yo, Madre mía, fui el rudo
artífice, fui el profano
que modelé con mi mano
ese triunfo de la muerte
sobre el cual tu piedad vierte
cálidas perlas en vano.

X

SORIA

GALERÍA DE ESTAMPAS Y EFUSIONES - NUEVO CUADERNO DE SORIA - OTRAS POESÍAS SORIANAS

(1922-1941)

87

Esta Soria arbitraria, mía, ¿quién la conoce?
Acercaos a mirarla en los grises espejos
de mis ojos, cansados de mirar a lo lejos.
Vedla aquí, joven, niña, virgen de todo roce.

Sombreros florecidos tras la misa de doce.
Y bajo la morada sombra de los castaños,
unos ojos que miran, cariñosos o huraños,
o que no miran, ¡ay!, por no darme ese goce.

Abajo el río, orla y música del paisaje,
para que el alma juegue, para que el alma viaje
y sueñe tras los montes con las vegas y el mar.

Y arriba las estrellas, las eternas y fieles
estrellas, agitando sus mudos cascabeles,
lágrimas para el hombre que no sabe llorar.

88

Si yo fuera pintor
no pintaría, Soria, tu yermo y tu pastor.
En mi paleta habría una rosa de rubor,
un amarillo augusto y un verde verdecido,
porque tienes la gracia de un país recién nacido.

Pintaría tus árboles señeros y viudos,
aquel olmo decrépito, de quirúrgicos ñudos,
aquel plañente sauce, todo esbelto de gracia,
y entre menudas guijas, aquella urbana acacia.

Pintaría las márgenes del Duero
con el puente, la fábrica, la presa, el lavadero;
y aquel alero, aquel balcón
y aquella casa que parece de cartón.

Y todas las siluetas, las amadas siluetas
de tus torres manchadas del poniente sangriento.
Y así otros mil motivos en otras mil viñetas
para guardarte íntegra tal como yo te siento.

89

Horas de estudio y de pedagogía
para el rebelde espíritu piadosas,
porque le muestran con la luz del día
la humildad cotidiana de las cosas.

Los tejados encrespan su oleaje,
la sierra asoma su cimera cana,
y en un ritmo de libros y paisaje
paso la tarde junto a mi ventana.

Y esta suave cadena de las clases,
islas de paz entre violentos vientos,
que miden con simétricos compases
el vaivén de mis meses turbulentos.

Jardín, bello jardín del Instituto,
prisionero sin niñas ni cantares,
jardín prohibido que ni flor ni fruto
ofreces a las turbas escolares.

Sin estatuas ni fuentes ni columnas
rotas, tal vez también sin ruiseñores,
jardín, bello jardín que las alumnas
contemplan con los ojos soñadores.

90

Para decir adiós a este paisaje,
al de esta tierra bien amada,
he subido al castillo casi a oscuras,
a sorprender la madrugada.

Por las dormidas calles como aplausos
mis pasos limpios resonaban
en el silencio salpicado sólo
de golondrinas charlatanas.

Ya desde arriba era perfil más puro
en la precisa lontananza
y más sonoro el aire en su silencio
no traspasado de campanas.

Aun las leves espumas allá abajo
su parloteo refrenaban
y era más sordo su rumor eterno,
como de olas y resacas.

Con qué colores frescos y lavados
la tierra gris se barnizaba.
Qué perezosa y luminosamente
iba surgiendo la mañana.

Era un nuevo matiz a cada instante,
pájaros nuevos que cantaban,
hasta que el sol plantó en cumbres y torres
el oro nuevo de su lanza.

Las ventanas bañaron sus pupilas
en la naciente luz de gracia,
y en un largo y sonoro desperezo
se despertaron las campanas.

Quedóse azul el cielo, verde y rosa
campiña, cerros y montañas,
la calle gris de plata, y la arboleda
luz amarilla y sombra malva.

91

ROMANCE DEL DUERO

Río Duero, río Duero,
nadie a acompañarte baja,
nadie se detiene a oír
tu eterna estrofa de agua.

Indiferente o cobarde,
la ciudad vuelve la espalda.
No quiere ver en tu espejo
su muralla desdentada.

Tú, viejo Duero, sonríes
entre tus barbas de plata,
moliendo con tus romances
las cosechas mal logradas.

Y entre los santos de piedra
y los álamos de magia
pasas llevando en tus ondas
palabras de amor, palabras.

Quién pudiera como tú,
a la vez quieto y en marcha,
cantar siempre el mismo verso,
pero con distinta agua.

Río Duero, río Duero,
nadie a estar contigo baja,
ya nadie quiere atender
tu eterna estrofa olvidada,

sino los enamorados
que preguntan por sus almas
y siembran en tus espumas
palabras de amor, palabras.

92

ROMANCE DEL VIENTO

Viento que el Urbión desata,
que el Moncayo nos envía,
cuando la mañana asciende,
cuando la tarde declina,

cuando escoltada de estrellas
que su carromato aguijan,
la larga noche fecunda
de tumbo en tumbo camina.

Viento frío, entre las nieves,
pañales de tus puericias,
jugabas a la pelota
contra las rocas macizas.

Y ya adulto abofeteas
las invencibles encinas,
y los caminos arañas
y los astros esmerilas.

Nos arrebatas las flores,
nos violas crudo las brisas,
y de mármoles que robas
esculpes nubes bravías.

Yo te odio si de los chopos
arrancas arpegios de ira,
si en los hilos telegráficos
ensayas tus chirimías.

Maldito seas. La frente
tú me la dejas barrida
y me avientas de los ojos
un rescoldo de cenizas.

Seas maldito. Molinos
no diviertan tus fatigas.

No rasguen libres veletas
tus entrañas de delicias.

No halles frondas cuyas telas
desgarren tus uñas lívidas,
frondas en el mayo verdes
o en el octubre cobrizas.

Sigue esclavo dando vueltas
a la turbina infinita,
sigue afanoso en la noria
de las noches y los días.

93

Disimulada y frágil como un nido
eres desde la paz de tus andenes,
libre de humo y carbón, limpia de ruido,
la estación de los sueños y los trenes.

Emigran y regresan por tus vías
vagones con aperos de labranza,
locomotoras de olvidados días,
dulces viajeras rumbo a la esperanza.

Tú a todos muda y casta los acoges,
los despides, sensible al desconsuelo,
y grabas en su alma —íntimos bojes—
la sonrisa, la lágrima, el pañuelo.

Por ti se va, no a la ciudad doliente,
sino al largo, torcido laberinto
del mundo. Soledades del ausente
vendrán luego a morir en tu recinto.

Viajeros del amor y la fortuna
de ti hicieron la llave de sus sueños.
Crujió la cerradura. En parte alguna
vieron cuajar los sueños halagüeños.

No, tren mansueto de orden e ironía
que vas rezando el hilo del trayecto.
Tú eres cauce ejemplar de la poesía,
motivo a la presión del intelecto.

Los entresueños de la madrugada
son tus leves, divinos acarreos
entre pinos de línea torsionada,
por las trincheras de color burdeos,

sobre la recta esbelta del viaducto
cuyo fragor avisa el fin del viaje,
invitando a gozar —breve usufructo—
los líricos abismos del paisaje.

Momento que el zagal contempla absorto
desde el arroyo, la cabeza alzada:
el verde de hojalata del tren corto,
puente violeta y piedra sonrosada.

Estación de la paz. Viajes beatos
de luminosa, inmarcesible estela.
En mi álbum de paisajes y retratos
los vuestros guardo en múltiple acuarela.

94

PEPE TUDELA

La dehesa estrenaba el verde de su sayo.
Era tras de la misa el domingo de mayo.

Una silueta aguda de pronto se revela
—esbelto canon gótico—. Dije: ese es Pepe Tudela.

Sin conocerle era la identidad bien clara.
Mil que con él vinieran, nunca le equivocara.

Bermeja y satinada le ardía la mejilla
del color que la piedra toma al sol de Castilla.

Sus ojos revelaban un perenne estupor
y era su risa un gozo de hermanito mayor.

Su hablar tenía un dedo agudo de honradez franca,
como el de don Miguel, rector de Salamanca.

Después viví a su lado la ciudad y el paisaje,
y el sentido del árbol y del mueble y del traje.

Su apasionada charla se abría en la tertulia
y era el claro fermento de la indolente abulia.

Huraño y silencioso, a su lado aprendí
a empezar a amar todas las cosas porque sí,

porque todas son buenas como el Dios que las hizo,
y hay que estudiar sus gestos y sorprender su hechizo

y —alterno apostolado de biología andante—
canjear las estampas del mundo circundante.

La risa sin sentido de las niñas precoces,
que rezuman sus labios impacientes de roces.

La sabrosa malicia de los adolescentes,
el modesto apetito de glorias inocentes

que el pequeño grande hombre apenas disimula,
el egoísmo magnífico con que sacia su gula

un menudo heliogábalo de tres años rollizos,
la niña que aún no muda los dientes primerizos

y sabe ya que es niña y se prueba collares
y se atusa en las sienes húmedos aladares.

Sólo el amor desata el propio laberinto
porque la vida es santa y es sagrado el instinto,

y el corazón que ama —fray Luis lo dice— sabe
abrir y cerrar cielos y tierra con su llave.

Alado verso mío, a Soria la alta vuela
y un despierto saludo lleva a Pepe Tudela.

95

BÉCQUER EN SORIA

Desde el cántabro mar que mi niñez limita
en elásticos círculos norteños,
subí, no a la alta Soria, heroica y eremita,
sino a la de los líricos, errantes, libres sueños
de Bécquer, el celeste paria
burlado de una clara fantasma estrafalaria.

Pobre Gustavo Adolfo, héroe de tus leyendas,
enamorado de un rayo de luna verde
—¿mujer, esencia, sueño?—, que te esquiva y se pierde
entre los troncos crédulos, por las cándidas sendas.

Tu Soria pura, Bécquer, contigo en el camino
musical del caballo que te lleva a Veruela.
Si la cabeza vuelves, ves la amarilla muela
del castillo —tan lejos— vespertino.
Tu fantasma hecho forma —mujer de piedra— vela
«en la imponente nave del templo bizantino».

Ya el monte de las Ánimas te sepulta su loma.
Ya ni el castillo emerge del lindero.
¿Por qué cierras los ojos? ¿Ves mejor así al Duero?
Calla. ¿Le oyes? Por huertas de Templarios asoma,
la presa airosa salta, tuerce su cauce huidero;
con voluntad sonora
limita, impulsa, espeja y ríe y llora.

Poetas andaluces
que soñasteis en Soria un sueño dilatado:
tú, Bécquer, y tú, Antonio, buen Antonio Machado,
que aquí al amor naciste y estrenaste las cruces
del dolor, de la muerte...
Desde el cántabro mar,
también, como vosotros, subí a Soria a soñar.

96

EL SUEÑO

Apoya en mí la cabeza,
si tienes sueño.
Apoya en mí la cabeza,
aquí, en mi pecho.
Descansa, duérmete, sueña,
no tengas miedo;
no tengas miedo del mundo,
que yo te velo.
Levanta hacia mí tus ojos,
tus ojos lentos,
y ciérralos poco a poco
conmigo dentro;
ciérralos, aunque no quieras,
muertos de sueño.

Ya estás dormida. Ya sube,
baja tu pecho,
y el mío al compás del tuyo
mide el silencio,
almohada de tu cabeza,
celeste peso.
Mi pecho de varón duro,
tabla de esfuerzo,
por ti se vuelve de plumas,
cojín de sueños.
Navega en dulce oleaje,
ritmo sereno,
ritmo de olas perezosas
el de tus pechos.
De cuando en cuando una grande,
espuma al viento,
suspiro que se te escapa
volando al cielo,
y otra vez navegas lenta
mares de sueño,
y soy yo quien te conduce,
yo que te velo,

que para que te abandones
te abrí mi pecho.
¿Qué sueñas? ¿Sueñas? ¿Qué buscan
—palabras, besos—
tus labios que se te mueven,
dormido rezo?
Si sueñas que estás conmigo,
no es sólo sueño;
lo que te acuna y te mece
soy yo, es mi pecho.
Despacio, brisas, despacio,
que tiene sueño.
Mundo sonoro que rondas,
hazte silencio,
que está durmiendo mi niña,
que está durmiendo
al compás que de los suyos
copia mi pecho.
Que cuando se me despierte
buscando el cielo,
encuentre arriba mis ojos
limpios y abiertos.

97

CALATAÑAZOR

Azor, Calatañazor,
juguete.
Tu puerta, ojiva menor,
es tan estrecha,
que no entra un moro, jinete,
y a pie no cabe una flecha.

Descabalga, Almanzor.
Huye presto.

Por la barranca brava,
ay, y cómo rodaba,
juguete,
el atambor.

98

SAN BAUDELIO DE BERLANGA

—Que no. —Sí, madre, que sí.
Que yo los vi.

Cuatro elefantes
a la sombra de una palma;
los elefantes, gigantes.
—¿Y la palma? —Pequeñita.
—¿Y qué más?
¿Un quiosco de malaquita?
—Y una ermita.

—Una patraña,
tu ermita y tus elefantes.
Ya sería una cabaña
con ovejas trashumantes.
—No. Más bien una mezquita,
tan chiquita.
La palma
me llevó el alma.
—Fue sólo un sueño, hijo mío.
—Que no, que estaban allí,
yo los vi,
los elefantes.
Ya no están y estaban antes.

(Y se los llevó un judío,
perfil de maravedí.)

XI

BIOGRAFÍA INCOMPLETA

(1925-1941)

99

LIEBRE EN FORMA DE ELEGÍA

A Juan Gris, al otro lado.

Pues bien
Eso que late amigo entre tus manos
eso es el amor de padre
o también la liebre funesta

Acuérdate pensando en los ciclistas
de los consejos dóciles de río y de teatro
los ciclistas que como ves
se deshojan de tres en tres

Y el cangrejo de premio a la virtud
que esperábamos todos los días
lavándonos los pies

Luz luz más allá a través del níquel
surcado de mis venas cotidianas
Luz yo te canto
y tú la alimentas de tus canas

Entretanto
yo persigo el destino
obtenido en el roce de tus pensamientos inclinados

Yo que ignoro las formas de la esperanza polar
pero que domino los silbos derivados
de la prolongación filial
y esos dos o tres grados
de calor natural
que emite cada vez que duerme el lienzo

Yo que me paso la vida
ante la primavera a ver si la convenzo
ayer mientras te oía
tuve que prorrumpir en color amarillo
y construir del paraíso otoño e invierno
un triángulo aproximadamente de sexo alterno.

100

INVITACIÓN A LA TRANSPARENCIA
O
LA NIEVE HA VARIADO

Elisa, ya el preciado
cabello que del oro escarnio hacía,
la nieve ha variado.

FRAY LUIS DE LEÓN.

La nieve antaño blanca es hoy de color violeta
si bien de ello el violonchelo
no tiene culpa completa

En igualdad de condiciones
con los aeroplanos que justifican el espacio
examinemos el cielo
ese cielo que nos contrata para tenernos en dos pies
sobre este circo horizonte que a ti y a mí nos pertenece

Y puesto que la nieve su nuevo color no muda
robémosla cada noche sus zapatillas desnudas

Estos son los pronósticos
que de sus copos inmóviles
han logrado extraer los crédulos aviadores

Siempre que el cielo se venza de su costado izquierdo
y recomiende a las avispas una profesión de nobleza

Siempre que los sobres de las cartas de urgencia
se desvanezcan en tránsito de mariposas
y siempre que al doblar las esquinas de llanto
encontremos la solución de los ciegos
que dejaron en nuestras manos un polvillo de ángulos
será señal de la felicidad
y de tu buen corazón si el tiempo no lo impide

Perdóname si niego la antigüedad
de los vuelos y de su interpretación
cuando el ebanista desnudo
aún no sabe utilizar el nogal de virajes
para la bella confección de mañanas de otoño

ni se supone un próximo acierto
en el ensayo de cauce para las citas de amor
que se retrasan
tal vez por un temor desconocido
a la diafanidad de la espalda como cristal de aumento

Sea este nuestro horóscopo de posición vertical
con una visible tendencia
a la costumbre de antaño

Nieve de conveniencia
yo te invito
a que vuelvas a ser blanca y a tu actitud descendente

Yo te invito a que seas blanca blanca y transparente

Yo te invito
en obsequio del mar que no está escrito

101

HIPÓTESIS

En principio todos los hombres son lentos
Todas las mujeres obra del viento
Y algunos árboles conozco sensibles al ardor de mi frente

En principio no hay más que el musgo
y un poco del vuelo transparente

Acércate a mí y contempla
el propósito de nube que nos asiste y acaricia
y el escaso resto de superficie humana que aún nos queda

si la queremos comprobar con las manos

Manos manos quién os lavó las manos
Quién expulsó a los gusanos
del paraíso de la seda
Y para la caza a vuelo de ángeles
quién levanta la veda

102

VALLE VALLEJO

Albert Samain diría Vallejo dice
Gerardo Diego enmudeció dirá mañana
y por una sola vez Piedra de estupor
y madera dulce de establo querido amigo
hermano en la persecución gemela de los
sombreros desprendidos por la velocidad de los astros

Piedra de estupor y madera noble de establo
constituyen tu temeraria materia prima
anterior a los decretos del péndulo y a la
creación secular de las golondrinas

Naciste en un cementerio de palabras
una noche en que los esqueletos de todos los verbos intransitivos
proclamaban la huelga del te quiero para siempre siempre siempre
una noche en que la luna lloraba y reía y lloraba
y volvía a reír y a llorar
jugándose a sí misma a cara o cruz
Y salió cara y tú viviste entre nosotros

Desde aquella noche muchas palabras apenas nacidas fallecie-
[ron repentinamente
tales como Caricia Quizás Categoría Cuñado Cataclismo
Y otras nunca jamás oídas se alumbraron sobre la tierra
así como Madre Mira Moribundo Melquisedec Milagro
y todas las terminadas en un rabo inocente

Vallejo tú vives rodeado de pájaros a gatas
en un mundo que está muerto requetemuerto y podrido
Vives tú con tus palabras muertas y vivas
Y gracias a que tú vives nosotros desahuciados acertamos a le-
[vantar los párpados
para ver el mundo tu mundo con la mula y
el hombre guillermosecundario y la tiernísima niña y
los cuchillos que duelen en el paladar
Porque el mundo existe y tú existes y nosotros probablemente
terminaremos por existir
si tú te empeñas y cantas y voceas
en tu valiente valle Vallejo

103

ESPERANZA

¿Quién dijo que se agotan la curva el oro el deseo
el legítimo sonido de la luna sobre el mármol
y el perfecto plisado de los élitros
del cine cuando ejerce su tierno protectorado?

Registrad mi bolsillo
Encontraréis en él plumas en virtud de pájaro
migas en busca de pan dioses apolillados

palabras de amor eterno sin
carta de aterrizaje
y la escondida senda de las olas

104

MUY SENCILLO

Esto es muy sencillo

Sencillo como cerrar los ojos y que duerman las olas
sencillo como arrancar las flores sin que el diccionario lo sepa
sencillo como escribirte mucho y que murmuren los peces y [se despierten las olas
Esto es muy sencillo
y sin embargo hay quien no lo comprende
quien desearía en vez de ojos que cerrar lindas espuelas
y en vez de flores que arrancar giratorias pistolas
y juramentos brillantes como perdigones
para que las arpas puestas a secar no nos consuelen ya nunca
ni nos reconcilien con las hipótesis navales

Con lo fácil que sería y qué tierno de escuchar
que una palabra mía apenas susurrada
hiciese descender la lluvia de tus hombros
últimos restos de nubes sin patria
la lluvia de tus hombros en mis manos de estatua

105

NUBES DE TI

Entre un rubor de monedas primerizas
y un volverse de espaldas de las fuentes recónditas
rueda en libre costumbre de heliotropo
mi cintura de látigo en silencio

Este es el cenicero
donde posas la cola de tu melancolía
y estas son mis tijeras
y aquella estrella de los ocho rumbos
la maligna tarántula

El sol conoce su órbita por las migas de sol
la luna ciega a tientas por el perfume de las migas de luna
y así y todo algunas veces se equivocan

No lo olvides

Porque cuando tus venas navegables
se hayan cubierto de ánades viajeras
y mi aletargada cintura se desenrosque y hable
si tú entonces no encuentras las nubes rosa de ti misma
a quién consultarás tu programa ulterior y tus pullover
quién sabrá dime hacer un nudo
a tu órbita fundida
como el que tus esquís hacían a mi cintura

106

QUIÉN SABE

A Vicente Aleixandre.

Eso nunca Un espejo de alcoba que se estime a sí mismo
no girará para abrir paso a la invasión de las profecías
Antes se dejará segar en flor
por una larga mirada procedente del Cáucaso

Todo conserva la misma ceremonia recíproca
Altas firmes resecas las espadas
esperando las manoplas rivales
y el frontón donde rebotan
los ojos como corazones elásticos
Las alfombras contagiando el soplo de los siglos
por sus contactos de hombro a hombro y de hombro a hombro
y la máquina de escribir estremeciéndose a cada relámpago

Después de esto nada más fácil
que despegarme yo en dos hostiles entidades
lo mismo que un espejo en espejo y espejo
o que un ahorcado
en ahorcado primogénito y ahorcado bis

Todo es cuestión de estirar bien los pies sin balanceo
y dejar que crezcan las uñas
hasta el nivel de los más empinados surtidores de sangre
de esos que brotan de un reloj de pulsera pisoteado
o de una violeta
al querer arrancarle su perfume distintivo
o sus iniciales tiernamente entrelazadas

Todo esto y mucho más sucede
cuando mis huesos alteran su dominó correlativo
buscando otra solución más razonable

107

CONTINUIDAD

Las campanas en flor no se han hecho para los senos de oficina
ni el tallo esbelto de los lápices remata en cáliz de condescendencia
La presencia de la muerte
se hace cristal de roca discreta
para no estorbar el intenso olor a envidia joven
que exhalan los impermeables

Y yo quiero romper a hablar a hablar
en palabras de nobles agujeros dominó del destino
Yo quiero hacer del eterno futuro
un limpio solo de clarinete con opción al aplauso
que salga y entre libremente por mis intersticios de amor y de odio
que se prolongue en el aire y más allá del aire
con intenso reflejo en jaspe de conciencias

Ahora que van a caer oblicuamente
las últimas escamas de los llantos errantes
ahora que puedo descorrer la lluvia
y sorprender el beso tiernísimo de las hojas y el buen tiempo
ahora que las miradas de hembra y macho
chocan sonoramente y se hacen trizas
mientras aguzan los árboles sus orejas de lobo
dejadme salir en busca de mis guantes
perdidos en un desmayo de cielo acostumbrado a mudar de [pechera
La vida es favorable al viento
y el viento propicio al claro ascendiente de los frascos de esencia
y a la iluminación transversal de mis dedos
Un álbum de palomas rumoroso a efemérides
me persuade al empleo selecto de las uñas bruñidas
Transparencia o reflejo
el amor diafaniza y viaja sin billete
de alma a alma o de alma a cuerpo
según todas las reglas que la mecánica canta

Ciertamente las campanas maduras no se cierran como los [senos de oficina
cuando cae el relente
ni el tallo erguido de los lápices comprende que ha llegado el [momento de coronarse de gloria
Pero yo sí lo sé y porque lo sé lo canto ardientemente
Los dioses los dioses miradlos han vuelto sin una sola cicatriz [en la frente

108

BIOGRAFÍA INCOMPLETA

Si canta la cigarra y bajo las pestañas
hay latitudes todavía
si las cerezas callan y las nubes meditan
tiempo es ya de cantar tu biografía
oh cebra soñadora

Claveles sobre el abismo
no son tan inocentes no como tu hocico
cuando descubre por sí solo
la identidad del cielo y de una espalda desnuda
y la conducta de las vírgenes
no es menos consecuente
que tus más bellas listas a la luz del poniente

Déjame recordar
La noche que tú naciste
el cielo avergonzado se arrancaba su hedionda costra de estrellas
Más qué difícil es perseverar

Entonces sobrevino
la coalición en masa de las palomas mensajeras
y las chispas del yunque
cruzaron temerarias las fronteras

Tus cinco meses cebra
cuando tu hermoso ejemplo
imitaban las jarcias de la melancolía
Tus cinco meses seducidos
por aquel ritmo a párpados del cinema mudo
y aquel si no si no de las ruletas en flor

Adónde te llevaron
Quién fue el ángel cowboy que te raptó
En todas partes te adivino y llamo
Mis tirantes te buscan te adoran mis pijamas

Pero he aquí que de pronto cruzas entre nosotros
Un denso aroma a Egipto de seis Nilos
flota en las cercanías

Y crímenes de amor de inmenso amor
de sexo a sexo sangran generosamente
y manos multiplicadas manos rojas de asesinos
enjugan su delito
sobre las tapias que de pudor cierran los ojos

109

LOS HOMBROS DE LOS FILÓSOFOS

Los hombros de los filósofos constituyen el acueducto
por donde nos llega la sangre obtenida del deshielo
de los más altos corazones
Si yo aplico mis fauces a esa traída de siglos
se me estremecen de alas todos los árboles de mis venas
y se me pueblan de sobresalto las humilladas mejillas

Nadie tiene derecho a cambiar un invierno de cine
por un par de pistolas incrustadas de estrellas
ni a conseguir que el cielo le devuelva sus bastones olvidados
y sus tarjetas de visita malgastadas
Lo que una vez entró en el cauce intestinal de la serpiente
ya nunca se arrepiente ni siquiera
hace un nudo gracioso en lo más bello del camino

Déjame pasar la mano por el lomo suavísimo de estos versos
[que escribo
La eternidad así bajo mis dedos maullará tiernamente

110

CONDICIONAL

Si cascas como un huevo
un reloj abandonado de las horas
caerá sobre tus rodillas el retrato de tu madre muerta
Si arrancas ese botón umbilical de tu chaleco
cuando nadie le observa entre las hojas
verás cerrarse uno a uno los ojos de las esponjas

Si averiguas a fuerza de contemplarla largamente
el oleaje sin espuma de una oreja querida
se te iluminará la mitad más íntima de la vida

Si mondas esta tarde una naranja con los dedos enguantados
a la noche la luna sigilosa
paseará por la orilla del río recogiendo
anillos de viudas y proyectos
de lentos crisantemos

Si por ventura quieres
gozar del privilegio último
de los reos de muerte y de los corderillos
no olvides cercenarte tus auroras más puras
y tus uñas más fieles No lo olvides

111

TRÁNSITO

Nadie supo de dónde
Cuando llegó llovía fuerte sobre las tejas
siempre dispuestas a alabeadoras transigencias

Y su primer arranque
fue detener el vuelo de las hojas
con un gesto espontáneo

Despojóse cortés de su aureola
y se sentó —tan simple y homogéneo— entre nosotros
Trascendía a semillas de cipreses
y a último cuarto de hora de café cantante
El aire a su contacto se poblaba de espejos

Hablaba muy despacio ceceando
y decía palabras untadas de silencio
Si le mirábamos
se menoscababa hasta la transparencia

Cerré un momento los párpados ultrajados de evidencia y de [misterio
Al abrirlos ya no estaba
¿Venía del cristal? ¿Se fue al arpegio?

XII

HASTA SIEMPRE

GEOGRAFÍA - CANCIONES - EPÍSTOLAS Y RETRATOS
DEDICATORIAS - HÉROES - VARIA

(1925-1941)

112

VERSOS HUMANOS

A mis amigos de Santander que celebraron mis «Versos humanos».

Versos humanos, ¿por qué no? Soy hombre
y nada humano debe serme ajeno.
Pena, amor, amistad. Si hay quien se asombre,
si hay quien se escandalice, es que no es bueno.

Todo el arte es humano, hasta el divino,
el que aspira a crear la forma pura.
Para llegar a Dios, no hay más camino
que el del amor que vence y que perdura.

Amor a la Poesía porque es bella
y porque es imposible a nuestras manos.
Nunca el cohete llegará a la estrella
y, comparados a él, somos enanos.

Mas ¿qué pensar de aquel que, porque sabe
que está más allá siempre, más, la meta,
carga de lastre muerto la ágil nave
o cercena la cola a su cometa?

Si el verso, al fin, nunca ha de ser perfecto
ni hay la plena, absoluta maravilla,
aprendamos la gracia del insecto
que a volar corto y no cantar, se humilla.

Sueña la coccinela alas de mosca
y la mosca se ensaya golondrina.
Pule el poeta una materia tosca,
le mancha el traje, y cree que es divina.

Y pobre de él si no. Será el poema,
como la ofrenda de Caín, profano.
No. Dejadle al poeta en su problema.
Poesía creada y pura y verso humano.

Mientras haya un problema, habrá poesía.
También el Arte es ciencia. Yo os lo digo.
Aprender el secreto día a día,
velo tras velo, es lo que yo persigo.

Todo mi estremecido sentimiento
he de enhebrar en ese verso puro.
Sea vuestra amistad propicio viento
para esta nave mía hacia el futuro.

113

ROMANCE DEL JÚCAR

A mi primo Rosendo.

Agua verde, verde, verde,
agua encantada del Júcar,
verde del pinar serrano
que casi te vio en la cuna

—bosque de san sebastianes
en la serranía oscura,
que por el costado herido
resinas de oro rezuman—;

verde de corpiños verdes,
ojos verdes, verdes lunas,
de las colmenas, palacios
menores de la dulzura,

y verde —rubor temprano
que te asoma a las espumas—
de soñar, soñar —tan niña—
con meditarráneas nupcias.

Álamos, y cuántos álamos
se suicidan por tu culpa,
rompiendo cristales verdes
de tu verde, verde urna.

Cuenca, toda de plata,
quiere en ti verse desnuda,
y se estira, de puntillas,
sobre sus treinta columnas.

No pienses tanto en tus bodas,
no pienses, agua del Júcar,
que de tan verde te añilas,
te amoratas y te azulas.

No te pintes ya tan pronto
colores que no son tuyas.
Tus labios sabrán a sal,
tus pechos sabrán a azúcar

cuando de tan verde, verde,
¿dónde corpiños y lunas,
pinos, álamos y torres
y sueños del alto Júcar?

114

Si la luna fuera espejo,
qué bien que yo te vería.
Si la luna fuera espejo
—dámela,

—tómala
y ponla en el cielo ya—,
cuántos eclipses habría.
Por tu culpa los astrónomos,
todos se suicidarían.
Y tenerte a ti muy lejos
qué poco me importaría
si la luna fuera espejo.

115

Y tu infancia, dime, ¿dónde está tu infancia?,
que yo la quiero.
Las aguas que bebiste,
las flores que pisaste,
las trenzas que anudaste,
las risas que perdiste.
¿Cómo es posible que no fueran mías?
Dímelo, que estoy triste.
Quince años, sólo tuyos, nunca míos.
No me escondas tu infancia.
Pídele a Dios que nos desande el tiempo.
Volverá tu niñez y jugaremos.

116

(o 59 bis)

Y ya aprendí el secreto
de componerte, ¡qué alegría!
Cada pieza en su sitio, otra vez viva,
entera, nueva, creada de mi mano.
Por fin di con la cifra
—alfabeto celoso de caudales—
que me abría el sentido de tu alma.
Qué bien. Y ahora podría...
Pero no, por si acaso se me olvida
y el juguete otra vez se vuelve enigma.

117

LA LÁGRIMA

Tú también —diosa— creas, a tu imagen
y semejanza.
Ayer te dije, no sé cómo
una torpe palabra.
Tú te quedaste sola, grave, muda,
y creaste de tu nada
—oh mundo, imagen tuya temblorosa—
una lágrima.

118

RETRATO DE JOSÉ ÁLVAREZ PRIDA

No lo temáis. Su indómita melena, si se eriza,
la desmienten sus ojos tan dóciles y humanos.
Rostro de león heráldico, de piedra crespa y riza,
no temáis al león; os lamerá las manos.

De pie, siempre de pie como la peña Ubiña,
prócer de nubes y águilas la frente descubierta,
tiembla si os relata —ay, Dios de la rapiña—
del padre arrebatado y de la hermana muerta.

El padre, de ojos rubios y barbas liberales,
la niña —claros rizos, celestes cascabeles—.
Y la voz se le enturbia de memorias leales,
se le nublan los ojos de lejanías fieles.

Uno a uno, niños, árboles, le cuentan sus historias,
que tiñen de esperanzas sus vencidas tristezas.
Hay que aprender del monte las lecciones suasorias
y perseguir al glayo goloso de cerezas.

De versos y de pájaros vedle siempre en acecho.
Cuando los prende vivos, no los ata ni encierra.

Los pule, los calienta en lo íntimo del pecho,
y al aire los devuelve, libres sobre la tierra.

Y por la primavera, cuando solloza el cuco,
su mano, que acaricia las bestias del camino,
trae un cielo de estrellas en la flor del saúco
o una sola, la novia flor blanca del espino.

119

CANCIÓN

De la sonrisa de otoño se fabrican palabras,
de las palabras nubes, nubes,
de las nubes mejillas,
de tus mejillas nace el sol los días pares,
la luna fría los impares,
¿lo sabías tú acaso?

Con el sol y la luna
se tocan los platillos
y mis árboles bailan.
Al baile acuden tus dos ojos,
tus ojos navegables a favor de la brisa.
De la brisa se obtienen
los más recónditos favores,
y el mundo, pues que existe,
pasará a ser ceniza,
¿lo sabías tú acaso?

Ceniza que en tus dedos busca el nido,
humo que de tus labios se enamora,
fuego que en tu costado se avecina,
mira en el cielo nubes, tus mejillas, las nuestras,
mis palabras de otoño que fabrican
las hojas,
las hojas de tus pies,
¿lo sabías tú acaso?

120

RIMA PENÚLTIMA

En el centenario de Bécquer.

¿Por qué venís, decidme?
¿De dónde, extraños huéspedes?
Muecas, gestos sin límites
que en los aires se encienden;
suspiros que quisieran
sonreír y no pueden;
rastros de ala en las nubes,
huellas de oro en las nieves,
fantasma delicados
del hambre y de la fiebre
—manos cortadas, ojos
desasidos, empeines,
hombros desnudos, lágrimas
sin sus dueños, ausentes—;
cabellos de arpa rubia
deshilachada y tenue,
que, heridos por las ráfagas,
en silencio se mecen;
santelmos que al naufragio
sus centellas sumergen;
fauna amputada, equívoca
del sueño adolescente;
árboles que se cierran,
espumas que se ofrecen
abiertas en durísimas
corolas diente a diente;
propósitos de muda
conspiración ecuestre;
ecos, memorias, tránsitos,
insomnios, nieblas, pliegues
de sudarios, escalas
de abanicos celestes,
cúmulos de humaredas
que ascienden, palidecen,
que permanecen, duran,
flotando tristemente.

En vuestras brumas áureas
anegadme, envolvedme,
sepultadme en la cierta
trasrealidad satélite,
donde, al fulgor contrario
de ángeles y luzbeles,
cumplen siglos los puros
espíritus de aceite,
donde los sueños se hacen
luz y rima de Bécquer.

121

SOY DE OVIEDO

(TORRE DE LA CATEDRAL)

Nunca supe lo que es miedo.
Soy de Oviedo.

Aunque me veis sin diadema
y mútil mi flanco enhiesto,
no supo arrancarme el gesto
esa metralla blasfema.
Ya mi estatura es emblema.
No quiero morir, no puedo.
Soy de Oviedo.

Porque el general Aranda
me dijo: «quieta», aquí estoy.
Que si me ordenara: «anda»,
le respondiera: «allá voy».
Y echara a andar por la banda
pasos de piedra y denuedo.
Soy de Oviedo.

¿Veis cómo trepa la hiedra,
una hiedra imaginaria,
por mi línea que fue piedra,
mi piedra que fue plegaria?
Cómo crece, cómo medra.
Qué dulce y divino enredo.
Soy de Oviedo.

Contra el heroico Naranco
mi aguja en fe se dibuja,
y de nuevo al cielo puja
y en el cenit hace blanco.
Duélenme sienes y flanco,
pero en pie sigo y no cedo.
Soy de Oviedo.

Mi piedra sangra y no gime.
Torre soy y centinela.
Duerme, Oviedo, que te vela
madre de siglos sublime.
De tus hijos seré abuela.
Nunca supe lo que es miedo.
Soy de Oviedo.

122

NIÑO

Niño dormido en el florido huerto.
Una cosa tan sólo aún es más bella.
Niño despierto.
Estrella.

Niño despierto en el huerto florido.
Una cosa —una sola— a ti prefiero.
Niño dormido.
Lucero.

123

A MANUEL MACHADO

Porque se llama Manuel
y Machado se apellida,
en su verso Muerte y Vida
juegan partida y nivel.

¿Quién vence? Tablas. Y él,
banderillero de Apolo,
supo, cantó y está solo:
ese poeta chapado
que se apellida Machado
y le llamaban Manolo.

XIII

FÁBULA DE EQUIS Y ZEDA

(1926-1929)

124

AMOR

Góngora 1927.

Era el mes que aplicaba sus teorías
cada vez que un amor nacía en torno
cediendo dócil peso y calorías
cuándo por caridad ya para adorno
en beneficio de esos amadores
que hurtan siempre relámpagos y flores

Ella llevaba por vestido combo
un proyecto de arcángel en relieve
Del hombro al pie su línea exacta un rombo
que a armonizar con el clavel se atreve
A su paso en dos lunas o en dos frutos
se abrían los espacios absolutos

Amor amor obesidad hermana
soplo de fuelle hasta abombar las horas
y encontrarse al salir una mañana
que Dios es Dios sin colaboradoras
y que es azul la mano del grumete
—amor amor amor— de seis a siete

Así con la mirada en lo improviso
barajando en la mano alas remotas
iba el galán ladrándole el aviso

de plumas blancas casi gaviotas
por las calles que huelen a pintura
siempre buscando a ella en cuadratura

Y vedla aquí equipando en jabón tierno
globos que nunca han visto las espumas
vedla extrayendo de su propio invierno
la nieve en tiras la pasión en sumas
y en margaritas que pacerá el chivo
su porvenir listado en subjuntivo

Desde el plano sincero del diedro
que se queja al girar su arista viva
contempla el amador nivel de cedro
la amada que en su hipótesis estriba
y acariciando el lomo del instante
disuelve sus dos manos en menguante

«A ti la bella entre las iniciales
la más genuina en tinta verde impresa
a ti imposible y lenta cuando sales
tangente cuando el céfiro regresa
a ti envío mi lenta caravana
larga como el amor por la mañana

Si tus piernas que vencen los compases
silencioso el resorte de sus grados
si más difícil que los cuatro ases
telegrama en tu estela de venados
mis geometrías y mi sed desdeñas
no olvides canjear mis contraseñas

Luna en el horno tibio de aburridas
bien inflada de un gas que silba apenas
contempla mis rodillas doloridas
así no estallen tus mejillas llenas
contempla y dime si hay otro infortunio
comparable al desdén y al plenilunio

Y tú inicial del más esbelto cuello
que a tu tacto haces sólida la espera
no me abandones no Yo haré un camello

del viento que en tus pechos desaltera
Y para perseguir tu fuga en chasis
yo te daré un desierto y un oasis

Yo extraeré para ti la presuntuosa
raíz de la columna vespertina
Yo en fiel teorema de volumen rosa
te expondré el caso de la mandolina
Yo peces te traeré (entre crisantemos)
tan diminutos que los dos lloremos

Para ti el fruto de dos suaves nalgas
que al abrirse dan paso a una moneda
Para ti el arrebato de las algas
y el alhelí de sálvese el que pueda
y los gusanos de pasar el rato
príncipes del azar en campeonato

Príncipes del azar Así el tecleo
en ritmo y luz de mecanografía
hace olvidar tu nombre y mi deseo
tu nombre que una estrella ama y enfría
Príncipes del azar gusanos leves
para pasar el rato entre las nieves

Pero tú voladora no te obstines
Para cantar de ti dame tu huella
La cruzaré de cuerdas de violines
y he de esperar que el sol se ponga en ella
Yo inscribiré en tu rombo mi programa
conocido del mar desde que ama»

Y resumiendo el amador su dicho
recogió los suspiros redondeles
y abandonado al humo del capricho
se dejó resbalar por dos rieles
Una sesión de circo se iniciaba
en la constelación decimoctava

XIV

POEMAS ADREDE

(1926-1941)

125

IDILIO

A Óscar Esplá.

Entre la esfera verde
que deja de su rastro una ágil cinta
y el arroyo que pierde
su calidad de tinta
al atar las rodillas de Jacinta

pasa en virtud de flauta
la hora que gira en torno al cenicero
y en el papel de pauta
que entre todos prefiero
de pequeño que es canta el jilguero

Canta la luz alterna
que se obtiene en los pechos de la infanta
y aunque apenas discierna
el céfiro y la planta
canta el honor y las semillas canta

Pero yo digo Oremos
por todos los inéditos regazos
por los brazos sin remos
por los remos sin brazos
y por los troncos vírgenes de hachazos

Sigamos ángel mudo
sigamos adelante sin jornada
sobre un caballo agudo
de precaución morada
buscando alas a Dios y agua horadada

Que es preferible suerte
coser con hilo triste el panorama
y el pecho ya no vierte
su arena ni derrama
por la ladera azul del telegrama

Ven a ver cómo asciende
el globo que se mueve por sonrisa
y la rueda que extiende
su proyección precisa
y el martirio de Venus por la brisa

Venus esponja intacta
que se exprime y se hincha en su carroza
y a la madre que lacta
la rodea de loza
y de un soplo la colma y la alboroza

Escucha a los vencejos
la descripción leal de Palestina
y del monte a lo lejos
a la bella sobrina
ignorante del pecho y de la encina

y desde el horizonte
que gira al viento y duerme en línea recta
a entrelazar disponte
tu arteria predilecta
con la órbita más pura y más correcta

Cuándo un ángulo nuevo
se pudo abrir con más bizarro brío
que este que al cielo elevo
lado izquierdo el estío
derecho la abubilla en quien confío

La abubilla obediente
que canta de perfil nuestra promesa
que muere de repente
y de repente ilesa
de la muerte y del trópico regresa

Entre paralelismos
de ráfagas y ríos imantados
el tren de cuatro abismos
conduce en sus costados
cuatro ángeles que juegan a los dados

Lejos del arroyuelo
del contrato social y la balanza
más allá del pañuelo
donde casi no alcanza
la hidrografía en forma de esperanza

Paraíso sin mancos
que siembren a voleo en las afueras
Vacación de los bancos
que negocian fronteras
Última aduana de las primaveras

Allí podremos hija
desatar la cerviz del desconsuelo
Verás de tu sortija
dilatada de anhelo
henchirse un monje hasta emprender el vuelo

126

AZUCENAS EN CAMISA

A Fernando Villalón.

Venid a oír de rosas y azucenas
la alborotada esbelta risa
Venid a ver las rosas sin cadenas
las azucenas en camisa

Venid las amazonas del instinto
los caballeros sin espuelas

aquí al jardín injerto en laberinto
 de girasoles y de bielas

Una música en níquel sustentada
 cabellos curvos peina urgente
y hay sólo una mejilla acelerada
 y una oropéndola que miente

Agria sazón la del febril minuto
 todo picado de favores
cuando al jazmín le recomienda el luto
 un ruiseñor de ruiseñores

Cuando el que vuelve de silbar a solas
 el vals de «Ya no más Me muero»
comienza a perseguir por las corolas
 la certidumbre del sombrero

No amigos míos Vuelva la armonía
 y el bienestar de los claveles
Mi corazón amigos fue algún día
 tierno galope de corceles

Quiero vivir La Vida es nuevo estilo
 grifo de amor grifo de llanto
Jirafa del vivir Tu cuello en vilo
 yo te estimulo y te levanto

Pasad jinetes leves de la aurora
 hacia un oeste de violetas
Lejos de mí la trompa engañadora
 y al ralantí vuestras corvetas

Tornan las nubes a extremar sus bordes
 más cada día decisivos
Y a su contacto puéblanse de acordes
 los dulces nervios electivos

Rozan mis manos dádivas agudas
 lunas calientes y dichosas
Sabed que desde hoy andan desnudas
 las azucenas y las rosas

XV

ALONDRA DE VERDAD

(1926-1936)

127

GIRALDA

Giralda en prisma puro de Sevilla,
nivelada del plomo y de la estrella,
molde en engaste azul, torre sin mella,
palma de arquitectura sin semilla.

Si su espejo la brisa enfrente brilla,
no te contemples —ay, Narcisa— en ella,
que no se mude esa tu piel doncella,
toda naranja al sol que se te humilla.

Al contraluz de luna limonera,
tu arista es el bisel, hoja barbera
que su más bella vertical depura.

Resbala el tacto su caricia vana.
Yo mudéjar te quiero y no cristiana.
Volumen nada más: base y altura.

128

LA ASUNCIÓN DE LA ROSA

Tanto una rosa un ruiseñor eleva
cuando de su garganta abre el paisaje,
que logra que del lazo se desgaje
y suelta salte y auras brinde y beba.

Mírala ya en la luz que se renueva,
cristal de aurora en torno de su viaje,
mírala esbelta en éxtasis de encaje,
por el aire ascender que se la lleva.

Al cielo sube ya, libre, sin andas,
mecida entre compases ruiseñores
—Álzala, gorjeador, alta, en volandas—,

en asunción la rosa y resplandores,
ya invisible en la cima, entre educandas,
novicia en la clausura de las flores.

129

INSOMNIO

Tú y tu desnudo sueño. No lo sabes.
Duermes. No. No lo sabes. Yo en desvelo,
y tú, inocente, duermes bajo el cielo.
Tú por tu sueño y por el mar las naves.

En cárceles de espacio, aéreas llaves
te me encierran, recluyen, roban. Hielo,
cristal de aire en mil hojas. No. No hay vuelo
que alce hasta ti las alas de mis aves.

Saber que duermes tú, cierta, segura
—cauce fiel de abandono, línea pura—,
tan cerca de mis brazos maniatados.

Qué pavorosa esclavitud de isleño,
yo insomne, loco, en los acantilados,
las naves por el mar, tú por tu sueño.

130

ANTE LAS TORRES DE COMPOSTELA

También la piedra, si hay estrellas, vuela.
Sobre la noche biselada y fría
creced, mellizos lirios de osadía;
creced, pujad, torres de Compostela.

Campo de estrellas vuestra frente anhela,
silenciosas maestras de porfía.
En mi pecho —ay, amor— mi fantasía
torres más altas labra. El alma vela.

Y ella —tú— aquí, conmigo, aunque no alcanzas
con tus dedos mis torres de esperanzas
como yo estas de piedra con los míos,

contempla entre mis torres las estrellas,
no estas de otoño, bórralas; aquellas
de nuestro agosto ardiendo en sueños fríos.

131

A ROBERTO SCHUMANN

Compadéceme tú, que entre frutales
estrellas del azul, castos claveles,
arpas de fuego, gustas, tocas, hueles,
miras, escuchas, cantas... Esponsales

—escuchas, cantas— sobrenaturales
te ciñen, para que en sus ondas fieles
—oh celeste impaciente— te consueles
de haber vivido en límites reales.

Compadéceme, pues, ahora que alcanzas
tu fugitiva música, y contigo
la ocultas, y tus brazos —ay— la rozan.

132

REVELACIÓN

A Blas Taracena.

Era en Numancia, al tiempo que declina
la tarde del agosto augusto y lento,
Numancia del silencio y de la ruina,
alma de libertad, trono del viento.

La luz se hacía por momentos mina
de transparencia y desvanecimiento,
diafanidad de ausencia vespertina,
esperanza, esperanza del portento.

Súbito, ¿dónde?, un pájaro sin lira,
sin rama, sin atril, canta, delira.
flota en la cima de su fiebre aguda.

Vivo latir de Dios nos goteaba,
risa y charla de Dios, libre y desnuda.
Y el pájaro, sabiéndolo, cantaba.

133

BAHÍA NATAL

A Gerardo de Alvear.

Cristal feliz de mi niñez huraña,
mi clásica y romántica bahía,
consuelo de hermosura y geografía,
bella entre bellas del harem de España.

La luna sus mil lunas en ti baña
—tu pleamar, qué amor de cada día—,
y te rinden reflejo y pleitesía
montañas, cielo y luz de la Montaña.

Mi alma todas tus horas, una a una,
sabe y distingue y nombra y encadena.
De mi vivir errante fuiste cuna

nodriza, y de mis sueños madre plena.
La muerte, madre mía, a ti me una,
agua en tu agua, arena de tu arena.

134

CUMBRE DE URBIÓN

A Joaquín Gómez de Llarena.

Es la cumbre, por fin, la última cumbre.
Y mis ojos en torno hacen la ronda
y cantan el perfil, a la redonda,
de media España y su fanal de lumbre.

Leve es la tierra. Toda pesadumbre
se desvanece en cenital rotonda.
Y al beso y tacto de infinita onda
duermen sierras y valles su costumbre.

Geología yacente, sin más huellas
que una nostalgia trémula de aquellas
palmas de Dios palpando su relieve.

Pero algo, Urbión, no duerme en tu nevero,
que entre pañales de tu virgen nieve
sin cesar nace y llora el niño Duero.

135

NOCHE DE LUNA

Por la piadosa luna amamantada,
bebe la tierra azul su compasiva,
cándida leche —oh beatitud pasiva—,
y de su azar se siente consolada.

Mis sentidos derriban su morada:
esencias de astros, roces de evasiva
piel, música que el ritmo de ala aviva,
gula infinita, luna ilimitada.

Luna, luna absoluta, laberinto
de identidad, varita de virtudes,
¿soy yo la luna?, ¿sueño?, ¿estoy demente?

Y transgrediendo el corporal recinto,
me vierto en plenitud de plenitudes,
fuera de mí, maravillosamente.

136

CUARTO DE BAÑO

A Eusebio Oliver.

Qué claridad de playa al mediodía,
qué olor de mar, qué tumbos, cerca, lejos,
si, entre espumas y platas y azulejos,
Venus renace a la mitología.

Concha de porcelana, el baño fía
su parto al largo amor de los espejos,
que, deslumbrados, ciegos de reflejos,
se empañan de un rubor de niebla fría.

He aquí, olorosa, la diosa desnuda.
Nimbo de suavidad su piel exuda
y en el aire se absuelve y se demora.

Venus, esquiva en su rebozo, huye.
Su alma por los espacios se diluye,
y solo —olvido— un grifo llora y llora.

137

VIENTO SUR

A José G. Solana.

No existe el aire ya. Las lejanías
están aquí al alcance de la mano.
Evidente es el mundo y tan cercana.
He aquí la densidad que apetecías.

La luz se cierne en mineralogías
tan de ardiente osatura y primer plano,
que me brota este grito sobrehumano:
Gloria al bramar de las montañas mías.

Es el viento que encrespa sus bisontes,
que en bravo alarde de torsión y ultraje
lomos restalla de olas y de montes.

El viento que me empapa de paisaje.
Sur, viento sur, enrólame en tu viaje
y ráptame en tus brazos de horizontes.

138

SUCESIVA

Déjame acariciarte lentamente,
déjame lentamente comprobarte,
ver que eres de verdad, un continuarte
de ti misma a ti misma extensamente.

Onda tras onda irradian de tu frente
y mansamente, apenas sin rizarte,
rompen sus diez espumas al besarte
de tus pies en la playa adolescente.

Así te quiero, fluida y sucesiva,
manantial tú de ti, agua furtiva,
música para el tacto perezosa.

Así te quiero, en límites pequeños,
aquí y allá, fragmentos, lirio, rosa,
y tu unidad después, luz de mis sueños.

139

ADIÓS

Adiós, islas malayas, bizarría
y capricho del mar, lujo del moro,
playas de Mindanao y de Mindoro,
bajo las palmas que el aire mecía.

Bronces humanos, siempre en melodía
de escorzo, aladas danzas, meteoro
de flamígero ritmo y krises de oro
y núbiles doncellas de Oceanía.

Adiós, volcanes de abrasadas minas,
alzando erectos, vírgenes sus pechos
y sus lagos que sueñan con las nieves.

Adiós, puestas de sol en los estrechos,
laberinto de fuego, islas divinas,
Sabang, Penang, Panay, Bali, Celebes.

140

VISITA A MEDINILLA

¿Qué te impulsó a estos mares, Medinilla?
¿Soñabas con los reyes de Ternate,
con la canela de Ceylán granate
o con la flor del Ganges amarilla?

Siento que estás aquí, bajo esta quilla
que el índico océano mueve y bate,
y a tratar con Neptuno tu rescate
voy, buzo vertical, por la escotilla.

Aquí estás, sí, trenzando arpas y violas
—venas, cabellos de tus ríos claros—,
magoas y soledades españolas.

No quiero despertarte. Canta a solas.
Muerto de pena subo. Uno, dos faros
sangran su triste luz sobre las olas.

141

EL VIENTO

No. No eres sólo espíritu. Sabemos:
soplo, espíritu. Bien. Pero ¿y tu viva
carne, di, de alimaña fugitiva,
tu burladora piel, varia en extremos

de dulzura o terror, y los supremos
deleites de tus filos, tu impulsiva
cólera ciega de testuz de chiva,
la ultrajadora furia de tus remos?

¿Eres padre del fuego? ¿O eres llama
tú mismo, turbia llama ardiente y fría,
lengua voraz de estímulos sin rumbo?

Oh, duro viento; topa, embiste, brama,
crece en la ola sin fin, muérdete, expía,
alma y cuerpo fatal, de tumbo en tumbo.

142

A C. A. DEBUSSY

Sonidos y perfumes, Claudio Aquiles,
giran al aire de la noche hermosa.
Tú sabes dónde yerra un son de rosa,
una fragancia rara de añafiles

con sordina, de crótalos sutiles
y luna de guitarras. Perezosa
tu orquesta, mariposa a mariposa,
hasta noventa te abren sus atriles.

Iberia, Andalucía. España en sueños,
lentas Granadas, frágiles Sevillas,
Giraldas tres por ocho, altas Comares.

Y metales en flor, celestes leños
elevan al nivel de las mejillas
lágrimas de claveles y azahares.

143

TEIDE

A Mariano de Cossío.

Sublime aparición, no, ¿quién engaña
mi corazón, mis ojos, mi estatura?
En los aires la nieve se inaugura,
parto del cielo, tienda de campaña.

Bruma baja de mar los pies te baña,
nubes al sol nivelan tu cintura,
y emerge en ti, memoria de hermosura,
mi patria, oh derramada, oh santa España.

Viene la noche. El buque áncoras leva.
Yo, tumbado en cubierta, el mar me eleva
y me deprime, y tú, ya sin corona,

Teide de sombra, te alzas, te hundes, hondo,
respiras, pecho único y redondo
de esa gigante, espléndida amazona.

144

LA GRACIA

Y no valdrán tus fintas, tu hoja prima
ni tu coraza indómita nielada
a desviar el rayo, la estocada
en la tiniebla a fondo de tu sima.

¿No ves centellear allá en la cima
de gracia y luz diamante, ascuas de espada?
No, esquivo burlador, no valdrán nada
careta ni broquel, guardia ni esgrima.

No te cierres rebelde, no le niegues
tu soledad. Es fuerza que le entregues
de par en par tu pecho y coyunturas.

Que así vulnera el Diestro, y así elige
—caprichos del deseo— y así aflige
y así mueren de amor las criaturas.

145

ALTAMAR DE LA NOCHE

Altamar de la noche, errante, ajena,
en alas del alisio y maravillas.
Aún no insinúa el alma —lenta quillas—
de su playa —tan pálida— la arena.

Y la otra patria: infantas en la almena
cantan cantar de vela —altas Castillas—.
Y qué azucena el alma, flor de millas.
Alta mar, alta noche, alta azucena.

Ese bullicio, ¿espumas virginales
o lumbres de verdor ecuatoriales?
Rombo en diamantes. Cruz del Sur. Rehenes

del astrolabio, prendas, rumbos, huellas.
Alta cruz de mesana. Altos vaivenes.
Cantar de cuna cantan las estrellas.

XVI

ÁNGELES DE COMPOSTELA

(1936)

146

VALLE-INCLÁN

Este gran don Ramón que fuera, ¿cuántas cosas?,
barbas de chivo, apóstol manco,
barquero de la Estigia, Bradomín de las rosas,
es ya un fantasma blanco, blanco.

Lo era ya casi en sus postreros días
de destierro en la Tierra.
Yo me acordaba alguna vez de Elías
y de Amadís Sin Tiempo que por Bretaña yerra.
(Concavidad de siglos, un día de esperpento.
Vida y muerte, un compartimento.)

Porque hora es ya que Valle-Inclán se adueñe
de su pazo ultratumba de Barbanza,
y sobre el hombro mútil una ala le pergeñe
el ángel de la bienaventuranza.

Pues ya a su Compostela de humo se restituye,
a su Roma ecuestre regresa.
Su única mano que en la Lira influye
arpegios de sus barbas mesa.

Abridle una academia de sutiles dialectos,
puesto que allí el latín se parla santo y niño.
Repetidle, engañadle sus lienzos predilectos,
San Miguel in Excelsis, Trastevere, Trasmiño.

Para él una carroza que en baches no repare
ni en melindres de estrellas, y al auriga la orden:
«Un giro per il Pincio prima di ritornare
all'albergo», y que en la esclavina el Zodiaco le borden.

Y así, blanco, fantasma, con el salvoconducto
y sello del Señor Santiago,
vuela por todo el arco del celeste acueducto,
chancea con el Torvo o falaga al Endriago.

Su humanidad tan frágil, asombro de las mieses,
entre postrimerías se litigia y parcela.
Sus barbas y cabellos, ceniza hace unos meses,
Son hoy prodigio arácnido, espumas de la estela
—patache caracol de ángeles coruñeses—
que guía —Vía Láctea— a Compostela.

147

RAZÍAS

Ya tu clarín nos disipó las brumas.
Oh grave, agudo azul de coordenadas.
Y hundimos ya las manos sonrosadas
—nueva puericia— en diáfanas espumas.

Por ti, Razías, por la nieve y plumas
que esponjas, bates, libras, niveladas
—¡hosanna!— porque en gigas y foliadas
euritmias del Altísimo rezumas.

Rizas en tus cabellos las corolas
y del querube mar las caracolas.
Tuya es la gracia, la delicia tuya

y el ángel y la estela del donaire.
Y nuestro en gloria y círculo —¡alleluia!—
el aire, el aire, el aire, el aire, el aire.

148

ROSALÍA

Pajarillos, fuentes, flores
—ahí va la loca— decían
—ahí va la loca soñando—.
La loca yo, Rosalía.

Soñaba Nueva Galicia
en el cielo noroeste.
Espello da terra nosa.
Finis coeli.

Jardines del paraíso,
mi laurel ya se aclimata.
Y un tordo, siempre de luto,
se eterniza en la fermata.

También desde aquí se oye
crujir de angustia las hierbas.
Y yo vuelo y soy la brisa
que las peina y las consuela.

Que yo no me he muerto, hermanos,
que la brisa que os breza
soy yo, vuestra Rosalía
falando lengua galega.

Toda la tarde jugando
con cuatro ángeles, qué risa.
Toda la tarde jugando,
jugando a las cuatro esquinas.

Yo las puse nombre a todas
—ay, trébol de dicha esbelta—.
Las llamaba Orense, Lugo,
        —alalá—,
La Coruña y Pontevedra.

La Colegiata del Sar
se tambalea de sueño.
Sueña que se va a acostar
y que el cielo es muy pequeño.

Sólo se oían laúdes,
salterios y cañucelas.
Y ahora, de soplar la gaita,
carrillos en flor revientan.

Venid conmigo, viudas,
huérfanos de tierra y mar.
Para las madres, un nimbo.
A los niños, un luar.

Rapaces de la Marola,
náufragos de Corrubedo.
Subid con el salvavidas
al taller del sombrerero.

Vete, niña, que no quiero,
que no necesito guía.
Qué porfía.
Si tú te llamas Beatriz,
yo me llamo Rosalía.

149

URIEL

Gloria en la excelsitud —techumbre abierta—.
Escorzos de la música que pisa
sus sesgos torbellinos de cornisa,
gozo escandido de la planta experta

nos mides, oh Uriel. Franca la puerta
del paraíso está. Y se te irisa
de brasas y vislumbres la sonrisa,
la túnica en tus vueltas se te injerta.

Salta, Uriel, destrenza tus trenzados,
brinca en la danza, olvídate en el vuelo.
Tú eres la guía, el adalid del coro.

Que nosotros, a tu ímpetu raptados,
trenzamos ya las sílabas del cielo,
oh serafín del número de oro.

XVII

LA SUERTE O LA MUERTE

(1926-1941)

150

TORERILLO EN TRIANA

Torerillo en Triana
frente a Sevilla.
Cántale a la Sultana
tu seguidilla.

Sultana de mis penas
y mi esperanza.
Plaza de las arenas
de la Maestranza.

Arenas amarillas,
palcos de oro.
Quién viera a las mulillas
llevarme el toro.

Relumbrar de faroles
por mí encendidos.
Y un estallido de oles
en los tendidos.

Arenal de Sevilla,
Torre del Oro.
Azulejo a la orilla
del río moro.

Azulejo bermejo,
sol de la tarde.
No mientas, azulejo,
que soy cobarde.

Guadalquivir tan verde
de aceite antiguo.
Si el barquero me pierde
yo me santiguo.

La puente no la paso,
no la atravieso.
Envuelto en oro y raso
no se hace eso.

Ay, río de Triana,
muerto entre luces,
no embarca la chalana
los andaluces.

Ay, río de Sevilla,
quién te cruzase
sin que mi zapatilla
se me mojase.

Zapatilla escotada
para el estribo.
Media rosa estirada
y alamar vivo.

Tabaco y oro. Faja
salmón. Montera.
Tirilla verde baja
por la chorrera.

Capote de paseo.
Seda amarilla.
Prieta para el toreo
la taleguilla.

La verónica cruje.
Suenan caireles.
Que nadie la dibuje.
Fuera pinceles.

Banderillas al quiebro.
　　Cose el miura
el arco que le enhebro
　　con la cintura.

Torneados en rueda
　　tres naturales.
Y una hélice de seda
　　con arrabales.

Me perfilo. La espada.
　　Los dedos mojo.
Abanico y mirada.
　　Clavel y antojo.

En hombros por tu orilla,
　　Torre del Oro.
En tu azulejo brilla
　　sangre de toro.

Si salgo en la Maestranza,
　　te bordo un manto,
Virgen de la Esperanza,
　　de Viernes Santo.

Adiós, torero nuevo,
　　Triana y Sevilla,
que a Sanlúcar me llevo
　　tu seguidilla.

151

ELEGÍA A «JOSELITO»

En las manos piadosas de Rafael, de Ignacio y de José María.

Lenta, la sombra ha ido eclipsando el ruedo.
Ya grada a grada va a colmar la plaza.
Vino triste de sombra, vino acedo
tiñe ya casi el borde de la taza.

Fragilidad, silencio y abandono.
Cobra el gentío un alma de paisaje,
mientras siente el torero hundirse el trono
y apagarse las luces de su traje.

¿Y para qué seguir? La gloria toda
no redime un azar de aburrimiento.
Lo mejor es dormir —ancha es la boda—
largo y horizontal a par del viento.

Un lienzo vuelto, una última voz —toro—,
un gesto esquivo, un golpe seco, un grito,
y un arroyo de sangre —arenas de oro—
que se lleva —ay, espuma— a Joselito.

José, José, ¿por qué te abandonaste
roto, vencido, en medio a tu victoria?
¿Por qué en mármol aún tibio modelaste
tu muerte azul ceñida de tu gloria?

Cinta ya fugitiva, nada vive
de tus claros millares de faenas.
Y resbalan memorias en declive,
igual que de las manos las arenas.

Los quince años, espigado tallo,
juego y donaire y esbeltez gitana.
Un nuevo Faraón —cresta de gallo—
ágil la línea y fresca la mañana.

Y una tarde —heredada prenda, el ángel—
aquel beso en la frente decisiva
sellando —era la feria del Arcángel—
la ceremonia de la alternativa.

Y después, cuántos largos esplendores
sobre efímeras llamas de toreros.
Ojos, bocas. Los palcos tentadores.
Sur de mantillas, norte de sombreros.

La verónica comba, el abanico,
la larga caligráfica y precisa,

el galleo —a los hombres el hocico—
y el arrancar —trofeo— la divisa.

El quiebro repetido, el par al sesgo,
o en diametral oposición forjado,
dibujando en la arena, a flor de riesgo,
un radiante teorema entrecruzado.

Y la embriaguez, tú con el bruto a solas,
olvidado de Dios y de la vida,
hasta triunfar sobre las ciegas olas
del corvo instinto, la invisible brida.

Y las órbitas rojas de los pases
ceñidas siempre en torno a tu cintura,
y el fulminar tu espada en tres compases
una vida burlada en escultura.

La lidia toda, atada y previsora,
sabio ajedrez contra el funesto hado.
Gesto de capitán, cómo te llora
la cofradía del aficionado.

Y todo cesó, al fin, porque quisiste.
Te entregaste tú mismo; estoy seguro.
Bien lo decía en tu sonrisa triste
tu desdén hecho flor, tu desdén puro.

152

EXHORTACIÓN A «GALLITO»

(Rafael Ortega Gómez)

Al verte aquel día
vestido de luces,
me bailó por el talle una zambra
de lances y frunces.

Otra vez mi cuerpo
de mis quince años,

jugando a los toros allá en la alameda
con chiquilicuatros.

Cabeza de toro,
el mimbre y las astas.
Muleta y capote de aquel maletilla
que fue a Salamanca.

Espada de palo,
banderillas rizas.
Lección de toreo —bautismo de estética—,
viriles primicias.

Músicas juncales
de los pasodobles
y el descubrimiento del sur perezoso
que me reconoce.

Sierras, vegas, ríos,
toda Andalucía
que viene a mi encuentro volcada en un toro
de infancia y de brisa.

Déjamelo solo,
tráemelo que juegue.
Pasa, pasa y pasa; cuádrate, que quiero
jugar a la muerte.

Ay, mis quince años
como quince rosas,
como quince verónicas lentas
que se me deshojan.

Al verte, *Gallito,*
vestido en la plaza,
comprendí que el secreto del tiempo
sin vuelta ni trampa

lo lleva el torero
que rige la lidia,
la llave la lleva la espada heredada
de la dinastía.

y un pase ayudado
de los que tú trenzas
dibuja en el aire siglos de fragancia
de egipcias soleras.

Vístete de luces,
cíñete en las suertes,
cúbrete de espumas, repica la gloria
de los Rafaeles.

Guiña tus malicias,
hechiza tus flechas,
y al doblar el lance, delicadamente
tuerce la cabeza;

que una sola gota
de esa mar de sangre
que nos arrebata,
nos pinta los labios de sales y soles,
nos unge las sienes de fiebre y de nácar.

XVIII

VERSOS DIVINOS

(1938-1941)

153

LETRILLA DE LA VIRGEN MARÍA ESPERANDO LA NAVIDAD

Cuando venga, ay, yo no sé
con qué le envolveré yo,
con qué.

Ay, dímelo tú, la luna,
cuando en tus brazos de hechizo
tomas al roble macizo
y le acunas en tu cuna.
Dímelo, que no lo sé,
con qué le tocaré yo,
con qué.

Ay, dímelo tú, la brisa
que con tus besos tan leves
la hoja más alta remueves,
peinas la pluma más lisa.
Dímelo y no lo diré,
con qué le besaré yo,
con qué.

Y ahora que me acordaba,
Ángel del Señor, de ti,
dímelo, pues recibí
tu mensaje: «he aquí la esclava».

Sí, dímelo, por tu fe,
con qué te abrazaré yo,
con qué.

O dímelo tú, si no,
si es que lo sabes, José,
y yo te obedeceré,
que soy una niña yo,
con qué manos le tendré
que no se me rompa, no,
con qué.

154

CANCIÓN AL NIÑO JESÚS

Si la palmera pudiera
volverse tan niña, niña,
como cuando era una niña
con cintura de pulsera.
Para que el Niño la viera...

Si la palmera tuviera
las patas del borriquillo,
las alas de Gabrielillo.
Para cuando el Niño quiera,
correr, volar a su vera...

Si la palmera supiera
que sus palmas algún día...
Si la palmera supiera
por qué la Virgen María
la mira... Si ella tuviera...

Si la palmera pudiera...

... la palmera...

155

GLOSA DE LA PURIFICACIÓN

> Este blanco vellón leve
> que al hielo esta noche estuvo
> tanta sed de nieve tuvo
> como si él no fuera nieve.
>
> CALDERÓN.

En el templo entra María
más que nunca pura y blanca.
Luces del mármol arranca.
Reflejos al oro envía.

Va el Cordero entre la nieve,
la Virgen nevando al Niño,
nevando a puro cariño
este blanco vellón leve.

Las dos tórtolas que ofrece
ya vuelan y ya se posan.
Ana y Simeón rebosan
gozo del tiempo que crece,

que estalla, que está. No hubo
quien viendo al blanco alhelí
dijera —por ti, por mí—
que al hielo esta noche estuvo.

La Pureza —oh maravilla—
quiere tornarse aún más pura.
Y Jesús, de su blancura
le baña frente y mejilla.

Tanto porfió que anduvo
cándido el aire de plumas.
Tanto amor tuvo de espumas,
tanta sed de nieve tuvo.

Ya ha cesado la nevada.
Y el Niño tan blanco, blanco,

oye que va a ser el blanco
de contradicción, la espada,

ay, para su Madre, y mueve
hacia ella sus ojuelos,
regalando desconsuelos
como si Él no fuera nieve.

156

A LA RESURRECCIÓN DEL SEÑOR

¿Es de ingrávido sueño,
aire o magia refleja
este resplandor súbito,
esta erguida presencia?

Todo en torno se afirma,
se deslumbra, se ciega.
La piedra es más que nunca
piedra, gozosa piedra;

la humana piel confusa
de oscuros centinelas,
teñida del prodigio,
centellea evidencias,

y el alba, el alba tímida,
tan mojada y tan tierna,
confirma de rubores
su inocencia perfecta.

Otra vez sobre el mundo
la Verdad se hace cierta,
cierta con certidumbre
transverberada, céntrica.

No el aire, no ni el sueño
ni la magia espejean
este Cuerpo armonioso
que fulgura y destella.

Las brisas le acarician,
la tierra le sustenta
y la luz que de él mana
le ciñe y le modela.

Pudiendo ser más leve
que plumas o humaredas,
humana, humildemente
pisa la hierba, y pesa,

y al goce del suavísimo
tacto, contacto, prenda,
invita —ábranse flores—
a las yemas incrédulas.

Resurrección. Oh gloria
taladrada y tan nuestra,
tan de hueso y de carne
firme, caliente, fresca.

Por Ti, Jesús, tan nuevo
hoy con tus cinco estrellas
que en cifra dibujada
tu caridad constelan,

por Ti, Señor, devuelto
a la luz que te estrecha,
al amor que te ciñe,
al aura que te besa,

por Ti, todo nos canta,
¡oh divina certeza!,
para después del tiempo,
quieta ya primavera.

SEGUNDA ANTOLOGÍA DE SUS VERSOS (1941-1967)

PRÓLOGO

El presente libro, como de su título puede deducirse, es la continuación del que sin más diferencia que el adjetivo primera apareció en su día como número 219 de esta misma simpática, popular y ya tan caudalosa *Colección Austral.* Y digo no en su año sino en su día, porque lo primero que tengo que explicar es por qué se repite la fecha 1941 como límite de cierre de aquel libro de arranque de este. Fue 1941, año por otra parte de graves dificultades para mí como para tantos seres humanos, uno de los más fecundos en la historia de mi poesía, refugio y consuelo para uno mismo y para mis próximos y deseables lejanos —prójimos todos— por lo que supone de afirmación, a veces desesperada, de fe en medio de la lucha por el pan y por la paz. Y como si la entrega del original de mi ANTOLOGÍA en el mes de febrero hubiese estimulado mi inquietud productora, mientras que en las pocas semanas transcurridas del nuevo año no escribí sino estrictamente las cuatro poesías indicadas en la *Tabla Cronológica,* luego, mientras esperaba turno, corregía pruebas o distribuía y firmaba ejemplares, multipliqué mis apuestas a la perduración —que eso son siempre los ensayos ilusionados de poesía— con abundancia quizá viciosa y que puede calcularse a tenor de la nueva *Tabla* al final de este libro.

Son, pues, veintisiete años largos —escribo este prólogo en junio— los que abarca esta SEGUNDA ANTOLOGÍA, período aún mayor que el de la otra y en conjunto de producción más activa. Por eso esta selección tiene que ser en justicia más extensa. Y sin embargo los libros representados no lo están en conjunto tan suficientemente porque he tenido que someterme a las normas de extensión máxima que muy lógicas razones editoriales marcan. Esta vez calculo que lo aquí incluido no excederá de la quinta parte de lo impreso en mis libros, con algunas muestras de los aún no aparecidos. Por lo cual acaricio la idea —sobre todo por lo que entraña de sentirme joven y dispuesto a seguir hasta que Dios quiera— de preparar dentro de algunos años una tercera antología, en la cual vuelva a espigar de los libros de esta segunda no pocos poemas que no son ni peores ni mejores pero sí tan míos como los que el lector puede encontrar aquí. Ha sido casi el azar el que ha dispuesto sacrificar a unos y salvar a otros, ya que no había cabida para todos.

Y sin embargo mi poesía —lo reconozco— es desigual, más desigual de calidad o de logro y hasta de intención o ambición que lo es la de otros poetas, mis rigurosos contemporáneos y queridos amigos. Tratar de disculpar esta excesiva benevolencia para con mis hijos del espíritu me llevaría muy lejos, y me he propuesto que estas páginas sean las menos posibles.

También me considero dispensado de volver a insistir sobre cuanto dije en mi PRIMERA ANTOLOGÍA acerca de la diversidad de estímulos, de propósitos y de técnicas de mi obra poética. Allí quedó claramente expresado lo que pienso y siento y es, al menos para mí, cabal justificación. No obstante, y aunque aquellos párrafos se han citado muchas veces, no deja de ser frecuente aún en libros y artículos críticos sobre mí acusarme de algo así como veleidad, frivolidad o juego y hasta de «piruetas creacionistas», y esta definición circense adscribirla, como travesura, a mi juventud principiante, antes de sentar la cabeza. El lector de este volumen podrá comprobar que he seguido siendo fiel a tales libertades y apariencias de anarquía mental —la procesión constructiva y la coherencia poética va por dentro— hasta el mismo año pasado, en que entregué a la imprenta para las ediciones del Instituto de Cultura Hispánica una nueva serie de poemas creacionistas o poscreacionistas para añadir a mi *Biografía incompleta* y seguir así incompletándola. Por otra parte, la mayor parte de los poemas de la primera edición los compuse después de 1941.

Y es que para expresar ciertas honduras misteriosas o para crear objetivamente cuadros o sinfonías de palabras de emoción generalmente patética o trágica, a mí me es preciso servirme de la libertad imaginativa y del rigor asociativo, exactamente lo mismo que le sucede a cualquier músico o a los pintores que pretenden lograr obras autónomas frente a las apariencias de la realidad.

Y esto es todo cuanto tenía que decir. Mi fe en la Poesía sigue siendo fundamental en mi vida. Fe quiere decir que la Poesía existe y que el hombre no podría vivir sin ella. Nada más humano, nada más generoso como ofrenda de un hombre a los demás hombres, y tanto más generoso si no se lo hace agradecer subrayándoselo en su contexto mismo.

Y gracias a todos. A cuantos han seguido mi modesta obra con fidelidad de amigos suyos y míos. A cuantos me han ayudado con el ejemplo de su trabajo poético—contemporáneos, clásicos—, contagiándome de fiebre creadora y de ilusión en la posibilidad y la eficacia de la palabra poética. A los que han escrito sobre mis versos con elogios que me abruman. Y hasta a aquellos que me han imitado, a veces hasta el plagio, yo creo que inocente. Y más que a todos ellos, a los que espontáneamente han venido a mí por carta o en persona y me han confesado el consuelo o el descubrimiento de sí mismos que mi poesía les procuró. Por esas solas queridísimas relaciones de alma a alma, bien vale la pena de haber trabajado tantos miles de horas. No hay penas de amor perdidas, todas las penas de amor son ganadas.

1967

X

SORIA

(1941-1947)

1

ROMANCE DE SAN SATURIO

A Epifanio Ridruejo.

¿Lo viví o lo estoy soñando?
¿Fui yo de piedra o de humo?
Decidme, amigos, decídmelo,
que sueño y verdad confundo.

¿Los álamos eran álamos?
¿Los santos, santos de bulto?
¿Qué era: ermitaño u obispo,
doctor o abad, San Saturio?

¿Le ayudaba yo a la misa
en fresco latín litúrgico?
¿Bajaba por las mañanas
un cuervo con el pan rubio?

Las barbas ¿se le poblaban
en los éxtasis de arrullos?
¿Duras raíces de árboles
le reventaban los pulsos?

No sé si fui aquel acólito
que le machacaba jugos,

viva mano de almirez,
duro mortero de escrúpulos.

Me veo sesgando a nado
la tabla del río curvo,
ofreciéndome al castillo
con un tabaque de frutos,

o al borde —tosco navío—
de un sarcófago sin rumbo,
regando a lágrima viva
rosales de oro traslúcido.

¿O hice más bien, en San Polo,
novicio en templario orgullo,
esgrima y hortelanía
de acequias, lanzas y escudos?

Quizá fui solo un maestro
o aprendiz en sacar puntos
y erigí en una columna
vagas memorias de un busto.

O tal vez un arquitecto
primoroso y diminuto
que un camarín verde y oro
labra en caracol oculto.

Acaso yo catedrático,
benjamín de un Instituto,
paseé marzos y abriles
del Mirón a San Saturio,

y en mi soledad erraba
viendo nacer, nudo a nudo,
hojas nuevas de los árboles,
sueños de alumnas y alumnos,

sueños míos o, ¿quién sabe?,
reminiscencias, murmullos,
siglos envueltos en siglos,
santorales entre juncos.

Decidme, amigos decídmelo,
tú, Duero, verde y maduro,
que yo —está todo tan lejos—
niebla en la niebla me busco.

2

SAN JUAN DE RABANERA

Es San Juan de Rabanera
mi joya codiciadera.

Soria mía en ella apura
su más clara arquitectura.

Primorosa, rubia, exenta,
cuentos de siglos me cuenta.

Pisen otros catedrales,
hormigas de sus umbrales,

que yo inscribo mi estatura
en tan humana estructura.

Ni grande así ni pequeño,
piloto en la nave, sueño.

Única, airosa, la nave
navega, ancorada y suave.

(En Santoña, noche y día,
boga así Santa María.)

Ocho siglos navegando
desde aquel de San Fernando.

Ay, San Juan de Rabanera,
si yo robarte pudiera,

como a árbol con sus raíces
y sus pájaros felices,

dando la vuelta Belisa
a tu ábside, sin prisa,

la de las azules flechas.
Ay, San Juan de mis endechas.

San Juan de mis aleluyas,
de mis pobres aleluyas.

3

CANCIÓN DE TRILLA

A la trilla, trilladores,
que Soria es una frontera,
que huele a trigo la era
y vuela la tolvanera
por la plaza de Herradores.

A la trilla, trilladores,
que el alba amarilla brilla,
y las estrellas rastrilla,
y es ya amarilla Castilla.
A la trilla.

Trilladoras, a la trilla,
en carros de emperadoras
vencedoras,
sobre tablas crujidoras.
A la trilla, trilladoras.

Que pise firme el caballo,
y trille espigas el callo,
y sangre granos el tallo.
Y tú, de pie, oh maravilla,
con las riendas de la trilla.

Que el alto de la dehesa
ya no puede más de flores.
A la trilla, trilladores.

Que llega ya San Lorenzo
a tostarse en su parrilla.
Trilladoras, a la trilla.
A la trilla.

4

BALADA DEL DUERO INFANTE

A Benito del Riego.

¿Cuántos años, meses, días?
Horas sólo cumple el Duero
cuando pasa por Salduero.

Allá arriba, Urbión relumbra.
Nieve en mayo y en enero.
Ríe y llora, llora y ríe.
¿Cuántas gotas tiene el Duero?

¿Quién escucha sus vagidos?
Roca a roca se despeña.
¿Quién remienda sus camisas?
¿Quién le acuna cuando sueña?

Ya se cansa, se remansa.
Sobre el musgo va ligero,
invisible de tan frío,
de tan terso y liso, el Duero.

Por la izquierda, la derecha,
uno y otro arroyo ofrecen
sus espumas. Labio a labio
juegan, saltan, chocan, crecen.

El infante va contento,
brinca y tañe su pandero
—pies sonoros, piernas frescas—
cuando pasa por Salduero.

Ya aguas turbias de tormentas,
de las nubes truenos roncos,
cielos rasgan, ensordecen,
hinchan venas, brotan troncos.

Ya de quejas de molinos
sabe historias, ritmos, pero
todavía la inocencia
ríe en guijas de Salduero.

No corras tanto, mi niño;
no, mi cielo, goza ahora,
que te acechan Soria impura,
Tordesillas y Zamora.

Portugal te abre su abismo
—Ay, el mar, el mar, me muero—.
Desde Urbión, cantando, a Oporto,
¿cuántas horas dura el Duero?

5

MEDINACELI

Ciudad del cielo, soñada,
recostada
en la arista tajadora
de aquel cerro de codicias
donde ensaya sus primicias
el águila planeadora.

Ciudad del cielo, Medina
diamantina,

inviolable a las mesnadas
y a los ángeles abierta.
Ciudad dormida, despierta
y abre tus alas plegadas.
Que tienes ancha la puerta
y sin hojas arrancadas,
para perder tus miradas
diafragma de gloria cierta.

Que viene ya el sol, jinete,
en ristre su lanza de oro.
Desabrocha tu sonoro
coselete.

Y entrega tu piel oscura,
tu virgen carne morena,
a esa llama que fulgura,
transfigura
y enajena.
Porque tu vida, Medina,
criatura
del cielo, al cielo se adscribe,
y todo lo que en ti vive,
vive una vida divina.

Entre sueños, prisioneros
van tus mozos,
y entre lumbres tus doncellas,
con resabios de luceros
y sollozos
y soledades de estrellas.
No eres de este mundo, no,
Medina, claustros angélicos.
Del cielo sí y de sus bélicos
alardes te sueño yo.

Medinaceli soñada,
ciudad que yo nunca vi:
sueña tú también así,
tan despierta;
sueña siempre, sueña alerta,
a las mesnadas, ferrada,
y a los ángeles, abierta.

6

AZUL DE AZULES

Quien os vio no os olvida,
azules de Soria, azules.
Azules de alta Edad Media
que a la luz de pronto irrumpen,
cielos del Beato del Burgo
cuajándose entre querubes,
esmaltes, joyas de arquetas
de mozárabe relumbre.

Azules de tabla gótica,
filo en llamas de oro dulce,
azules de ejecutorias
tintas de sangres azules,
azules en las maderas,
cuarterones, balaústres
de parroquias, jambas, ménsulas,
contraventanas; azules,
borbónicos ya, que a Tiepolo
bebieron glorias y luces,
azul de cielo de marzo
valorándose entre nubes.
Azules, de verde a malva,
que en un solo azul se funden,
en uno solo violento
que canta y delira y cruje
—España, Castilla, Soria—
y mi corazón resume
en ese que no se olvida
azul, plenitud de azules.

7

EL INTRUSO

¿Por qué, dime, te obstinas
en cantar la ciudad que ya no es tuya?

Sube a cualquiera de sus dos colinas
—altos senos de amor—. Y en torno lanza
tu mirada amorosa.
Nada ves que no fluya
—declive lento, dulce lontananza—
camino eterno de la madre ociosa.
La que tanto en silencio acariciaste
variada corteza,
te permanece, hielo de belleza.
Mas las minas del agua que anhelaste,
que sediento bebiste,
son otras que en perpetua, alada fuga,
sacian labios novicios de amor triste,
mojan y besan frentes sin arruga.

La ciudad que fue tuya
sabe vengarse del que la abandona.
Por eso, aunque su faz te restituya,
te niega el corazón y te traiciona.

Si te atreves al fin, anda, penetra,
salva sus puentes, rompe sus murallas.
Ya estás, intruso, adentro
y tu leyenda propia, letra a letra,
te ha salido al encuentro.
Ya eres fantasma, sueño, anacronismo,
incógnita escolar, blanco guarismo,
ciego apóstol, arcángel de arquivolta,
atormentado medallón barroco,
que una mano piadosa y erudita
quiso salvar de ruina o de revoco.

Con qué garras de náufrago te abrazas
al fontanal rumor de espumas nuevas
y en vahos de tahona te compruebas
y en auras de tomillo te adelgazas.

Al muro aquel, frontón de un sueño viejo,
lanzas tu parabólica pelota
y otra vez rebotando del espejo
el duro proyectil tu mano embota.

La esquina de la plaza
ahí está, como entonces, alta prora,
reloj de sombra que proyecta y traza
la arista resbalada de la hora.
Hierbas de olvido crecen entre guijas,
ornato de la lonja solitaria,
y en una losa verdes lagartijas
laten al sol su insignia nobiliaria.

XI

BIOGRAFÍA INCOMPLETA

(1941-1955)

8

ANHELO BIEN POBLADO

Celos de hojas entre ellas comparables
a la predestinación de las almas
Pájaros de escondida vergüenza bajo las nubes tan oscuras
Gotas de lluvia perforadas por el hálito aun mínimo de
los seres culpables
Gotas de lluvia vacías de agua llorando su oquedad deshabitada
Gotas de agua vacías de lluvia implorando implorando
Amor sed adulterio cielo y tierra
Una estela de automóvil ¿prenderá fuego al mundo
como esa estrella errante sobre el papel de lija?
Inminencia de un duelo a muerte entre algo y algo

Exactamente yo me llamo

Anhelo Bien Poblado

Y continúo acordándome del ruido de los trenes insomnes
que despierta a los astros en silencio de envidia
los astros en silencio qué tragedia.
Pero aquí cerca oídlas esas sí que no envidian
Felicidad eterna rumor zumbido arrullo
Entre tierras y cielos
el amor de las tejas

9

A LA LUZ DE LOS FAROS

A la luz de los faros que admite las más bellas hipótesis
aprendí una noche sin tregua qué larga y perfumada
es la espalda del tiempo

A ella convergen manos cabelleras desdichas
violetas prostituidas locas madres arrebatadas al paso de los trenes
purísimas de señalado vientre

Cuando el color del vidrio se gradúa de insomnios
y el espectro del relámpago nos pertenece
cuando se sabe en fin toda
la sal que es precisa para edificar un ángel
grato es hacer sonar tirando del cordón la luna
y guardar en la lengua
el frío de la cuchara de anginas

Mientras las sábanas alisan su oleaje de playas
a la luz de las hipótesis que admite los más bellos faros

10

EL POETA

Qué triste es la obediencia de un planeta
buey filósofo roído de problemas
los cuernos en la niebla y fecha fija

Solución solución el hombre es hombre
porque la solución le hace poeta
y la poesía es solución regalada
por la cola de llama de un cometa

Quemándose las manos el poeta
nos bendice y nos da
la solución la absolución
completa

11

ESOS PASOS

A Leopoldo Panero.

Ese ruido de pasos que amenaza desnivelar el cielo
la luz que se enciende en el junco
a cada respiración del pez inmóvil
en la punta del junco afilada como para un pensamiento
la duda entre elegir el caballo de bronce o la lluvia
y mi dolor de espalda que pregunta
por el hacha de sándalo
sitúan de repente al cuarto con su ventana sobre el río
en relieve de protagonista

Porque los pasos ya no suenan en el piso alto
sino en el desván abohardillado del cerebro
y la rana mide el silencio amarillo con una hojita verde
y la lluvia ecuestre cabalga y cabalga sin apoyo de estribos
y el aroma del río huele a sangre de claveles
y me duele el párpado de la estrella
como un nudo en el pulso
como un pulso en el látigo
como un bronce en el alma

Y ay esos pasos esos pasos
que despiertan a todas las dormidas ventosas
y nos chupan la idea
esos pasos como horror y horror cuatro
esos pasos como dos y dos espanto
esos pasos y los
juncos todos los juncos respirando alumbrando
esos pasos de silencio en el ruido de arriba
los pasos de mi antípoda del cielo
¿no los oís? escuchad qué silencio

12

HABLANDO CON VICENTE HUIDOBRO

Quiero hablarte Vicente
en tu dialecto natural
el olvidado en tu natal Santiago
el dormido en tu terrenal Valparaíso

Tú fuiste a tu floresta una mañana
y gritaste «Adán
levántate y habla»
Y él te habló y le aprendiste su alfabeto
Plantabas una letra en la estepa
y florecía un poema ecuatorial
Sembrabas una sílaba en el mar
y amanecía un altazor de siglos
una aurora boreal de esperanza
austral de fe
orientioccidental de amor

Desde que tú viniste
reina en el cielo una tierra de bonanza
y entre estrellas y grillos
el eterno retorno
Todo es calor de hombre
sudor alado de mujer
entre el cráneo hendido de Behring
y el pie quebrado de Hornos
Toda América comba
atada sigue a sus espumas
ofreciendo su monte de Venus
al cisne voracísimo
América que sufre de Europa gracias a ti
como quien padece mordedura de hígado

La estación conyugal es inminente
y un pájaro antes nunca visto
aprende la chilena pronunciación de «guerra»
y precipita la sombra de la cruz de Cristo

¿Oyes clavar el ataúd del cielo?
Desde donde tú habitas
¿se oye el martillo que clava
el ataúd del hombre muerto
la tenaza que desclava
el embalaje de la mujer virgen?

¿Te ha quedado en las manos un aroma de selva?
¿Hay esperanzas de que Adán vuelva?
¿Hay indicios de incesto
del incesto en masa que todo lo resuelva?

Respóndeme Vicente yo te escucho
Te fuiste sin decirme adiós
Mucho hay que hablar entre los dos
en tu dialecto sobrenatural
en el que hablan la llama y el carbón
Mucho hay que hablar mientras cae de tus manos
el papiro incesante de la creación

13

EN PLENA BOCAMINA

A Victoriano Crémer.

Por la espina dorsal de la tormenta
corre un tranvía azul ruedas arriba

Un fuerte olor a salvia
despide la manifestación de los mineros sin trabajo
Al lado del cortejo
la máquina engrasada miembro a miembro
duerme aparentemente acechando el minuto

Sobreviene es seguro
el salvamento del pasmo y del deleite
del deleite pesado que hace girar al orbe sobre un eje
cuando en plena bocamina
el vigilante nocturno

acostumbrado a estudiar sus relevos
ha visto a las estrellas olvidarse en cuclillas

El oro el estaño el caolín
la pura calcedonia el ágata la sílice
las revueltas materias
y la visita ilusa del azufre
renuevan la poesía de la tierra
que apenas de ella si recuerda y sufre
En la piel de elefante que antaño la sostuvo
desierta hasta ahora mismo
acaba de ponerse un huevo diminuto

Nadie sabe de qué color serán las plumas del polluelo
cuando las piquetas furiosas
el sueño desmoronen
hurgando galerías de fuera adentro
y cáscaras de dentro afuera

Pero lo que sí es cierto
es que se ha comprobado
en toda la gama azul del escrutinio
el aletear de un nuevo plomo peso pluma
gracias al ejemplo del divino aluminio

Arriba las alas y el mercurio
y los ludiones de los corazones

La sed otra vez se inventa
y en las bocas unánimes de la muchedumbre
florecen las hojillas velludas de la menta

14

METAMORFOSIS

Tender un puente sobre el vacío entre mitra y mitra
es menos arriesgado que perseguir las metamorfosis
que conducen a saltos desde la culebra original
hasta el telón bajando en el milagro

La culebra se muda en almanaque
el almanaque en mar mediterráneo
el mar mediterráneo en un hombre durmiendo
el hombre durmiendo en un hombre escribiendo
el hombre escribiendo en un cerezo en flor
el cerezo en flor en un pecado con arrepentimiento
el pecado con arrepentimiento en la más pura nieve
la más pura nieve cayendo cayendo
y el caer de la nieve se hizo verso
y el verso se volvió sin saber cómo
leopardo olfateando el estanque de sangre
y el estanque de sangre se hizo estola y casulla
y la estola y casulla olor de madreselva
y el olor de madreselva aparición
del milagro final representado
hasta el telón nevando nieve

15

EL HOMBRO

A Carlos Bousoño.

Sentí en el hombro un dulce peso
un fardo ligerísimo como violín de pensamiento
un fardo inmenso como nube

En mis pies se arrollaba un lienzo de virtudes
y un recuerdo de vados y bautismos
trepaba a florecerme hasta las sienes

La creación entera se redondea en hombro
El hombre se hace hombro
La hembra quiere hombro
El hambre come hombro
La sombra besa hombro
La lumbre muerde hombro
El faro gira y pule cristal de roca de hombro

Fue en un principio el hombro
y en el fin será su santidad el hombro

Si navegan los pájaros sin práctico
si los balandros vuelan
si las almas revuelan
es porque hay una bola
y una mano
del tamaño de una flor de pensamiento
que la sostiene evitando la querencia del hombro

También hay una cabeza de mujer dormida
y una rama de chopo
y un pandero de mono
y una impaciencia de generalato
y unos pies de amazona sin contrato
Todo revuelto en el arca del hombro

Porque el hombro es el ala sepultada
y lo que no naufraga en el naufragio
y lo que no se escombra en el escombro

Por eso la ballena que es toda hombro
levanta al cielo en chorro alma de hombro

16

LA MUERTA

A José Hierro.

Vivió cuarenta años   Esta mañana
se la encontraron muerta
En el suelo olvidados
un compás un cartabón unos naipes novísimos
y unas plumas color fuego

De punta a punta el horizonte tenso
el horizonte inmenso
cansado de morderse la cola
ocupando toda la vida yace yerto
y navega una luz cabeceando
siempre su rumbo consultando al viento

Cómo crece la muerta cómo plancha
cómo estira y estira
hasta llegar a ser ella misma su propia tubería
su conductora alcantarilla

La muerte es la extensión
Ahí está la muerta
La muerta es de este a oeste la extendida
Andamos leguas y leguas de muerta
andamos y jamás llegamos a la puerta
a la puerta de salida

En cambio el fondo de los años
se adelanta y se arruga
Los cuarenta son ya veinte doce cuatro
Cómo se arrugan los paños del destiempo
cómo se arrugan los erizos de años
ya son meses apenas
ya ni siquiera días

Un susto de bujía
que se volvió a dormir al soplo del teatro

Y la muerta entre un silencio de cadenas
leva el ancla y empieza a navegar

17

ADIÓS A PEDRO SALINAS

El cielo se serena
Salinas cuando suena

Cantan los verbos en vacaciones
jaculatorias y conjugaciones

Yo seré tú serás él será
La imagen de ayer mañana volverá

La imagen duplica el presagio
¿Rezas cuando truena el trisagio?

El mundo se envenena
Salinas cuando no suena

La música más extremada
es el silencio de la boca amada

Amar amar y siempre amar
haber amado haber de amar

Y de la media de la abuela
caen las onzas oliendo a canela

El cielo se enrojece
Salinas cuando te mece

Era tu reino el del rubor
Tanta hermosura alrededor

Rosa y azul azul y rosa
Cuidado que no se te rompa

Y por tus ojos la borrasca
y la ventisca y el miedo a las hadas

El cielo se aceituna
Salinas cuando te acuna

¿No habéis visto en flor el olivo?
Sí no sí no azar del subjuntivo

¿Nunca visteis el otoño del ciervo
no habéis sabido deshojar un verbo?

Llega diciembre y llora el roble
y el cocotero de Puertopobre

El mundo se espanta
Salinas cuando no canta

Cantan los verbos en la escuela
Redondo está el cielo a toda vela

¿Pedro Salinas Serrano? Falta
Y los niños de pronto se callan

Unos en otros buscan amparo
Todo más claro mucho más claro

El cielo quiere quererme
Salinas cuando te duerme

18

A LA MANERA DE

A la manera de los claveles
que apuntan una línea y la prolongan
y la persiguen cabalgando en ella
como si buscasen entre lo oloroso lo rojo
y continúan cabeceando a derecha e izquierda
según la luz les silbe o les conmueva
del mismo modo que el destino del buzo
es cantar entre anémonas
la canción de cuna del pescador de perlas
a quien el corazón se le rompió
a los tres minutos cuarenta segundos y dos quintos de verde
[sueño intrauterino
como si branquias y pulmones
oscilasen la vida al ritmo en barcarola
columpiasen la muerte de ola en ola
al silbo de los pájaros mojados
por la lluvia que asciende de las tenues praderas
hasta la altura de las más espigadas gargantas de las santas

Mira mira por dónde suben rompen las claveles
a la manera de los claveles

19

LA NIEVE LA NIEVE

A Juan Ruiz Peña.

La nieve la nieve otra vez mi siemprenieve
mi siempreviva mi siempremuerta nieve

¿Habéis visto lo que pasa cuando la nieve se hace visible?
Porque la nieve es la fe y hay que creer como ella cree
Ella nos cree sin vernos porque para eso es ciega
ciega de pura luz

Creed en la nieve como creen los niños
que nunca la vieron
que nunca la vieron porque la nieve les nieva
dentro de sus ojos

Y cae la primera nevada

Cándida Marta Blanca Galatea
Lucía Nieves Eva Margarita
Consuelo Amparo Olvido Luz Constanza
Azucena Amarilis Araceli

Cuando la nieve se halla en su invisible natural
se disuelve en el azul del cielo dándole
brío de espuma y conciencia de amor

La nieve sólo es la nieve cuando no la vemos
que es cuando ella nos ve
a través del azul y sus amores
Cuando no la vemos o en el telón del cuarto de los niños
todo de copos de niños y ojos de niños
y también cuando ella no nos puede ver pero
baja a besarnos por Santa Genoveva
cuando la nieve nieva

Y cae la segunda nevada

Caricia Pensamiento Adivinanza
Lágrima Pluma Adiós Tacto Delicia
Beso Silencio Súplica Camisa
Trapo Harapo Canopo Copo Copo

Sólo la nieve es nieve en alas de la nieve
La nieve en la montaña es ya la exnieve
la nieve en el tejado es la patraña
la nieve de la fe nos ciega el tiempo

Creo en ti Nieve todoluminosa
y en tu única hija mi hija Siemprenieve

20

EL ESTREMECIMIENTO

Poner al lado de un ladrillo un color verde oscuro
levantar con la lengua una torre de siglos sin
perder el equilibrio
Y ya está desatada la fiebre

Sí hija mía   No vale la pena de vivir
si no es para gozar del palpitar irresponsable
ahora que el violín se ha vuelto loco de azul
y el trineo regresa florido del invierno

Ciprés ciprés no te suicides
tus hojas están muertas tú estás vivo
y atado por los pies como un cautivo

Estremécete al contacto de mi cabalgadura
que otro ladrido suena allí a lo lejos
y crecer es la muerte
No no te mueras no sueñes no no crezcas

Hay una flor que gira en torno de su eje
y en sentido opuesto al de los astros y los perros ciegos
La vida está loca la música está loca
y yo tiemblo y retiemblo hija mía como la piel de la tormenta

21

LAS CEJAS

A Germán Pardo García.

Ayer por fin logré saber algo de cierto
Tiene que haber salida   salida haber que tiene

Puesto que dos y dos no son acaso cuatro
sino uno y uno   y uno y uno
Esto es lo único seguro
Detén con la compuerta
el río no se nos venga abajo el muro.

Y vuelven a visitarme las horas desecadas
las sábanas al viento
las banderas que lloran ya sin enemigo
la cárcel que me abraza otra vez con sus rejas
y sus comienzos a vida por indulto
No lo quise creer ni tú tampoco amigo
Creíamos sólo en la religión limitada de los correligionarios
y en que las dos alas del partido político
son la misma y por las noches duermen y se besan
Y había más   Y había más
Pues no sólo hay el vuelo y el posarse
hay también el hundirse
Porque el pozo es redondo y sin fondo
Los niños juegan alrededor
y palmotean y chillan y se asoman al brocal
y las madres los olvidan
Tú me dijiste que lo habías soñado
y yo lo había visto
una noria hecha de cabezas de niños ahogados
de cabezas vaciadas para que quepa el agua

Para que haya salido tuvo que haber entrada
Debajo de las cejas
la gran reserva ibérica de las cejas
se alejan hacia dentro el siempre y el nunca
Ahora lo sabemos compañero

Tiene que haber salida   Tiene que haber salida
Ayer por fin logramos saber algo
algo de cejas arriba

22

NOSOTROS

Nuestro idioma es muy serio
Nosotros somos nos y somos otros
Y así sin salirnos del nos
somos también otros es decir vosotros
No decimos no sentimos
nosunos y vosotros
sino nosotros
y por lo tanto sois vosunos

Y esta sí que es la inmensa mayoría
hasta la totalía
Y esta es mi fe y este es mi compromiso

23

QUIRÓS

Gloria del mundo yace aquí en rehenes
fianza y cadmio de más altos días
Es el hambre del ser los parabienes
que la irrisión recibe en profecías

Arde de sed la luz de los beatos
se interrumpe al contacto en las raíces
y élitros de agudísimos vibratos
claman sin fin al Dios de las lombrices

Le conocí en un tiempo en que el espanto
se sentaba en la escuela hecho un doctrino
Las casi púas del tejón su manto
los dientes su aparejo clandestino

Sombra del alto plátano su tienda
clarín su pena esclava y su almadraba
esmalte y raspa su viril merienda
y del huerto y del mar no se acordaba

Bajo un puente del Sena van los mozos
desnudándose en leño radiográfico
oh las placas las pústulas los pozos
la matriz al trasluz qué horror seráfico

Ya la cabeza es faro es atributo
de eternidad congénita y canija
Vuela un alcaraván cada minuto
y un ángel se despioja en su yacija

Plenitud de la uña en superficie
esplendor siempre incólume y que tacta
Déjame tu cuchillo   Que yo oficie
tu infinita caricia estupefacta

Por San Juan de Quirós la lepra salva
y el alma del color nos transfigura
Bisturí de siameses raja el alba
el alba verde y lámina tan dura

24

EL SELLO

El universo tiene sus bordes dentados
y es todo él de un color nuevo rarísimo
de un ignorado nombre filatélico

El universo
quiso besar a Dios
y al cruzarse un vuelo de ángeles
se quedó pegado en la mejilla
del más lento
el de las alas en cresta de fuego

XII

HASTA SIEMPRE

(1941)

25

DICEN QUE YA ESTOY MADURO

Dicen que ya estoy maduro,
que se conoce en mis versos,
y al que ayer joven poeta
hoy le pretenden maestro.

Dicen que ya estoy maduro,
que se conoce en mis besos
y en no sé qué de mi voz.
Pronto me han de llamar viejo.

Pero a mí ya no me importa
porque he aprendido en mis textos
que se vuelve del revés
como un dócil guante el tiempo.

En mi bolsillo me bailan
con los años venideros,
los que viví y vivo, y siempre
cultivo y mimo en mis huertos.

Todo es una flor de estambres
y de pistilos concéntricos,
flor que gira y se deshoja,
una sola flor el tiempo.

Dicen que ya estoy maduro
y hasta debe de ser cierto,
que a las dos de la mañana,
mientras dibujo estos versos,

cierro los ojos y escucho
cómo florece el silencio,
cómo presiden los ritmos
el sosiego de lo eterno.

Los ritmos que aquí en mi casa
—contrapunto— están latiendo,
cuatro —misterio— inocencias
en cuatro menudos lechos.

26

CLAROS SUEÑOS

A José Manuel Blecua.

Oh sueños, claros sueños, anticipo
de vida eterna, oh lumbres. ¿Todo? ¿Nada?
¿Identidad? ¿Contradicción? ¿Coartada?
La madre, el padre, el hijo: un solo Edipo.

A vosotros me entrego. Y no disipo
en la vigilia vuestra estela alada,
vuestra profunda realidad palpada,
de cuya carne y hueso participo.

¿Quién eres? ¿Novia, madre, niña, abuela?
Todas y toda y variamente mía.
Que el ayer y el mañana al fin se abracen

y me acunen en dulce duermevela.
Oh sueños, vuestras alas (lo sabía)
en luz de eternidad me desenlacen.

XIV

POEMAS ADREDE

(1941-1943)

27

NO ESTÁ EL AIRE PROPICIO

No está el aire propicio para estampar mejillas
Se borraron las flechas que indicaban la ruta
más copiosa de pájaros para los que agonizan
Se arrastran por los suelos nubes sin corazón
y a la garganta trepa la impostura del mundo

No está el aire propicio para cantar tus labios
tu nuca en desacuerdo con las leyes de física
ni tu pecho de interna geografía afectuosa

Las tijeras gorjean mejor que las calandrias
y no vuelven ya nunca si remontan el vuelo
y aquí en mi cercanía tres libros se aproximan
abiertos en la página donde muere una reina

Qué dulce despertar el del amor que existe
y qué existencia clara la del ojo que duerme
velado por las alas remotas de los párpados

Pétalos de difuntas miradas llueven llueven
y llueven llueven llueven   Me sepultan los pies
las rodillas el vientre la cintura los hombros
Van a enterrarme vivo van a enterrarme vivo

No está el aire propicio para soñar contigo

28

PALABRAS PROFÉTICAS

Homenaje a San Juan de la Cruz.

Arrastrar largamente la cola del desmayo
sin miedo a una posible rebelión de fragancia
Dejarse florecer durante el mes de mayo
de alelíes las manos los ojos de distancia

Perdonar a la lluvia su vocación profunda
su amor de las estatuas su modelado egregio
perdonarla aunque luego sepamos que se inunda
de torsos mutilados el jardín del colegio

Olvidar los perfumes que lloran los colores
merecer los escorzos que renuevan el aire
Dimitir abdicar coronas y esplendores
corbatas fabulosas perdidas al desgaire

Porque querido amigo ya todo se compensa
mis deudas tus jazmines trastornos siderales
el muerto que se estira el caracol que piensa
y el ala de la tórtola prolongando hospitales

XVI

ÁNGELES DE COMPOSTELA

(1946-1957)

29

EL SANTIAGUERO

¿Adónde vas, romero,
    por la calzada?
—Que yo no soy romero,
    soy Santiaguero.

A Roma van por tierra.
    Yo miro al cielo.
Va la luna conmigo
    descalza. Y sigo.

—¿Adónde vas, hormiga,
    por la cañada,
hormiga en el sendero
    del hormiguero?

—Voy al final del mundo
    que ya se acaba:
cangilón de la noria
    y alba de gloria.

—¿Adónde vas cantando,
    el peregrino,
cantando en lengua extraña
    por la montaña?

—Voy a la piedra madre
 y al agua meiga
y al ángel avutarda
 que ya no guarda.

—¿Adónde vas, de dónde
 soñando vienes?
—Cerré anoche los ojos.
 Dormí en los tojos.

No me acuerdo de dónde
 soñando vine.
Pero aunque no me acuerdo
 ya no me pierdo.

Voy al más duro croque,
 beso más blando.
Piedra y agua salvando,
 resucitando.

30

LOS ÁNGELES NOCTURNOS

Y más ángeles, más, cumpliendo turnos:
los ángeles sin nombre de la vela,
ángeles en falange y centinela
ante el arca marmórica, nocturnos.

Son ángeles infantes, taciturnos,
plegada el ala que ya nunca vuela,
ángeles que custodian la cancela,
que defienden la guarda a los diurnos.

Todas las noches oye la basílica
rumores de una música dactílica,
alas de un mar unánime y redondo,

chocar de espadas, dragos y murciegos,
membranas, precipicios, uñas, fuegos.
Y el «¿Dónde estás?» —«Aquí. Yo no me escondo.»

31

RESPUESTA

A Ramón Otero Pedrayo.

¿Que en dónde está Galicia? En la cautela
de la luz mansa que al besar enjoya,
en el collar de espumas de la boya
y en el tosco remiendo de la vela.

En la vaca también color canela
y en la vocal que su dulzura apoya
y en el molusco mariscado en Noya
y en el sueño del tren por Redondela.

Búscala en la sonrisa tan arcaica,
tan ambigua y angélica y galaica
de la muiñeira y ribeirana airosa.

La hallarás, piedra lírica, en el pazo,
piedra de oro y verdín, piedra leprosa.
Y donde haya un regazo, en el regazo.

32

IRIS

A José Filgueira Valverde.

Iris de apocalipsis se maciza
en la piedra del éxtasis redonda,
sorbe de pies-raíces savias de onda
y en nimbo y lumbre se propaga y riza.

Escuchad bien: ¿es arpa que enhechiza,
eje de carro o diafonía honda
que de giga a salterio salta y sonda
y en rueda de zanfoña se eterniza?

Gozos de romería y de evangelio
anidan la arquivolta y cada aurora
vuelan a coronarse en perihelio.

Oh música radial, cifra sin año,
áspera y dulce, azul pliegue de paño
y amarillo estridor que el aire dora.

33

EL VIAJE

Canto III

¡El terremoto, el terremoto, el terremoto!

Escombros se derrumban.
Láminas, mármol, grieta,
agua en cortina dura,
relámpago de tierra.
El polvo de las uñas
huracanado vuela.
Rememoran los tímpanos
suplicios de corneta.
Las esclusas saltaron
y los siglos se han roto.
¡El terremoto, el terremoto, el terremoto!

Rae la faz del tiempo,
rey, el cero absoluto.
Allá van por las vetas,
trepando como el humo.
El cráneo de la roca
se preña tenso y lúcido.
Los huesos piden aire,
cielo, tuétano, busto.
La vertical erecta
puebla el erguido soto.
¡El terremoto, el terremoto, el terremoto!

34

ÁNGEL DE LLUVIA

A Luz Pozo Garza.

Yo soy la paz del Apóstol Santiago,
yo soy el ángel, la nube que anega.
Vengo a ofreceros mi beso y mi halago,
vengo a ceñiros la venda que ciega.

Yo soy el ángel de ritmo y de lluvia,
el mensajero llovido del cielo.
Yo soy el alma flotante que efluvia
sueño y olvido, frescura y consuelo.

Gotas y gotas y gotas descienden.
Cuelgan mis hilos, mis flecos a miles.
Cuentos de cuentos las frentes aprenden,
cuentos de cuentos de marzos y abriles.

Yo soy el arpa de plata y de oro.
Yo soy la mano de líquidos dedos.
Yo el laberinto del orbe sonoro,
todo florido de trampas y enredos.

Yo soy la jaula cerrada y abierta.
Yo soy el ángel y el ave que canta.
Yo soy la nota dormida y despierta.
Yo soy la rima monótona y santa.

Yo he sido rayo, centella, granizo
y hoy soy apenas sesgada ceniza.
Ángel me era rizoso y cobrizo.
Ángel me soy que el cabello desriza.

Yo en la quintana deslumbro azabaches.
Yo juego al río brillando en la rúa.
Yo bailo y bailo colmando los baches,
siempre al compás que el adufe insinúa.

Yo soy el ángel del fol y el pandero.
¿Quién dijo triste mi lluvia de gozo?
Yo entro en el sueño del niño en enero
y me le envuelvo en mi tenue rebozo.

Yo soy hamaca, tamiz y cortina.
Yo soy el límite, el cielo en la mano.
Yo el trujamán de la mente divina.
Yo soy el ángel celeste y humano.

Yo soy el ángel, el ángel del ruego:
«Ángel del riego, que llueva, que llueva.»
Yo soy el ángel que canta en gallego.
Yo soy el ángel de la buena nueva.

35

LA SONRISA

Esta es la sonrisa
que todo lo sabe,
toda profecía,
rosa que entreabre.

El secreto a voces
que cantan y cantan
músicos sin códice,
reyes sin estampa.

Esta es la sonrisa
con alas de hoyuelos,
la santa sofía
de los labios crédulos.

La sonrisa sabe,
la sonrisa alumbra,
la sonrisa pace
hierbas de ventura.

La sonrisa es brisa,
onda en mi bandera,
agua tierna y fresca
velando la piedra.

Velando la piedra,
un velo de joya,
oriente purísimo
que el poniente goza.

Besa mi mejilla
la sonrisa leda.
Bésame, sonrisa,
cuando yo me muera.

36

ÁNGEL DE ROCÍO

A Dionisio Gamallo Fierros.

Toda la noche caminando.
Anduvo vacío y sin sangre
por los montes todos los rumbos,
todas las flores por los valles,
por los prados todas las hierbas,
todas las hojas por los árboles.
Anduvo y anduvo y anduvo
—caricia de cola de ave—.
Cada paso, un beso sin peso.

Cada beso, una estrella errante
rayando con fuego la lija
de un cielo desierto de ángeles.
Nadie le vio. Ni ¿cómo verle
si era transparencia de aire?
Nadie le oyó, nadie le supo,
misterio mudo, nadie, nadie.

Era el ángel de cinco puntas
girando, sembrando sus ángeles.

Por una rendija de oriente
el alba desliza su túnica.
La yacente ya se incorpora,
se despereza, se desnuda.
Los gallos desclavan estrellas
y las golondrinas las buscan.
Corren los ángeles el ángelus
desde Ribadeo a Coruña,
y en el hálito augur del alba
se empaña el oro de la luna.

Es el instante del milagro.
Despertad, dichosos mortales.
El cielo, el cielo, aquí en la tierra.
Un cielo de cielos. Un ángel.
Un ángel pasó, un ángel queda
en gotas y gotas de ángeles.
Ángel de cristal y de lágrima,
ángel de temblor y de cárcel,
ángel de niebla y lluvia y río,
ángel que se muda de ángel.

Ángel de rocío y de número,
el siempre y nunca, el infinito.
¿Qué arcángel te enseñó la tabla
de multiplicarte por filo?
Flores y hierbas te comulgan,
esférico y puro y preciso.

¿Por dónde entraste, iris y fuego,
en tu inconsútil paraíso?

Mas ¿no eres tú mismo el alcázar
y el príncipe dentro cautivo?
¿El encantador encantado,
eterno, cambiante y efímero,
ángel entero en cada lágrima,
ángel cabal, igual, distinto?

Y me acerco para mirarte
y sobre el césped me arrodillo
para verte sobre los cálices
celestialmente repetido.

El cielo ha bajado a la tierra
en la noche rasa de frío,
el cielo puro de los ángeles
temblando al verse sin abrigo,
el cielo ofrecido a los hombres,
el cielo, un ángel de rocío.

XVII

LA SUERTE O LA MUERTE

(1941-1963)

37

BAUTIZO Y BRINDIS

Ven aquí que te bautice.
Mi mano el agua derrama.
Y la que ayer Berenice,
hoy Verónica se llama.
Y ahora que pisas la tierra
donde fue columna el «Guerra»
y ángel de alcorza «Chicuelo»,
vas a ver cómo me ciño
al verso. Por ti, cariño.
Y por ganarme el pan, cielo.

38

LA TIENTA

Genio, alegría y aguante
—el secreto de la tienta
está en llevar bien la cuenta—
todo se apunta al instante.
Mete el palo el oficiante,
el maestro abre lección,

baila el señorito al son
y a horcajadas en la tapia
cultivan la helioterapia
los mozos de Monleón.

39

FÁBULA DE ANTONIO FUENTES

Él era un veterano, era una sombra
de lo que fue, y yo era todavía
un niño de calzón corto, una cría
de terco aficionado que leía,
recitaba de coro el «Sol y Sombra».

Cuántas veces detuve mis sedientos
ojos de euritmia y de andaluza gracia
en aquella instantánea —aristocracia
adivinada de los movimientos—.

Y un día en el cartel «Antonio Fuentes».
No lo quise creer. Y era posible.
Aún nací a tiempo, oh dioses providentes.
Mas ¿si llueve? o ¿si enfermo? Ay corruptible
felicidad del puro aficionado.
El ruedo, la ruleta inmóvil, fija.
Azar fascinador. Y no hay quien rija
la meteorología del tornado.

Llegó la tarde. Qué dicción suprema.
Pasos no hacía Apolo tan medidos.
Con las piernas quebradas. Los tendidos
vibraban de elegancia, la diadema
le ceñía los rizos canecidos.

Universal la consagrada frase:
«Si verle el paseíllo vale el duro».
Pero hubo más: el lance, el quiebro, el pase
y aquel sentarse en el estribo, un puro

gesto de emperador cierto y maduro
que en la urbe augusta el Papa coronase.

Lección de sobriedad, un solo giro
de su capote, oh pliegues desdeñosos,
y ya era todo orden, luz, sosiego.
Gracias, Antonio Fuentes. Del retiro
volviste una vez última a los cosos
a confirmar de gracia unos gozosos
ojos adolescentes de pasiego.

40

PRESENCIA DE IGNACIO SÁNCHEZ MEJÍAS

Así es como yo te quiero,
siempre, sí, banderillero.
Como lo que eras, Ignacio,
como lo que eras y eres,
gloria y pelea de hombres,
cuchillo de las mujeres.
Porque siempre y todavía
nuestra carne nos desgarras
yéndole al toro despacio,
—sin nadie, de frente, Ignacio—
e hincando en las alpujarras
dos centellas verticales,
mientras la burlada sierra
su ciego derrote yerra
y muge al azul venganza
por los rayos paralelos
que llovieron de los cielos.

Yo aquí te tengo y te guardo
desafiando —¡toro, je!—
(¡Qué huracán viril, qué imán
cuando decías «muhé»!).
Altos los brazos le citas
—tú en el sol, él en la sombra—

y el toro que se te arranca
y tú que a él te precipitas,
tromba contra catarata,
y otro par que desbarata
el choque por la tangente.
Fragosa, apretada, urgente.
la ovación se vuelve loca,
y ruge y rabia la roca
revolviendo el terremoto
de sus vulcánicos huesos,
alzando al cielo el exvoto
de los dos palos ilesos.

Y ahora, Ignacio, se dibuja
en tu frente el desvarío.
Si no cabe ni una aguja
entre las tablas y el asta,
¿cómo va a pasar un río,
un vértigo, un hombre? Basta...
¡Basta! Y no me haces caso
y rompes a abrirte paso
al hilo de la rendija.
Ay, mariposa siniestra,
clavada en la suerte, fija.
Aparta de mí, sí, aparta
tanto presagio y el llanto
de aquel novio de la Muerte.
Que no, que yo quiero verte
libre del cuerno que ensarta,
glorioso, incólume, y canto
tu hombría de púgil diestro,
tus prodigios de maestro,
y con las hembras sorbidas
que te amaron, pavoridas,
a latigazos de arterias
y corazones en vilo,
quiero cantar el radiante
apogeo de tu estilo.

Porque así es como te quiero,
como un torero, un infante
de compás firme, audacísimo,

clavando uno, dos, tres pares,
y un cuarto airoso, limpísimo,
al ras de los costillares.
Porque así es como te quiero,
como lo que eres, Ignacio,
siempre tú, banderillero.

41

JOSÉ CASIMIRO «JUNIOR»

Lisboa

Un brindis a caballo, la más bella
flor de la portuguesa cortesía.
Cuando el toro arrancó, ya conocía
su obligación de conjugar su estrella
con el signo violento del jinete.

¿No supo de esto el rey Alfonso el Sabio?
A rematar la eclíptica en un brete
¿no bastarán armellas y astrolabio?

Cometa vertical, el hierro agudo
en lo alto del morrillo hincó su agravio.
Torció el blanco caballo grupa y cola
y, al galopar arábigo y sonoro,
estalló al aire alegre banderola.

42

SALIDA DEL TORO

Es el comienzo. Es el alfa.
El chiquero —vientre y sombra—
arroja sobre la alfombra
una negra sed de alfalfa.

¿Dónde está el arroyo fresco?
No hay más curva de arabesco
que el capote, sierpe seca.
Todo es límite y resiste
y al álgebra ¡luz! embiste
la negación que derrueca.

43

QUIEBRO DE RODILLAS

(Recuerdo de «Bombita»)

Queda en el ruedo y se mece
—oro y grana— una peonía.
(Da tiempo para que rece
Angustias su avemaría.)
Prendido por punta y cuello
el pétalo, se hinche al resuello
que el quiebro cruza y evita.
Pasó rozando la mole
y al estampido del ole
sonríe frágil «Bombita».

44

ODA A BELMONTE

¿Qué dice o cuenta o canta
al relance solemne de la noche
el ancho río en cláusulas de espumas?
¿Qué nuevos peces mágicos levanta,
voltea, tuerce al sesgo
en diagonal regata y desvarío?
La luna, el campo, el río.
¿Voces? Silencio. El aire en los juncares.
No es nada. Nadie. ¿Bultos? Algo brilla
por la crujiente orilla,

pisa, tantea. Luces de alamares
—plata fluvial— escurren
los resbalados peces en cuadrilla,
mitologías, cielos de arrabales.
Constelados, desnudos,
se filtran, pierden entre los jarales.
Relumbra el río ya lisos escudos
y la luna mirándose se peina
en larga, larga pausa, perezosa,
con su mano estrellada de virreina.

Mas ¿quién de nuevo tañe
el trémulo secreto
de tu guitarra, oh Betis, bien templada?
La rítmica de un polo
se apaga y surte, fresca ya y precisa;
y —delfín o prodigio— el agua irisa
a alterno brazo un bulto escaso y solo.
Ya retumba y resuena
la hueca palma y el vivaz jaleo,
cuando de pronto surge el centelleo
de un dios chaval pisando en el arena.
Sólo el ojo augural de la lechuza
pudo copiar en su redondo azogue,
del Ulises adánico que cruza
la furtiva evasión entre las cañas,
sin que nadie, ni el viento, la interrogue.
Allá va el robinsón de las Españas,
raptor de ninfas, vengador de Europas,
sin más armas ni ropas
que un leve hatillo, incólume del río.
Allá va solo. Tarde llegó adrede
a la cita del barrio y la cuadrilla.
Sentirse solo en el herbal bravío
de la marisma, leguas de Sevilla,
qué negra suerte, ay Espartero mío.

Lejos, cerca, reposan,
al selenio fulgor bien modeladas,
las moles prietas, grávidas, lustradas
que continencia y que vigor rebosan.

Son los toros tremendos,
negros de pena, cárdenos, berrendos.
Y asaltando la cerca,
al más cierto, concreto y dibujado,
tremolando un jirón ensangrentado,
el mozuelo se acerca.
Despierta, escucha, mira, se incorpora,
crece el toro solemne,
y alarga la testuz aterradora,
coronada e indemne.
Enfrente el diosecillo
desnudo, inerme, solo: un torerillo.
Y la fiera se extiende y se agiganta,
y de fe ciego, la quijada hundida
y con inmóvil planta
—qué ritmo de liturgia no aprendida—
el doncel le adelanta
el brazo y le bendice la salida.

La arrebolada en sus rubores luna
se asoma, presidenta, a su baranda.
Un toro y Juan Belmonte.
Y otro testigo, acaso y de fortuna,
porque a gozar la pugna heroica y terca
el bético horizonte
sus barreras acerca.
Pasa el toro en tropel y terremoto.
Y la vida se centra
en cada lance y ahíncase y se adentra
y silba el aire desgarrado y roto
y olvida el tiempo su onda cosmogónica
y se cuaja y se embota, espeso, ciego,
en cada ensimismada, honda verónica.
Escultor de sí mismo, el tiempo pudo
alzarse, bloque, y suspenderse, nudo.

La faena concluye
y el agua otra vez fluye
y el horizonte, lánguido, se aleja
y se aduerme la luna, suspirando,
tras de bien clausurar cancela y reja.
(Triana, sin saber por qué, llorando.)

Y el nuevo endimión sueña,
y su sueño sin tacha es profecía.
No ya la luna, el sol rige y porfía
—en el mástil ondea, alta, la enseña—
partiendo en dos la bien colmada plaza.
La muchedumbre apiña su amenaza.
Un toro campa en la mitad del ruedo.
Y con claro denuedo
pisa un héroe seguro,
héroe, sí, sin heráldica y sin saña,
héroe nuevo de España,
limpio el relieve de su gesto puro.
En la diestra, la espada;
la bandera en la zurda desplegada.
El emplazado bruto pasa y pasa.
Ancho, largo, profundo,
el héroe se acompasa
y se jalea, y en su orgullo preso,
cruel como un dios, disuelve, borra el mundo.
No, no existe ya eso.
Ni la redonda plaza,
ni la gloria que cálida le abraza
desde el tendido, ni la luz sonora
ni el rumbo ni la hora.
No existen más que un toro y un torero,
estimulando en planetaria masa
la lenta rotación de la faena.
Y el toro pasa y vuelve y no rebasa
la linde que le aprieta y le encadena.
Esa redonda conjunción que acaso
no repita ya el cosmos, tiene nombre:
el pase natural en cielo raso.
Y ese trágico, estrecho
eclipse, pase de pecho,
y ese corvo cometa, molinete,
y ese rayo, estocada.
Tinta la mano en sangre. Y de la nada
por volver a su ser cada ser puja.
Colérica la plaza se dibuja
y millares de palmas baten palmas
y las gargantas crecen

y se hinchan y enfierecen
las sílabas del nombre de Belmonte.

Sueño, sí, fue del mozo
y ahora de nuevo nos parece sueño.
Pero entre un sueño y otro fue alborozo
mil veces y evidencia
de nuestra fe rayana en la demencia.
Venid acá, oh incrédulos,
vedle cómo se afianza
sobre el talón izquierdo bien posado;
la acordada muñeca templa y tañe
a la lira que avanza
y humilla y tuerce y cruje y se comprime.
Mientras la mano diestra la esperanza
del claro acero esgrime.
Así nos le recorta y fija esquivo
—trampa viva de luz— el objetivo.
Y aún mejor nos lo enrolla la madeja
de celuloide, el pacto del Diablo
que le soborna a Cronos su pelleja.

Mas no penséis, la estampa en vuestra mano,
o la pantalla enfrente, luminosa,
tardíos jueces de la noble lidia,
que esa actitud viril alzara en vano
su altivo pedestal sobre la envidia.
Arduo es ser gran torero.
Pero vencer la enorme pesadumbre,
tarde tras tarde, de la gloria cara,
sólo le es dado al hombre verdadero,
al hombre más que héroe, a la más rara
fatalidad de cumbre.

Súbita nube cierne
su sórdido rencor sobre el hastío
del violento gentío,
eléctrico y compacto.
El bochorno se espesa y se hace tacto,
y su horrenda membrana
estremece a su impúdico contacto
las diez mil frentes de la bestia humana.

Negro se torna todo ya y siniestro,
negras las almas y hasta el cielo opaco
se hurta con cobardía de cabestro
a coronar la plaza. Abajo el diestro
se encadena a la roca de un morlaco
—soledad de titán—. Qué rompeolas
de espumas verdes, de amarillas furias.
Cómo le azotan bífidas injurias
de rojas fauces y erizadas golas.
Y en un instante elástico y heroico
rompe sus eslabones de ludibrio,
y en un pasmo de arrojo y equilibrio
coagula, calma, amansa al paranoico,
jugándoselo todo, al todo o nada,
en el sublime albur de la estocada.
Rasgó el pitón la esquiva chaquetilla
y —pendular trofeo—
un cairel de oro, hilo de seda, brilla.
Mas la espada cavó su sepultura
deslizándose fúlgida hasta el pomo
y un mar de sangre surte y empurpura
la abovedada redondez del domo.
Ya las columnas su estupor pasean,
ceden, se bambolean.
«Dejadle», grita el gesto de la mano,
bermeja, alzada en mudo señorío,
«dejadle», el vientre ufano
combado en desafío.
Dejadle desplomarse. Que sucumba
solo, como un coloso.
Y el soberbio, en su foso,
a su propia grandeza se derrumba.
Al serenado cielo
remonta cegadora polvareda,
nubes, nubes de escombros.
Es la ovación, el triunfo, la humareda.
La turbia plebe se despeña y rueda
y mece al domador sobre sus hombros.

Yo canto al varón pleno,
al triunfador del mundo y de sí mismo

que al borde —un día y otro— del abismo
supo asomarse impávido y sereno.
Canto sus cicatrices
y el rubricar del caracol centauro
humillando a rejones las cervices
de la hidra de Tauro.
Canto la madurez acrisolada
del fundador del hierro y del cortijo.
Canto un nombre, una gloria y una espada
y la heredad de un hijo.
Yo canto a Juan Belmonte y sus corceles
galopando con toros andaluces
hacia los olivares quietos, fieles,
y —plata de las tardes de laureles—
canto un traje —bucólico— de luces.

45

VERÓNICAS GITANAS

Lenta, olorosa, redonda,
la flor de la maravilla
se abre cada vez más honda
y se encierra en su semilla.
Cómo huele a abril y a mayo
ese barrido desmayo,
esa playa de desgana,
ese gozo, esa tristeza,
esa rítmica pereza,
campana del sur, campana.

46

MEDIA VERÓNICA

Uno, dos, tres, siete lances,
columnas de un monumento.
No se deshaga en romances.

Que no se lo lleve el viento.
Falta la cúpula alta,
la rotonda que se exalta
sobre la teoría jónica.
Y la torera cintura
—flor de elegancia— clausura,
pura, la media verónica.

47

RETRATO DE ORTEGA

Dadme un lienzo moreno, una tela bien fuerte,
que he de trazar los hombros, las caderas rampantes,
la cara de espolique de Miguel de Cervantes
y las piernas de goznes para cargar la suerte.

Ese es Ortega el justo, tal un frasco de vino
que de tan seco y blanco se evade en transparencias.
Siglos, memorias de eso que ahora llaman vivencias,
dispararon el vuelo azor de su destino.

Pendolista en los pliegos de barba de la arena,
con rasgos procesales sentencia la faena
a inapelable fallo secreto encadenada:

el instante supremo, congelador de asombros,
de ese gesto tan suyo de congregar los hombros
—las alas invisibles— para armar la estocada.

48

EL ESPONTÁNEO

Alta, sutil catarata
vibra un arco carmesí.
Hierve la boca beata.
No se pierde ni un rubí.
¿Qué fue? Desmaya la bota.

Todo el corral se alborota
ante un vuelo de pelele.
Balance del espontáneo:
rota la base del cráneo
y dice que no le duele.

49

HIMNO A LOS SUBALTERNOS

Gloria a vosotros, infantes alígeros,
duros, trabados jinetes de hierro,
gloria a los que alzan al cielo los brazos,
al cruel Abraham sin indulto.

Quiero cantar la cuadrilla ordenada,
la lanzadera, el tapiz de la lidia,
hilos de plata y de seda que tejen
la trama de un cuarto de hora.

Quiero exaltar el honor subalterno,
sólo empeñado en labrar pedestales.
Toda la luz al idólico espada.
Corónele el riesgo medido.

Órdenes claras —registros tenores—
urge y apremia vidente el maestro.
Y sacrificio de juicio y de impulso
le ofrenda al instante el acólito.

El picador: «Ose el caballo la raya del trópico.
Ruede y ofenda el rural castoreño.
Prenda en la cumbre el castigo de Júpiter
y fluyan rabiones de sangre.»

El banderillero: «Hágase siempre tu santo albedrío.
Raudos dibujen mis pies tus tangentes.
Trace el capote a una mano tus cifras.
Pizarra es el ruedo y tú sumas.»

Claros, oscuros varones de raza,
ejecutores, heraldos, ministros:
sueños de gloria, ambiciones volaron
y os quedan la vida y la muerte.

«Sic vos non vobis», libando en la brega,
melificáis la colmena de aplausos
y estremecéis las palomas del éxtasis
que nievan sus trémulas alas.

Ya hacéis la ronda en la estela del astro.
Surcan los aires sombreros y flores.
Rueda el reloj de la loca fortuna.
Partícipes sois del triunfo.

Gracias a vuestros incólumes cálculos,
quiebros y brincos, la lidia se fragua,
tercio tras tercio, la fábrica crece
y allá en campanil se remata.

Y si en la lucha resbala el perfecto,
ante el horror de la luna que humilla,
cómo voláis al socorro en el quite
tendiendo las alas de ángel.

Gloria a vosotros, alfiles, jinetes,
gloria y honor. Que mi verso más clásico.
desde el toril al trotar de mulillas
corona os ciña solemne.

50

QUITE POR VERÓNICAS

(«Cagancho»)

Todo el cante de las fraguas
martilla en ritmo caló:
—Si tú rey de los veraguas,
primo de reyes soy yo—.

Sangre y duende, casta y raza,
doble majestad. La plaza
se nos puso salomónica
—¡aire! martinete ronco—
que pasa frotando el tronco,
reina de Saba, verónica.

51

PEPE LUIS VÁZQUEZ

Ese colegial tímido de resplandor trigueño
en la cabeza fina como hueso de fruta
es un torero nuevo de Sevilla la vieja
que los rancios saberes perpetúa y destila.

Nadie sabe en qué aulas cursó trivio y cuadrivio.
Dicen que al matadero, como un Rembrandt obseso,
acudía a leer en las moradas vísceras
y en las rojas el signo de su fausto planeta.

Niño entre los doctores de la ciencia jifera
—qué escena para un lienzo soberbio de Velázquez—
junto a los rostros crueles del satánico oficio
asoma el suyo apenas florido de pelusa.

Mas vedle hecho ya «un otro Marte», la noble espada,
no el cuchillo de cachas, en la diestra ya ungida,
y la borla suprema de la gaya escolástica
como un nimbo simbólico tras la dorada frente.

Hacia el toro estatuado, solemne se encamina.
Un paso, dos, tres, cuatro y una orden desdeñosa.
El zaino le observa, le calcula, le rumia
y en su confusa noche de herido instinto aguarda.

Y ahora ya no son pasos. Es la carrera alegre
desde lejos y el súbito, encarnizado arranque
del receloso bruto. Ya es Marte contra Júpiter.
Qué colisión —angustia— de dos lanzadas órbitas.

Mas no. La suerte pudo salvarse a puro riesgo.
La astrología pinta con firme pulso zurdo
el arco del destino. Las entrañas no mienten.
Y Pcpc Luis sonríe ante la obra perfecta.

La esencia de un toreo de cristal fino, fino,
la elegancia ignorándose de la naturaleza,
la transparencia misma hallaron ya su cauce.
Y bajo el sol de España hay un torero nuevo.

52

CITANDO AL QUIEBRO

Tú y yo solos, al fin solos.
No hagas caso de la gente.
Mírame bien, frente a frente.
Quietos tú y yo, los dos polos.
¿No me ves sin chirimbolos
que al viento sangren su engaño?
Ven aquí, toro castaño.
Mira tú si no es locura.
Yo, mi junco y mi cintura.
Tú, latín de quinto año.

53

LA PENÚLTIMA

La penúltima fue. De blanco y oro.
El aire rosa y oro, azul el cielo.
Qué andar el suyo o navegar sonoro,
la estela del capote por el suelo.

La penúltima fue. No lo sabía
nadie. ¿Él acaso? Oh nave de tristeza.
Su elegancia de mástil que no arría
irradiaba coronas de nobleza.

El mar, el mar sí lo sabía, extraño,
amargo en sales, muerto de espejismo;
tan cerca, allí a los pies, tan aledaño,
se cuarteaba en sierpes de guarismo.

La tarde fue triunfal. La luz temblaba,
la bellísima luz santanderina.
La dársena redonda redundaba
de excelsitud, de abismo y de doctrina.

Y por la frente de Manuel, un pliegue,
una arruga de sien a sien se ahonda.
Guadalquivir al mar, ¡que nunca llegue
la onda medida a la infinita onda!

La penúltima fue. Sobre la última,
sobre el naufragio en la alta mar o alberca,
flota incólume, entera, la penúltima,
la vencedora en la memoria terca.

*

No. La vida y su símbolo el toreo
no son cadena, no, de ultimidades.
Eslabón a eslabón forja el trofeo
del «pudo ser» sus férreas voluntades.

Toda la vida es casi y es apenas.
Todo el bosque —tan claro— suelto olivo.
Y miramos atrás por las arenas
del ruedo eterno el tiempo redivivo.

«Déjalo estar», repite el Sumo Diestro
a su peón de brega y de guadaña.
La penúltima luz nimba al maestro.
Siempre es la hora penúltima en España.

Señor, Señor, aplícanos la venda.
Ciéganos de esperanza peregrina.
Que la faena se cumpla y no se entienda
de tan plena y redonda y cristalina.

La penúltima es. Siempre presente.
Un bosque de penúltimas nos tapa
el horizonte libre, el disolvente.
Verónica de olvido abre su capa.

54

LAS SIBILAS Y EL ARCÁNGEL

Campanas están gritando
que han traído de París
a un churumbel de dos cuartas
que ya se sueña «Albaicín».

Cinco hadas le fadan, cinco:
una, dos, tres, cuatro, cin-
co comadres que le fajan
en cinco varas cañí.

Cómo rueda el angelito
ciñéndose el serpentín
de algodón de faraones
perfumado de Coty.

Ay, qué ojos abre Agustina,
mónica de este agustín,
viendo entrar en su aposento
a aquellas cinco gachís.

Esa que pisa menudo
es la morena Judit
que curó un día a Holofernes
cierta jaqueca sutil.

A esotra le dicen reina,
Cleopatra la barí,
áspid de cráneos rapados,
meridiano de nariz.

Por allí viene una india
entre ébano y marfil
que a Rabindranaz Tagore
le inspiró Gitanjalí.

De Gregia llega una Gracia
y de la Arabia feliz,
paraíso de profetas
y de potros, una hurí.

Dicen las cinco Sibilas
en torno al botón de alfil:
—La punta del minarete
le izará, ronco muecín.

—Bailará —brazos de azogue—
el fandango de candil.
—Tocará en piano de plata
mazurkas de Borodin.

—Toreará como los ángeles
por San Marcos y San Gil.
—Le robará a su padrino
veronés, prusia y carmín.

Déjame apuntar la hora
con lápiz azul turquí,
que estos milagros, Pastora,
no se suelen repetir.

Son las cuatro de la tarde
del veintisiete de abril
del año del armisticio
y siglo del gran jollín.

Por la plaza de Valencia
una brisa de zafir
vuela del negro bonete
la pluma del alguacil.

El último convidado
llega tarde, pero al fin:
Rafael, con un pez nuevo,
plata del Misisipí.

—¿Tú lo has visto? —No lo he visto.
Pero qué aroma a jazmín.
O aquí ha nacido un torero
o se ha muerto un serafín.

55

TORERO MEXICANO

Esbelto, de goma elástica,
con otra luz y otra plástica,
vino el torero de México
con su sabor de onomástica
y su novedad de léxico.

Y aunque se ve que es el mismo
cañamazo y alfabeto,
borda un dechado, un guarismo
de cismático bautismo
y defendido secreto.

Solo una Meca, un Califa
entre el Roncal y Tarifa
quiso el padre del toreo,
un solo premio en la rifa
el hijo del Zebedeo.

Y una india matriz concibe
más allá del mar caribe
un chamaco —¿un héroe, un golfo?—
y le cristiana y le inscribe
con el nombre de Rodolfo.

El nuevo Martín Lutero
ya se estira y se apersona,
y se estiliza altanero.
Qué elegancia de torero
la de Rodolfo Gaona.

Pues su quiebro de rodillas
y su larga y su verónica,
su tercio de banderillas,
merecen, no estas quintillas,
otro Bernal y otra Crónica.

Lámina pura de oro,
flexible, sonora, huera,
riza y desriza ante el toro
el azteca meteoro
de la sagrada gaonera.

De pecho con la derecha
va a ser el pase que estrecha
Menfis, Aldamas y Bali,
hieratismo con sospecha
de pirámide o teocali.

Después y ya en pleno cisma,
las dinastías honrosas:
los Freg —sangres generosas—
y los Armillas en prisma
de facetas espinosas.

Y Garza, que es ave rara.
—¿Y Arruza?— Si se alquitara
su sangre, si no se cruza,
¿no es toda nuestra esa cara,
«veni-vidi-vici» Arruza?

56

CAMBIO A MULETA PLEGADA

A Antonio «Bienvenida».

Cambio a muleta plegada.
Vieja estampa, el ayer puro.
¿Quieres la toga o la espada
o este corazón maduro?
Se arranca incierto el saltillo
hacia el siniestro platillo.
Pero la balanza gira,
el viaje en seco quebranta
y un pliegue libra y levanta
los dos cuernos de la lira.

57

NATURAL POR ALTO

A Vicente Pastor.

Paso a paso frente al morro
y el morro que no se arranca.
Y se estremece Cascorro
y todo el barrio se atranca.
Ya embistió. Pastor espera,
abre y alza la bandera.
Quieras o no, bronco o bravo,
pasan bajo el pabellón
treinta arrobas de emoción
desde el pitón hasta el rabo.

58

MOLINETE

Iniciar un natural
y rematar por adorno
con un giro helicoidal
recreándose en el torno
es tan difícil o más
que el pase hondo y a compás,
porque es sorpresa y es flor,
tal que el toro al dar la vuelta
halla sólo —burla esbelta—
vaga memoria de olor.

59

ÉGLOGA DE ANTONIO BIENVENIDA

(Final)

Perdona, Antonio, mi tenor de oda,
que ya vuelvo a mi égloga de ocaso.
Cuando pienso en el héroe ¿sueño acaso
que Antonio y Rafael el de Gabriela
y Don Manuel y el de la Coronela
sois el mismo y el solo?
¿Y no eres tú tu hermano, tú Manolo?
Trece o cuarenta años
de tu vida y mi vida
suman cero. Llegada es la partida.
Y cuando hoy te aplaudo y hoy te auguro,
te veo igual, entonces ya maestro
y hoy niño alegre y diestro,
tan rico de futuro
en tu hora meridiana,
tan maestro en tu agraz verde manzana.

Este color que apunto
¿qué guerra y paz te trae todo junto?
¿Qué otro sueño hecho rosa?

No lejos de la plaza, en la barriada
que limita —chabola y camposanto—
con el hambre y el llanto.
se alza un albergue púdico,
un nido de dolores,
el revés del tapiz de mil colores
del coliseo lúdico.
Aquí es el reino de la fiebre,
de la inmovilidad pasiva y clínica
y los sueños esquivos, ya de gloria,
ya de hogareña paz, desmienten cínica-
mente, ay, su irrisoria
promesa. Aquí la curva trayectoria
de un túnel de gravísimo diagnóstico
sufre la excavación y los cauterios
que manos avezadas a misterios
del desgarro de asta que se astilla
aplican, ingeniosas de drenajes,
para ligar, salvar, cerrar ultrajes,
mientras obra el aceite en la Capilla.
Los ojos dilatados
miran lunas de níquel cenitales
o se detienen —tan adormilados—
(silencio) en las sonrisas celestiales
bajo el temblor nevado de las tocas.

Todo este magnánimo recinto,
todo este laberinto
de esperanzas, martirios y denuedo,
por ti está abierto un año más, Antonio,
y el zodiaco dará otra vuelta al ruedo
—sus doce signos hechos ya cuadrilla—
para ayudarte a atar tanta gavilla
de bendiciones y buenaventuras.
Y si tu corazón te lleva acaso
a pisar los umbrales
del viejo subalterno
en su retiro plácido de invierno,
saldrá a llorar la madre que no olvida
y a besarte la mano los chavales
gritando: «Bienvenida, Bienvenida.»

Oh jornada feliz del Montepío,
triunfo del pundonor, gesta del brío.
Paseo de cuadrillas
y triple y uno el único maestro,
balanceando el brazo diestro
con ritmos de Caracas y Sevillas.
Toda la lidia luego,
la séxtuple, la inmensa, intensa lidia,
inabordable a la pirata envidia.
Cinta sin nudos, luminosa y tersa
y fecunda y diversa,
ritual y repertorio,
viejo baúl y nueva fantasía,
ciencia de amor y amor de cada día.
Si algún aficionado,
ausente el infeliz, me suplicara
que el triunfo le cantara,
yo compasivo intentaría...
Pero ¿cómo cantarle el solo alarde
sostenido a lo largo de una tarde,
si todo lance, todo pase o paso,
fue puro Garcilaso?
Salid sin duelo, lágrimas, llorando
tras aquel par, cuando venía andando
de frente al toro, que se arranca solo,
y él se planta en el quiebro
más súbito y juncal. Si tú lo vieras,
Apolo Fuentes. Y si tú, Manolo...

Y la faena doble con aromas
de jazmines y espliegos
y de hojas de tabaco y de dondiegos.
Y la estocada recibiendo, pasmo
de Galileo y conversión de Erasmo.
Y la otra lidia y trato al que embestía
como alfil de ajedrez por diagonales,
al que tú, Antonio, a besos de franela
bordada en iniciales,
arropaste en un sueño de canela
y mataste después como las rosas
de un volapié en las cumbres borrascosas.

Y la cogida por el pecho noble
al querer sacudirte la cadena
de tu más honda y ancestral faena
arrancando con ímpetu de ola
que se arroja a la roca y no a la arena.
Al rodar en resaca,
deshecha la chorrera de los bravos,
para el quite espontáneo y angustioso,
como al imán se precipitan clavos,
así de rectilíneos y viriles,
activos, retirados y alguaciles.

Y tantas más estampas
de indeleble hermosura:
verónicas marinas en bordadas
siempre ganando altura,
la puesta en suerte, clásico pretexto
a un trenzado de largas alternadas,
y aquel llevarte al sexto,
tú hacia atrás resbalando
y en tu babero, tántalo penando.
Y el molinete vertical y puro,
ángel de la sorpresa en los linderos.

Antonio, mi cantar aquí se acaba.
La luna asoma y todos mis corderos
se hartaron de pacer mientras cantaba.

60

ESTOCADA A VOLAPIÉ

Ya la gloria se hizo línea.
Cómo rutila la espada.
Qué inmóvil lumbre apolínea
en el aire dibujada.
Espera, que aún quiero verte.
Ay, no te tires, Reverte.
Pero el río ya es del mar.

Míralo ya por la cola.
Cómo se rompe la ola,
resaca de bajamar.

61

LA COGIDA

¡Cobarde! grita un cobarde
y un valiente palidece.
La afrenta ciega la tarde
y el instante, enorme, crece.
El cuerno esta vez no marra.
Tunde, penetra, desgarra
algo compacto y que pesa.
Y hay un grito que se ahoga
y una mueca que interroga
y una sangre que no cesa.

62

ORACIÓN POR JUAN BELMONTE

Ten compasión, Señor, de tanta gloria
y tanta muerte y tan rebelde nudo.
Era un hombre no más, solo y desnudo,
esclavo encadenado a su memoria.

Cuánto pesa la púrpura irrisoria,
cómo abruma al ungido, al que ser pudo
dueño de tanto azar y cayó, rudo
gladiador contra el bloque de su historia.

Cuántas veces luchando en la faena
buscaba aire y era nazarena
fe, fe viva y causal lo que pedía.

Todo el ruedo se ha abierto en horizonte.
Y cómo lanceaba y qué armonía.
Apiádate, Señor, de Juan Belmonte.

63

LAS MULILLAS

Cuando las mulillas trotan
entre trallazos donceles
toda la plaza alborotan
con músicos cascabeles.
Allá van altas de orejas,
jaeces, borlas bermejas,
—¡riau!— a un ímpetu en tropel.
De la tragedia y su lastre,
niñas jugando al arrastre,
dejan puro el redondel.

64

PLAZA VACÍA

Plaza de toros, vieja y noble plaza,
desierta al amarillo sol de enero.
Decoro renaciente, árabe traza
circundando una ausencia de torero.

Yo gusto de asomarme al graderío,
lecho de humanidad torpe y prensada,
que hoy se me ofrece incólume y vacío,
concéntrico diafragma de la nada.

Aritmética cifra que se cierra,
figura de yacente geometría,
símbolo del retorno en cielo y tierra,
el ruedo eterno, el cero que se hastía.

Ahora tan puro, tan callado y quieto,
sin huellas de fantasmas de oro y seda,
sin que una radioscopia de esqueleto
filigrane el envés de la moneda.

Ay, círculo del ocio y la costumbre,
brocal del pozo despiadado y crudo,
que a tu averno maldito, azumbre a azumbre
vas trasegando el vino del embudo.

Vino espeso y morado de varones
—oh bochornoso verbo— que se aburren,
juego de solitarios salomones
que, la carne hastiada, el tiempo espurren.

¿Por qué detrás del rito que enajena
queda en la lengua un gusto de ceniza?
¿Qué poder de absorción sume esa arena
que así reseca, cierra, esteriliza?

Mirándola en la plácida desidia
de esta inocente, idílica mañana,
voy despertando estampas de la lidia,
vencedoras del limbo y la desgana.

Allí fue el toro, mole que alza y hiende;
aquí el muerto caballo plegó el cuello.
Junto a estas tablas donde el sol se tiende
el crujir del fulmíneo descabello.

Allí el casi divino espada o lirio
se desplegó en prodigio de corola.
Escalaba las gradas el delirio
de los oles rompiéndose en la ola.

Aquí cerca, en el tercio, donde brota
ignorada una cruz, fue la cogida.
Una fuente de sangre que borbota
y la fuente sorbiéndose una vida.

El celeste doncel. Los veinte años.
El fulgor de una técnica infalible.

Todo se derrumbó. Fúnebres paños
y cirios de estupor denso y tangible.

Así pasa la gloria de este mundo;
pero a este azar ¿no fuimos inductores?
Y nos escarba dentro, en lo profundo,
un escozor de escrúpulos y horrores.

Licitud de la fiesta ¿quién dibuja
la frontera entre el juego y el pecado?
¿Entre la bestia que al abismo empuja
y el deleite del puro aficionado?

¿Dónde en esta tragedia deslumbrante
la catarsis que lave y justifique?
¿Redimirá una estética radiante
mi culpa, mi porciúncula meñique?

¿Qué me dice ese anillo misterioso?
¿Qué me respondes tú, naturaleza?
Pasó por él su esponja el año ocioso.
Tú, madre, sólo entiendes de belleza.

Cielo frío y sin nubes: hoy no bogan
verónicas por él de orondo seno.
Por la maroma saltan y dialogan
dos gorriones con el buche lleno.

Toda la plaza siente en sus costuras
nostalgias de ruinoso jaramago.
Reina el olvido, oh paz en las alturas,
y el incrédulo tiempo obra su estrago.

¿«Lagartijo» existió? ¿Y aquella larga?
¿Dónde la estela del vibrar cenceño?
Sobre la arena pálida y amarga,
la vida es sombra, y el toreo sueño.

XVIII

VERSOS DIVINOS

(1941-1967)

65

CREER

Porque, Señor, yo te he visto
y quiero volverte a ver
quiero creer.

Te vi, sí, cuando era niño
y en agua me bauticé
y, limpio de culpa vieja,
sin velos te pude ver.
Quiero creer.

Devuélveme aquellas puras
transparencias de aire fiel,
devuélveme aquellas niñas
de aquellos ojos de ayer.
Quiero creer.

Limpia mis ojos cansados,
deslumbrados del cimbel,
lastra de plomo mis párpados
y oscurécemelos bien.
Quiero creer.

Ya todo es sombra y olvido
y abandono de mi ser.

Ponme la venda en los ojos.
Ponme tus manos también.
Quiero creer.

Tú que pusiste en las flores
rocío, y debajo miel,
filtra en mis secas pupilas
dos gotas, frescas de fe.
Quiero creer.

Porque, Señor, yo te he visto
y quiero volverte a ver,
creo en Ti y quiero creer.

66

VILLANCICO DEL RIFADOR

¿Cuánto me dan por la estrella y la luna?
¿Cuánto me dan por el Niño y la cuna?

Este es un Niño sin padre ni abuelo,
este es un Niño nevado del cielo.

¿Cuánto me dan, que lo vendo barato,
cuánto me dan, que lo doy sin contrato?

Este es el Niño que mamaba ahora.
Ríe despierto y en durmiendo llora.

Casi de balde la flor del mercado.
¿Cuánto me dan, que lo doy regalado?

Este es el Niño verano en invierno.
Este es el Niño que aniña lo eterno.

¿Cuánto me dan, que lo doy sin subasta?
¿Cuánto me dan por la fruta en canasta?

Este es el Niño que viene a dar guerra,
viene a dar paz por amor de la tierra.

¿Cuánto me dan? Por moneda no quede.
Una lágrima sola que tiemble y que ruede.

Este es el Niño de la rifa loca
que todos le juegan y a todos les toca.

¿Cuánto me dan por la buena fortuna?
¿Cuánto me dan por el Niño y la luna?

67

MARTA Y MARÍA

Marta tenía razón
y la tenía María.

María, la mejor parte
y la menos buena —prisa,
humillación, tempestades
de alma que duda y trajina—
la menos buena, sí, Marta,
pero su parte tenía.

La razón no es corazón,
aunque en habla de Castilla
se arrimen las dos palabras
a sonar casi la misma,
como el Pisuerga y el Duero
sumidos ya en Tordesillas.

El corazón no se parte
como la mente o la vida,
como la rueda de oficios
en el pozo o la cocina.

El corazón se da entero.
Entero lo da María.

Entero lo dará Marta,
pero en su afán distraída
tardará un poco en la entrega,
ella, la puntual limpísima.

Activa en la tierra Marta,
María contemplativa
en unos ojos que el cielo
nos remueven cuando miran,
María quebrando el pomo
de alabastro en las rodillas
y redundando de aromas
gloriosos toda Betania
que a amor nuevo trascendía:
dos corazones enteros
y una razón compartida.

Y Lázaro entre dos muertes,
el varón que ya sabía,
sonreía a sus hermanas,
de pie en el rincón, enigma.

68

«YO SOY»

«¿A quién buscáis?» La voz tan a floresta
sonaba, con tan manso y firme acento
que antorchas y linternas un momento
fijas quedaron y su lumbre enhiesta.

«A Jesús Nazareno», alguien contesta.
«Yo soy.» Y se derrumba ante el violento
soplo del declarado advenimiento
la carne pusilánime y mampuesta.

«Yo soy.» El Ser se es. Se nombra el Nombre.
El Padre y el Espíritu consisten.
Todo es presencia, luz, ontofanía.

Oh Eternidad con Tiempo, Dios con Hombre.
Oh voz a quien abismos no resisten.
Oh más allá del eco lejanía.

69

A LA ASUNCIÓN DE NUESTRA SEÑORA

Al R. P. Ramón Cué.

I

¿Adónde va, cuando se va, la llama?
¿Adónde va, cuando se va, la rosa?
¿Adónde sube, se disuelve airosa,
hélice rosa y sueño de la rama?

¿Adónde va la llama, quién la llama?
A la rosa en escorzo ¿quién la acosa?
¿Qué regazo, qué esfera deleitosa,
qué amor de Padre la alza y la reclama?

¿Adónde va, cuando se va escondiendo
y el aire, el cielo queda ardiendo, oliendo
a olor, ardor, amor de rosa hurtada?

¿Y adónde va el que queda, el que aquí abajo,
ciego del resplandor, se asoma al tajo
de la sombra transida, enamorada?

II

Esta vez como aquella, aunque distinto.
El Hijo ascendió al Padre en pura flecha.
Hoy va la Madre al Hijo, va derecha
al Uno y Trino, al trono en su recinto.

Ella va a ser la flor del laberinto,
engaste en hueco desde aquella fecha,
cuando fue concebida sin sospecha
de huella original, de oscuro instinto.

Por eso sube altísima y raptada
en garras de los Ángeles de presa,
por eso el aire, el cielo rasga, horada,

profundiza en columna que no cesa,
se nos va, se nos pierde, pincelada
de espuma azul en el azul sorpresa.

III

No se nos pierde, no. Se va y se queda.
Coronada de cielo, tierra añora
y baja en descensión de mediadora,
rampa de amor, dulcísima vereda.

Recados del favor nos desenreda
la mensajera, la revoladora,
la paloma de paz. Heridla ahora:
ya se acabó el suplicio de la veda.

Hoy sobre todo que es la fiesta en Roma
y se ha visto volar otra Paloma
y posarse en la nieve de una tiara.

La Asunción de María —vítor, cielos—,
corazonada ayer de mis abuelos,
en luz, luz, luz de Dogma se declara.

70

ADORACIÓN AL SANTÍSIMO SACRAMENTO

Dame, Señor, tu ocio, ocio para adorarte,
ocio de pensamiento si las manos se enfangan,
ocio azul del espíritu mientras cavila el seso,
ocio de Ángel sin tiempo tras cancela de plumas,
de mariposa absorta en el borde del Cáliz
que abre y cierra sus alas abanicando el éxtasis,
ocio de alta vigilia reclinada en tu sueño.

No tener prisa, no tener prisa, no tener prisa.
Señor, Tú estás presente, Tú eres presente, Tú eres
el Presente.

Déjame despojarme de todo, de mis hábitos,
de mi calzado cómplice oloroso a tomillo,
de mi seda, mi música y mi rosa,
de mi retina y mi pincel abeja.
No quiero entenas, arríame, tómame,
desarbólame, déjame en puro casco
flotante y sin un rumbo, oscilando en tu mar.

Aquí me tienes, Señor, ahora ya puedo
acercarme, sumirme en tu inmensa presencia,
todo en ti convertido, deseado.
Ya sólo existo, soy, para adorarte.
Círculo eres sin fin y sin principio.
En el Pan Tú reposas y de onda en onda creces,
naciendo sin cesar para quererme.
Círculo quiero ser como tu blanco Cuerpo,
como el brocal de oro que se asoma a tu Sangre,
un redondo adorarte, anillo puro.

Nada hay más absoluto que este amor que nos une.
Cuerpo, Sangre de Cristo, báñame de tus ondas,
aliméntame, fúndame, concéntrame,
oh milagro sin víspera y contigo,
súbito arranque, asombro
de la viña, nueva revelación del trigo,
consejo de María inocente en las bodas

(Y por Ella me acuerdo.
Grumete azul marino.
Primera Comunión.
Yo, niño.

Con mi libro de nácar.
Con mi alma de lirio.
Qué adentro te acunaba.
Tú, Niño.

Estrenaban mis ojos
góticos paraísos,
mis labios salmos cándidos.
Yo, David niño.

Te sentía quemándome
fundirte derretido.
Desmayaba de amores.
Tú, Jesús Niño.

Sí. Siempre, siempre, siempre.
El aire se ha dormido.
Eterna es la pureza,
amor de niño a Niño.)

Oh misterio de amor y de rocío.
No hay imaginación que delirarlo pueda,
no hay mente que lo abarque, que lo ciña,
ni labios que lo canten aunque en su linfa abreven.
El pan se hizo mil panes,
mil peces de canastos cuajaron un Pez solo,
el agua vino, el vino se hizo Sangre,
torrentes de amor rojo,
árbol circulatorio de pasión dibujada
por donde ya navega la índole redimida.
Y ahí mismo, en el Sagrario, esclavo, manifiesto,
canta el Pan de la Vida su condición oblata.

Millonaria cosecha para la que no hay trojes
ni castillos de silos sino hambres consoladas.
Hambre de Dios, Dios mío, tener hambre de Dios.
Pero aún es más prodigio que Dios mismo
tenga y siga teniendo sed de hombre, sed de hombres.
Nada hay más absoluto que este amor tan tirano,
desnivel infinito nivelado a la altura
de una Persona en dos naturalezas.
Basta ya de palabras, nada dicen.
Hechos quieres, Amor, Cristo abreviado
a la medida de mi indigna vida.

(Amor, Amor, Amor.
Quiero cantarte dentro
en mi pecho.

Quiero ser tu Sagrario
y orfebre de mí mismo,
abrírteme en custodia
que te aloja.

Los Ángeles del ocio
me rodean. Soy jaula.
Canta, canta, Cautivo,
canta.

Canta, mi Melodía,
cantemos al unísono
que yo te sigo.

Arpégiame, transpórtame.
Sea yo todo tuyo,
tu arrullo.)

Ya no tengo otra cosa que hacer más que escucharte,
Sacramento Santísimo,
Acto, Pacto redondo de eternidad y plazo.

Veo en torno de mí ¿qué es lo que veo?
¿Dónde fueron los Ángeles?
Ahora son llamas,
bravías llamas que lamerme quieren
con lenguas de oro verde y lacre ardiendo.
Soy el centro visible de no sé qué universo,
soy acaso una pira y en mí se apiña y quema
la alada pesadumbre de una sacra Toledo.

Pero, ay de mí, soy torpe, incombustible.
De puro amor, mi Rey, mi Verso, mi Recluso,
de puro amor de adoración alzada,
sólo acierto a gloriarme, a transgloriarme
en surtidor de ocio
que sube en lanza y llueve calidísimas lágrimas.

71

EL MISACANTANO

A Federico Sopeña, en la fiesta de San Isidoro (1949), besándole la mano.

Cuando en mis manos, Rey eterno, os tengo,
os tengo y os obtengo con mi boca,
con mi boca y mi lengua que se apoca
de su ungido y novísimo abolengo;

cuando, trémulo, os alzo y os sostengo
—astro de paz manando agua de roca
sobre el ara del cielo—, ya no toca
mi barro, el barro adán de donde vengo.

Y por mis manos que atan y desatan,
por mis brazos, mi pecho, se dilatan,
revierten ondas y ondas remansando,

cuando —Amor— os concreto y os obligo,
elevado en la música del trigo,
redonda alondra sin cesar cantando.

72

SAN SEBASTIÁN

Atado a un tronco un cuerpo, un torso, un blanco.
Un silbo, un vuelo, un bosque de saetas.
Ya apenas se divisa la blancura
de la piel hermosísima. Las sombras
de las viras y plumas oscurecen
tanta esforzada lividez. Arroyos
de sangre manchan sobre el pecho
barras y barras de nobleza en Cristo.

Danzando está su danza arrebatada.
No hubo tronco de olivo en llama y nudo
ni fuste de abedul, lepra de plata,
ni torsión vehementísima de sándalo
que inmovilice así sobre su eje
tanta mudanza alígera en un grito.

Sebastián es el mártir, el que venga
la soberbia oceánica, el escollo
donde un titán encadenado canta
y en fuego y danza se desencadena.
Él no robó la llama, él se la azufra,
la exalta de su sangre y la devuelve
al cielo que la sorbe restallándola.

Oh bandera de rojos y violetas
y azules velocísimos, oh incólume
Sebastián en tu asta, en tu blancura
acebrada. Despréndense las flechas,
y tú, alentando, cantas en triunfo,
danzas la fe de Cristo ensangrentada.

73

SALMO DE LA TRANSFIGURACIÓN

Transfigúrame.
Señor, transfigúrame.
Traspáseme tu rayo rosa y blanco.
Quiero ser tu vidriera,
tu alta vidriera azul, morada y amarilla
en tu más alta catedral.

Quiero ser mi figura, sí, mi historia,
pero de Ti en tu gloria traspasado.
Quiero poder mirarte sin cegarme,
convertirme en tu luz, tu fuego altísimo
que arde de Ti y no quema ni consume.

Oh mi Jesús alzado sobre el trío
—Pedro, Juan y Santiago—
que cerraban sus ojos incapaces
de sostener tu Luz, tu Luz, tu Luz.
Y no cerrar mis párpados
como ellos los cerraban
con tu llaga de luz sustituyéndote
en inconsútil túnica incesante,
y dentro Tú manando faz de Dios.

No, déjame mirarte, contemplarte
a través de mi carne y mi figura,
de historia de mi vida y de mi sueño,
inédito capítulo en tu biblia,
vidriera que en colores me fraccionas
para unirme después en tu luz blanca
al otro lado de tu barlovento.
Si he de transfigurarme hasta tu esencia,
menester fue primero ser ese ser con límites,
hecho vicisitud camino de figura,
pues sólo la figura
puede transfigurarse.

Toma mis rombos, lava mis losanges,
mis curvas de pecado
justifícamelas, compensa y recompensa
mis áreas caprichosas de colores de furia,
mi cristal emplomado y tan frágil,
émulo de tus Ángeles traslúcidos,
mi fábula de niño, tu parábola
que esperaba de siempre tu visita de sol.
Pues figura me hiciste y me parezco
a mí mismo en mi vitral naturaleza,
oh mi Hermano en María, transfigúrame.

Pero a mí sólo no. Como a los tuyos,
como a Moisés, fuego blanco de zarza,
como a Elías, carro de ardiente aluminio,
cada uno en su tienda, a ti acampados,
purifícame también a todos,
los hijos de tu Padre
que te rezan contigo o te rezaron

o acaso ni una madre tuvieron
que les guiara a balbucir el padrenuestro.
Purifícame a todos, a todos transfigúralos.

Figúralos primero si aún no alcanzan
ese grado en contornos
y tonos apagados de tapices.
Figúralos, Cristo Jesús, aún no son ellos
y por ser ellos claman, pían,
huérfanos pajarillos.
Y luego, ya trazados, ya cumplidos
en su tránsito pávido de hombres,
hiérelos, acribíllalos,
hazlos flecos de Ti, rayos no ajenos,
ellos siempre aunque en Ti glorificados.

Miro en torno de mí,
no, debajo de mí, en las galerías
los gusanos de luz, casco y piqueta
que afloran luego al aire puro
mas ya de noche, negros de carbones.
Hazlos diamantes Tú, como a esos astros.

Si acaso no te saben o te dudan
o te blasfeman, límpialos piadoso
como a Ti la Verónica, su frente,
descórreles las densas cataratas de sus ojos,
que te vean, Señor, y te conozcan,
espéjate en su río subterráneo,
dibújate en su alma.
Sin quitarles la santa libertad
de ser uno por uno tan suyos, tan distintos.

Mira, Jesús, la adúltera, no aquella
de tus palabras con el dedo en tierra,
esta de hoy aún es más desdichada
y no piedras la arrojan sino aplausos y flores,
y la niega el esposo y vive de ella.
Hazla también mirarse en aguas vivas
y cumplirse en sí misma,
de su virtualidad ascender a virtud,

realidad de figura bañada en paz de gracia,
dispuesta a un recrear transverberado.

Y al violento homicida
y al mal ladrón y al rebelde soberbio
y a la horrenda —¡piedad!— madre desnaturada
y al teólogo necio que pretende
apresarte en su malla farisea
y al avaro de oídos tupidos y tapiados
y al sacrificador de rebaños humanos.

Y, sobre todo, no abandones
al más abyecto, al repugnante
—perdón ahora para mí, no puedo
remediarlo, pero por él te pido—
al desagradecido.
Nada me imprime más horror, Dios mío.
Sálvale Tú, despiértale
la confianza, alegría incomparable.
de llorar recordando el beneficio
del amigo en que Tú, sí, te escondías.
Allégatele bien, que sienta
su corazón cobarde contra el tuyo,
coincidentes los dos en sólo un ritmo,
un ritmo y del envés ya a flor de flor,
su figura, su rostro limpidísimo.

Que todos puedan en la misma nube,
vestidura de Ti, tan sutilísima
fimbria de luz, despojarse y revestirse
de su figura vieja y en ti transfigurada.
Y a mí con ellos todos, te lo pido,
la frente prosternada hasta hundirla en el polvo,
a mí también, el último, Señor,
preserva mi figura, transfigúrame.

XIX

PRELUDIO, ARIA Y CODA A GABRIEL FAURÉ

(1941)

74

PRELUDIO, ARIA Y CODA A GABRIEL FAURÉ

(Fragmento del *Preludio*)

Tibia luz se difunde
por el aire cautivo de la sala.
Ya en el tapiz se hunde,
ya entumeciendo el ala
por el cristal y el ébano resbala.

¿Qué mensaje nos llega?
¿De dónde brota esta presencia infusa,
esta fragancia ciega
y suavísima musa
que nos besa la frente y nos rehúsa?

Es algo que nos duele
y no se sabe dónde, cómo o cuándo.
Algo que sabe o huele
a flor que masticando
en la lengua nos burla y va volando.

Instante de prodigio.
Cuánta ventura en un silencio cabe.
Cómo el licor estigio
a olvido espeso sabe.
Qué amanecer de anunciación tan suave.

¿Dónde, que no te veo,
dónde, nombre de arcángel, te escondiste?
Solo estoy, mas sí creo.
Algo celeste y triste
va a nacer de la estela que perdiste.

Resbala de este a oeste
de espuma negra y de marfil la ola;
y en coloquio celeste
bogan violín y viola
y el violonchelo náufrago se inmola.

La dicha que arrebata,
la lágrima que asoma y nos redime,
la luz que ata y desata,
la esperanza que gime:
¿qué música hay que al alma no lastime?

Pena de amor, precisa,
indecisa, tu súplica fluctúa,
se ofrece ya, se irisa,
se esquiva, se gradúa,
diente a diente se ahínca y se insinúa.

Feliz al viento ondule
la frase en re bemol que amor engendra;
que en la espera que pule,
purifica y acendra,
Penélope se abraza a Melisendra.

Pálido el infinito
cabe en la noche mágica del piano;
pálido y sin un grito.
Y ciega va la mano
como una luna errando en el arcano.

XX

LA SORPRESA

(CANCIONERO DE SENTARAILLE)

(1941)

75

GESTO

A la brisa, a la abeja, a la hermosa
el rosal puede dedicar la rosa.

Al poeta, al grumete, a la doncella
la noche puede dedicar la estrella.

Si eres tú misma el rosal y las rosas,
la noche de mi verso y sus estrellas,
¿a quién dedicaré este breve cielo,
este arbusto, esta fuente, este desvelo?

76

CORONA

Qué espuma de azahares orla el azul del cielo,
y qué azul tan profundo y qué blanco tan tierno.
Qué tacto de palomas en el aire disuelto.
Los ojos de las niñas, qué lagos de misterio,
y qué ríos de leche cantan allá, a lo lejos.

¿Por qué en esta mañana todo, todo es tan nuevo
y es de nieve caliente la gracia del cordero?
¿Por qué pupilas vírgenes, atónitas estreno,
cuando de tu corona desprendes, leve, el velo?

77

NUESTRO HUERTO

Nuestro huerto —qué breve— es un pañuelo
pero cómo se estira y se levanta,
buscando el cielo,
la patria santa.

Crece el magnolio y su florir secreto;
su rizada melena hispe la acacia.
Sube el abeto
lleno de gracia.

Ya las islas de sombra en una sola
se funden, cariciosa y lenta umbría,
en la aureola
que yo quería.

Como el huerto también, nuestro cariño,
de año en año ¿no ves que al cielo crece,
que, árbol o niño,
trepa y florece?

Oh cúpula, oh nivel, oh mediodía.
Gota a gota el azul destila y suena.
«Ave María,
gratia plena.»

78

MI GUERRA

Como mi amigo el poeta,
que cuando era niño dijo
(ved qué remoto acertijo):

«La ciudad que más quería
la he perdido en una guerra.»
Y fue verdad. Y en su tierra.

Yo, al revés. Mi ciudad, mía.
Mi guerra, siempre ganada,
es la guerra de Granada
que alta era y relucía.

Guerra del Avemaría
y la almena al fin burlada.
Y una Alhambra enamorada
que a mis labios se ofrecía.

79

MÁS CELOS

Esos suspiros, desvelos,
sobresaltos, fantasía,
son celos de la poesía
y de la música celos.
Mira tú qué dardanelos
en mi garganta, qué anginas,
si por ser ellas divinas
y tú demasiado humana,
a la una y otra hermana
aquí en mi pecho asesinas.

80

¿POR QUÉ?

¿Por qué están las dos Osas
de bañarse en la mar siempre medrosas?
¿Por qué en cepo de hielos la una estriba,
ruedan las dos morosas?

¿Por qué Sirio en enero
y no en agosto enciende el reverbero?
¿Por qué, ambiguo de véspero y de alba,
Venus muda el lucero?

¿Por qué Aldebarán moja
—sangre del Toro— su pupila roja?
¿Por qué la Cruz del Sur nunca se alza
a Europa y su congoja?

¿Por qué el Cisne a Pegaso
le envidia el vuelo en resbalado raso?
¿Por qué Cástor y Pólux siempre y siempre
acompasan el paso?

¿Por qué desde la Lira
pálidas luces un topacio expira?
¿Por qué muda matices y señales
que alguien nota y suspira?

¿Por qué cuando hay estrellas
duermen blancos sus sueños las doncellas?
¿Por qué cuando las nubes las ocultan,
nubes pasan por ellas?

¿Por qué hay estrellas fijas
y otras errando en busca de sortijas?
¿Por qué esta noche tiemblan, sino para
que yo cante y tú elijas?

¿Por qué eterna la fe?
nos arde en ese cielo que se ve?

¿Por qué nuestras dos almas allá vuelan?
¿Por qué, por qué, por qué?

81

RECUERDO DEL PARAÍSO

Mi piel. ¿El sol? Yo solo.
¿La luna? Tu olor. Flor.
Yo Adán. ¿Tú Eva? Nueva.
Nube. Qué frío. Llueve.
¿Te escondes? ¿Dónde? Llueve.

82

NIÑOS NUESTROS

Estos niños que nos miran,
cuando nos miran ¿qué ven?
Nuestros ojos son anteojos
para mirar a través.
A través de nuestras niñas
ven los mundos de la fe.
Y hay que tenerlas muy limpias
para dejárselos ver
a estos niños que nos miran,
niños nuestros, nuestro bien.

83

ABANICO CASI MALLARMEANO

Si tiende el silencio la escala
nunca hollada de querubines,
brusca, la cadencia de ala
viene a apagarla en tus confines.

Olvidos coronan peldaños,
dóblanse espadañas y juncias,
y es un vuelo de desengaños
y un cautiverio de renuncias.

Hacia las playas que adivinas
resbalas deslizando rampas
y descorriendo agua en cortinas
finges andaluzas estampas.

El rumbo sin viaje, el perfume
en cuyas alas tú delegues
amor que jamás se consume,
sueño que se nutre de pliegues,

nata fresca de las Antillas,
raptos de vainilla y canela.
Tras una brisa de varillas,
que sí, que no, la brisa vuela.

Que no, que sí, y un ángel cedes
cada vez que el párpado late
que esquiva escorzando mis redes
y en la gloria azul se debate.

84

EL BOSQUE

Lo sabes de memoria. Como el viejo piloto
o el pastor de las cumbres conocen sus estrellas,
así tú reconstruyes con los ojos cerrados,
entre los troncos fieles, los ecos de tus huellas.

El bosque es el palacio de tus sueños de niña,
habitado de trasgos y de benignas hadas.
Y cuando ahora recorres sus claros laberintos
vuelve el sueño a posársete, ave de alas plegadas.

Son los árboles tuyos, hijos del Pirineo,
hermanos de los míos, de cántabro linaje.
El rosario de vértebras de ese saurio o coloso
de punta a punta cruje mensajes del paisaje.

Son los fresnos esbeltos, avellanos y escobios,
los nogales solemnes y estrellados castaños,
las sonajas altísimas del álamo y del chopo,
la paciencia del olmo a través de los años.

Más arriba los pinos de dolientes agujas,
los robles y el encaje de sus hojas dorando,
los azules abetos de isósceles pirámides,
las hayas aún sonoras del cuerno de Rolando.

Cuando vuelves a casa con las pupilas claras
de los pozos de cielo sorbido entre malezas,
me tiendes tus dos mayos ya casi vegetales,
olorosas al beso ciego de las cortezas.

Ven, mi reina del bosque; ven, mi infantina errante.
¿No sientes en tu planta un tirón de raíces?
Di a las locas ardillas, curiosas comadrejas
que en el huerto heredado también somos felices.

85

EL BROCHE

¿Cómo lo quieres el broche?
¿Que brille, estrella, en la noche?

Pues no hallo cosa que falte
para el ramo de canciones
si no es un broche de esmalte,
de oro, de plata, de cobre.

De oro
(si mío fuese el tesoro).

De plata
(que en la isla escondió el pirata).

De cobre
(si yo no fuese tan pobre...)

Te lo daré de azabache.
Préndetelo en la memoria
y aunque el viento duro arrache,
que no se vuelen dispersos

sin gloria
tus versos.

XXI

LA LUNA EN EL DESIERTO Y OTROS POEMAS

(1942-1948)

86

LA LUNA EN EL DESIERTO

Canto I

Imagínate tú, prudente agrícola,
ajustador de rosas y cristales,
tú que en el lago tu pensar sepultas
y al alpe elevas ansia de infinito;
imagínate tú, doctor de Europa,
que, una venda de cáñamo en los ojos,
despertaras de un sueño beduíno.
—¿Dónde estoy? ¿Dónde estamos? Este duro
navío de alto bordo oliendo a almizcle,
ese melisma amargo, obsesionante
—¿sanánida? ¿arameo?—. Y ese ciego
halo de helor que mis pestañas busca
a través de los hilos. No son gotas
pulverizadas, sal de mi Afrodita,
las que mis labios agrietados punzan.
Ni tampoco las novias de mis playas,
mi multimillonario harem de arenas.
Tú, vigía en la cofa, tú, piloto,
capitán de derrotas, ¿dónde vamos?—
Y la pregunta, sin hallar frontones,
se pierde en un rosario de camellos.

El tambor sordo ha tiempo no se escucha.
Una aprensión de soledad sin límites
acongoja al burlado. Al fin acierta
a desatar la sierpe. ¡Alah te guarde!
¿Qué ven tus ojos muevos, qué inauguran?
La mirada se pierde. Es el desierto,
el desierto de espaldas o la espalda
del desierto, postrándose de bruces,
en eterna oración. ¿Buscas montañas?
Sólo la sombra de las dos mellizas
jorobas del camello y la grotesca
de tu cabeza y hombros se recalca
desvanecida, aguada sobre el lienzo,
fingiendo una nostalgia de paisaje.

Mas piadoso en tu nuca un frío anida.
Tú te vuelves. Al fin, tus ojos saben.
Es la luna ayunando en el desierto,
la luna, la hermosísima, enlunando,
de su único pecho canceroso
criando en blanca soledad de ayuno
y hambre al desierto, al pálido desierto
que es el siglo de Adán, siglo de génesis
y de éxodo enorme y amarillo,
castigado a salir de la penumbra
del verde paraíso, encubridora.

Apenas si adheridas rotas pellas
de mal velludo oasis aún le fingen
la memoria de días venturosos
de olorosa inocencia y denso tacto.
Troncos surtiendo, líquenes y ofidios,
plumajes desplegándose sin vuelo,
saltos y chorros, fuegos como espadas,
ludibrio y estridor de cascabeles
y, verdeciendo un agostar de ingles,
claro frescor de arroyos y de helechos.

87

CASTILLA MILENARIA

Mil años ya, Castilla, madre mía,
y tu frente de reina persevera
tan niña y clara como el primer día
cuando a Santa María
rezabas desde el Castro de Valnera,

mientras tus ojos, faros de dulzura,
rodeaban los rumbos de tu rosa:
Mar de Cantabria, el Pas en su angostura,
las brañas, la llanura
más allá de Espinosa, prodigiosa.

Oh tierra de mi sangre y de mi entraña,
tierra de mi apellido y mi semilla,
oh bendita de Dios, verde Montaña,
profecía de España,
prenda eterna de luz, alta Castilla.

Mil años ya. Tus miembros se extendieron,
mojan tus pies espumas africanas,
tus costados y brazos anchos fueron,
tus cabellos torcieron
su enmarañar por ínsulas indianas.

Y hoy si tu bulto contemplar quisieras,
todo tu cuerpo recogido y prieto,
no verías sus lindes ni fronteras,
ni desde mil Valneras
dibujaras tu íntegro esqueleto.

«Tierra inmortal, Castilla de la muerte.»
Jamás, Castilla de la siempre vida,
Castilla del castillo de la suerte,
ciego, invisible, fuerte
sobre la ruina dócil y ofrecida.

Ruinas en flor, castillos de Castilla;
sus pétalos, crujías y dovelas

huelen a sol y a luna, y a su orilla
muerden hierba amarilla
polvorientas merinas paralelas.

Mas no penséis que adoleció y que fina
flor que así se desciñe y se derrama.
Un nuevo tallo brota y se ilumina
creciendo de su ruina:
torre del homenaje, chopo o llama.

Así es como te quiero, fresca y verde,
Castilla de mis libros escolares,
cuando la honda mirada se nos pierde
¿quién que no lo recuerde?
más allá de los siglos y los mares.

Estampas de color de mis niñeces,
acariciadas luego en la memoria.
Cotas y aljubas, grebas y jaeces.
Dichoso yo mil veces
que no aprendí otra patria ni otra historia.

Es Fernán a caballo —arnés tranzado—
y el rey —sayo de seda— en la ventruda
mula, y la arena del revuelto vado
salpicando el violado
rostro de crasitud que se demuda.

Luz de mañana azul. Santa Gadea.
La palabra de Alfonso, oscura y grave,
el ceño de Rodrigo. Lisonjea
el sol y se recrea
aurivolando en diagonal la nave.

Allá Torre del Oro se levanta,
roja de alegre sangre y azulejos,
y un botalón de nao se adelanta,
las cadenas quebranta
y el Betis se bautiza de reflejos.

Consulado de Burgos. Raudas quillas
—curvan costillas las atarazanas—

atropellan Sanlúcares, Sevillas,
y en bordadas de millas
fuerzan las aguas del Estrecho canas.

Más allá el sueño horrendo de Fernando
rasga el vientre a una nube de ceniza:
Cástor y Pólux, Géminis tronando.
Y el plazo va menguando
y el emplazado, de pavor se eriza.

Reina Isabel ahora escucha y calla.
Un extraño hombre en pie la frente inclina.
Habla tan mesurado. A veces falla
la voz. Muestra y detalla
con un compás la carta azul marina.

Y al fin mis ojos ven, mi mano toca
la ansiada selva virgen. Y el anciano
monje y su cruz. Y el maya o el iloca
que hace santa su boca
cantando «madre, Dios», en castellano.

Oh lengua entre las lenguas ensalzada,
latín filial, honor del universo,
clara plaza de armas, paz ganada,
hogaza codiciada,
oh sangre noble de mi noble verso.

Por ti Castilla es reina invulnerable,
por ti es eterna España ola tras ola,
siglo tras siglo, eterna e inviolable,
donde quiera que hable
hembra o varón fonética española.

Pampa de luz, volcanes de oro y nieve,
cataratas de estruendo, ardua manigua,
soledad de altiplano, augusta y leve:
el orbe se hace breve
—oh sintaxis de amor— y se santigua.

¿Cómo queréis que hoy no se conmueva
mi verso de zagal o de monago,

si al cantar a mi lengua, se renueva,
se remoza y subleva
mi niñez pura en sueños de rey mago?

Nadie elige su cuna. Mas la mía
en un raigón de castellana muela
me brezaba y mi padre aún se adormía
a la aérea porfía
del cuévano nevado de la abuela.

Brasas de lobos en la noche oscura,
manotazos del oso deshaciendo
rueca y anciana y tierna criatura.
Camino de la altura,
la Virgen de las Nieves sonriendo.

Fábula agraz de rámilas y zorras,
brincos del corzo y vuelos del pasiego,
ordeño de la leche en Las Machorras,
y tú que no te borras,
maestro enjuto dictando a Samaniego.

Águilas de Gayangos, espirales
sobre el huerto de absortos girasoles.
Ferias de Villarcayo y de Ramales.
Tardíos estivales
verdes de espigas, rojos de ababoles.

Álamos de Arlanzón, olmos de Arlanza,
aguas tajando hoces de hondas cuevas,
páramo gris, sediento de esperanza;
la vista que no alcanza
los horizontes de fronteras nuevas.

Olores: heno seco y amarillo,
la dama rosa del escaramujo,
áspera aliaga, orégano sencillo
y el leñoso tomillo
que el borceguí del cazador tradujo.

En románico porche socavada,
el tacto frío de labrada piedra

a la caricia de la luna helada,
y la torre rajada
y el concilio del ábside y la hiedra.

Castilla impresa en todos mis sentidos,
viniendo a mí, empapándome yo de ella,
Castilla en frutos, palomares, nidos;
los frescos estallidos
del viento en su basquiña de doncella.

Castilla de la historia y geografía,
efímera del año y milenaria.
Castilla o Sobreespaña, en este día
a besarte venía
tu invisible mejilla planetaria.

88

A IDA HAENDEL

Por su «Concierto» de Beethoven (14-XI-1948).

Fue primero el certamen por nacer a la vida.
Soterrañas raíces, tallos verdes, crecientes,
ensayando, palpando, sorbiendo el aire puro,
larvas, gusanos, sierpes soñando alas abiertas.
Seres en limbo oscuro su redención clamaban,
abriéndose entre fustes, desgarrados de espinas,
ásperos de cortezas que la piel les escorian,
les ungen de resina, de goma, de canela,
les aroman de bálsamos de un viejo paraíso.

Formas, ya tan hermosas, a la luz se presentan,
se adelgazan, coronan, estallan casi flores,
se deshojan, tristísimas de dulce abatimiento,
lloviendo con sus pétalos la vergüenza del tránsito.
¿A quién esa doncella crecía destinada?
¿Qué error de falso timbre ha abolido en penumbra
al dios adolescente, todo inocencia y sueño,
que pudo ser, y casi fue, y derivó en fracaso?

¿Quién nos llamaba ahora, una, dos, tres, cuatro veces,
—ay, cómo palpitaste, corazón vulnerado—
con nudillos de seda en el tabique lúcido?
Algo, sí, algo muy hondo, muy humano y muy divino
sobreviene, se acerca, imploración, milagro.

Y de pronto, oh prodigio, la pena se hizo música
y la música orbe, gloria, miembros y cuerpo
y alma tangible, nuestra, oro de alma obtenido,
oro de re mayor, alquimia al fin tan bella,
oro líquido y puro que abrasa y enamora
y se hunde en el abismo, hondo cauce bordónico,
o trepa por la gama de hamacas en peldaño
hasta que allá en lo alto de la prima esbeltísima
se le nievan de escamas —peces de cielo y hielo—
las ondas siempre de oro y tornaluz diamante.

Cuando después sollozan las musas del larghetto
¿quién no cierra los ojos para abrirlos al llanto?
Comprendemos apenas si es el mismo Beethoven
quien nos canta, conforta, confidencia, lastima,
librándonos el tierno secreto de su pecho,
auscultado del pájaro posado sobre un hombro.

Y los ojos abrimos y a ti te vemos sola.
Ida, Ida —clamamos al regresar al mundo—,
Ida —nombre de Eco—, Herida, Vida... Ida...
Increada, Increída, Perdida... Ida... Ida...
Y por el aire eléctrico de la sala, del dulce
noviembre de oro, por el cielo sube y sube
tu estradivaria lira, igual que la de Orfeo,
no a inscribir constelando su cifra rota y mártir,
sino a brillar su cálido inmaterial sonido,
latiendo, palpitando su destello castísimo,
como una estrella sola, ¡milagro!, estrella única
en el cenit helado de una noche de enero.

XXII

AMAZONA

(1949-1952)

89

EL DOBLE ELEGIDO

Qué raro es ser poeta.
Encontrarse de pronto una mañana
con el mundo feliz, recién creado,
piando, balbuciendo,
para que alguien le bese y le descifre.
Y ese alguien, el llamado
—¿es posible?— soy yo.

Qué extraño es ser amante.
Encontrarse una tarde, casi noche,
que la luz de unos ojos,
el temblor de una mano dulce y ciega,
que sí, que era verdad.
Y así —como la ola
que al mar le turge, estalla, rompe en dicha
de efervescida espuma—
del abismo oceánico del pecho
nos sube, crece, alumbra a flor de labios
un nombre de mujer
y unas alas: «te quiero».

Oh maravilla atónita.
Poesía del amor.
Amor de la poesía.
Y yo el doble elegido, regalado.

90

LA LECTURA

La lectura fluía,
la lectura era un río,
y el poeta, alto álamo,
le dictaba su ritmo.

La brisa de la tarde
nacida en el recinto
oreaba las nucas,
movía los zarcillos.

Sollozando y riendo,
juncos y versos íntimos
refrescaban la dicha
de aunarnos y sentirnos.

Tú mirabas absorta
con un dolor tan lírico,
impreso en las mejillas,
remansado en tus rizos,

que era como el paisaje
que acudía al prodigio
y se cristianizaba
virginizado y niño.

Veías, escuchabas,
más allá del martirio,
más acá de la entraña
del seno femenino.

Por tus ojos pasaban
los reflejos del río
y tú eras a la orilla
la madona sin niño,

con tus siete puñales
sólo para mí nítidos,

madre de la poesía
que era el hijo ofrecido,

tu invisible, imbesable,
inabrazablc hijo.

91

COMO LA DAMA ROSA

Acodada en la losa
de mármol del café,
como la dama rosa
del lienzo de Manet,
estabas pensierosa
y sin saber por qué.

¿Pensabas allá lejos
en el color del mar?
¿Perseguías reflejos
de nubes en Dakar?
¿Deslumbrabas espejos
ciegos de tanto amar?

Acodada en la losa
lívida del café,
como una frágil rosa,
triste rosa de té,
soñabas en la fosa
que se te abría al pie.

92

POR MUCHO QUE CONTIGO VIVA

Por mucho que contigo viva,
no podré ya vivirte niña.
Y, sin embargo, pudo ser. Mi vida,
ignorante de ti, crecía alta
cuando viniste al mundo.

Tú eres así mi recobrada hija
y tengo que ganarte aprisa, aprisa
hacia atrás, a la fuente,
tu niñez perdida.

Tú quieres ser mi madre
y has de correr, vivir, aprisa, aprisa
para alcanzarme, dejarme atrás,
para que te dé tiempo
de mirarme subir desde tu cima,
tú, vieja madre de cariño,
puerta final donde entregar mi vida.

No podrás ya vivirme, siendo madre,
mi niñez. Pero mira,
mírame bien. Verás que soy
un niño todavía,
un niño siempre.

Por mucho que contigo viva.

93

SIESTA EN EL MUSEO

Siesta en el Museo.
Dánaes y Venus
        durmiendo.

Bochorno de agosto.
La cera y el óleo.
        Sonrojos.

Tus miradas yerran.
Tus axilas sueñan
        la selva.

Entre aquellas llamas,
cisternas buscaras.
        Susana.

94

CANCIÓN

Hay voces que suenan a vuelo
de alondra subida de mayo.
Hay voces que suenan a cielo.

Hay voces que suenan con velo,
que encubren, calientan, arrullan.
Hay voces que suenan a celo.

Hay voces que suenan a chelo.
El arco se alarga, se alarga
y vibran las cuerdas de anhelo.

Hay voces que llueven consuelo.
Y funde la pena el regalo
y cunde en el alma el deshielo.

Hay voces que tú no conoces,
que yo no conozco.
Hay voces secretos a voces.

Hay voces tan hondas de roces,
tan muertas de amor en servicio,
tan yertas de huesos y goces,

tan ciertas de entrega y resquicio
que suenan a rasos de rosas,
teléfonas, negras, morosas.

Voz sola entre todas las voces,
la tuya intimísima, esclava,
oscura, su flor me entregaba.

95

PSIQUE

(Fragmentos)

I

Bésame ya, tu beso más profundo
que sea para mí, el que no diste
nueva y adolescente, ardiente y triste
de despertar sin sueño en otro mundo.

Bésame con tu dulce beso oriundo
del paraíso en que jamás creíste,
tu amargo beso o pulpa que ofreciste
a este pozo de sed en que me hundo.

Exprime entre mis labios, lenta Eva,
tu elixir del que nadie nunca beba
si no quiere sorber la muerte o cielo.

Bésame de ese beso que rebosa
y de los cuatro pétalos sin vuelo
verás nacer la negra mariposa.

II

Tardé en creerlo. Estaba distraído,
sentado, casi echado en el jardín.
Y ella zigzagueaba
indibujablemente
cayéndose en el aire, tropezándose,
rectificando fugas y caprichos,
preludios y rondós,
riendo felicísima en su música,
cerrando, abriendo el misal de sus alas
para el éxtasis puro en la flor.

Al fin la vi, la atendí
y ella, la mariposa, se dio cuenta.

De la rama del ciruelo
a la punta del rosal,
del afeitado boj, rizando el rizo
de un vuelvo sin trapecio —artista acróbata—
a posarse, a exhibirse ¿habráse visto?
en mi mismísima rodilla.
Parecía decirme abanicando
voluptuosa, sus alas bien abiertas:
«Lee, poeta, lee en mi liturgia.»

Yo estuve por pinzarla, velocísimo,
mas preferí observar, gozar, dejarla.
Sin vigilar mi mano
prolongaba su crédito la astuta
para hacerme creer que ella creía
recrearse en la cima de un arbusto.

Quise verla mejor
y al desplegar mis gafas
—mariposón descomunal—
huyó aterrada al cielo.
Pero volvió resbalando en columpios
de la hoja a la flor,
desde el tronco hasta el paño
del camuflado pantalón corteza.
Y mi mariposón ya inofensivo,
inmóvil, fascinante, cabalgaba.

Qué delicia de tintas y matices.
No era, no, la mariposa negra
nacida de aquel beso de los pétalos,
pero sí su nieta acreditada.

Las puntas de las alas, negras
con pintas blancas, luto de viuda;
unas franjas de rojo ladrillo
—pura cerámica de Etruria o Pompeya—
las separaba oblicuas
de la caja interior del santo códice,
toda entintada de otoñal agalla,
tornasolada en mínimas varillas
fluctuantes de amatistas y rubíes.

Al fin vino la noche
apoyando insensible su pedal
y fue preciso —oh mariposa, oh psique—
despedirnos.
Pero aún tuvo el adorable rasgo
en un último quiebro, puro símbolo,
de rozarme, posarse,
cúspide del instante, beso alado
—¿mariposa, Violante, psique, alma?—
en mi derecha sien,
donde se abren su rosa los suicidas.

XXIII

AMOR SOLO

(1951)

96

EL BESO DE LA TERNURA

El beso de la ternura
no es el beso del amor.

El beso de la ternura,
beso que vuela a la altura,
es beso que poco dura,
lo que dura el ascensor.

Es el beso que aligera
(baja y baja la escalera),
vuela glorioso a su esfera,
plafón guillotinador.

Es el balcón y la escala
nivelados ala a ala,
ruiseñor, alondra, bala.
Pisos, seis. Segundos, tres.

Es el beso aéreo, leve,
que se atreve y no se atreve,
y la asunción de la nieve
que está nevando al revés.

Qué termómetro tan corto.
Y el beso se queda absorto,
ardiendo por dentro, absorto,
absorto de pena, absor...

Beso que acaba y no empieza.
Quietecita la cabeza,
sumisa ¿asustada? Pura.

El beso de la ternura
sí es el beso del amor.

97

ALEGRÍA

La alegría en el mundo, la celeste
alegría en el aire, la alegría.
Nada hay que no anhele y no sonría,
nada que no aventure y que no apueste.

La veleta es saeta. En trance. Agreste.
Mírala cómo afila su porfía.
Qué fija está en el hierro que chirría,
cómo se clava, esclava, en su Nordeste.

Golondrinas tempranas, van las manos
persiguiéndose quiebros, roces, planos
por balcones, campánulas, deslices.

Los labios, desatados, no regresan,
se olvidan ya, ya ni siquiera besan.
Dejan eso a los ojos, más felices.

98

CALLAR

Callar, callar. No callo porque quiero,
callo porque la pena se me impone,
para que la palabra no destrone
mi más hondo silencio verdadero.

Reina el silencio, el obrador austero
que un puente entre dos músicas compone,
para que el labio enmudecido entone
hacia dentro, hasta el pozo, el salmo entero.

Yo bien quisiera abrir al sello el borde,
desligar a las aves del acorde
y en volador arpegio darles cielo,

si no temiera que al soltar mi rama
en vez del dulce cántico del celo
sonara la palabra que no ama.

99

TUYA

Ya sólo existe una palabra: tuya.
Ángeles por el mar la están salvando
cuando ya se iba a hundir, la están alzando,
calentando en sus alas, ¡aleluya!

Las criaturas cantan: —Aunque huya,
aunque se esconda a ciegas sollozando
es tuya, tuya, tuya. Aunque nevando
se borre, aunque en el agua se diluya—.

«Tuya», cantan los pájaros, los peces
mudos lo escriben con sus colas de oro:
Te, u, y griega, a, sí, tuya, tuya.

Cantádmela otra vez y tantas veces,
a ver si a fuerza de cantar a coro
—¿Tú? ¿Ya? ¿De veras? —Sí. Yo. Tuya. Tuya.

100

CUATRO

Mi Palabra mía.
Tu Palabra tuya.
Mi Palabra tuya.
Tu Palabra mía.
Cuatro Palabras, cuatro Poesías
simultáneas, instantáneas,
revolando, cruzándose, cantando.
Y el aire suena
a celesta de plata y arpa de oro.

Cuatro esquinas, Palabras, Poesías
y cuatro evangelistas
con el oído en éxtasis
que las están copiando
sin saber quién las dicta.
Oh maravilla de las maravillas.

101

SÓLO EL FIN

Anoche en el insomnio,
en el puntual insomnio de las tres
para pensar en ti,
tú soñando me hablabas,
me hablabas disfrazándote en mi voz,
así tan misteriosa y tan ajena
y tan soñando
que es cuando eres más tú.

Mi voz de ti venía,
yo no me daba cuenta.
y dibujaba en la íntima tiniebla
—con una luz de situación apenas—
palabras musicales, fulguradas:
mi poema más puro y más hermoso,
de ti venido y hacia ti volviendo.

Yo dejaba llegar, mojar sus alas
en mi pecho oceánico
y levantar el vuelo hacia tu costa
cada verso de amor o ave marina.
Y azotaban la noche alas felices.

No me atreví a apresarlas
y las dejé partir, perderse,
y a su ritmo celeste me adormía.

Al despertar, de día ya, no pude
recordar más que el fin:
«Sí, con el alma sólo,
pero quiero legarte
la memoria de un beso en tus estrellas.»

102

EL ARCOIRIS

«Esta tarde, mi bien, cuando te hablaba,
... el corazón deshecho destilaba.»

SOR JUANA INÉS DE LA CRUZ.

Ayer tarde, mi bien, cuando te hablaba,
tan triste y tan lejana te sentía
sin saber consolarte en tu amargura,
que al despedirme, bajo el aguacero
mi corazón deshecho destilaba.
Al buscar mi refugio solitario
rozando opacidades transparente,
oí decir a mi espalda: el arcoiris.
Y volví la cabeza. Era verdad.

Un arcoiris turbio aún, gigante,
convaleciente en lecho de negrores,
prometía a las almas esperanza.
Tú, bajo el techo, no supiste el signo,
pero algo de consuelo, algo de cielo
descendió hasta tu frente iluminándola
de pálidos matices besadores.

El arcoiris es espectro y arco
y la flecha invisible al blanco apunta,
es ella la luz blanca, la unitaria
y dardeando el corazón.
Escucha:
Por la sangre se empieza, el rojo vivo,
sigue el anaranjado, aroma intenso
que en fiebre de amarillo nos enferma.
El verde, el campo, la esperanza. Arriba
los ojos, al azul del cielo.
Húndete ahora en el añil del mar,
que la muerte violeta nos espera.

103

A LA LUZ DE LAS ESTRELLAS

A la luz de las estrellas
quiero rimar un romance,
un romance que las cuente,
un romance que las cante:

a la luz de las estrellas
porque la del sol deshace
y la de la luna miente
girándulas en el aire.

Es de noche. Todo calla.
Duermen los niños, los ángeles
se cierran, cuelgan los pájaros
en las ramas de los árboles.

(Duermes tú, doncella. Solas,
tus olas sueñan con naves,
se alzan, deprimen despiertas
sin que las contemple nadie.)

Navega la noche alta
sus profundos altamares,
y allá arriba las estrellas
no pueden dormir, no saben,

aunque abaniquen por turno
sus pestañas de azabache.
Ay, si cerraran los ojos
todas en el mismo instante.

Yo solo, desde mi huerto,
aspiro sus azahares.
Ay, quién me dijera a mí
que iba a estudiar para arcángel.

(Duermes tú, que no estudiabas,
te duermes entre tus ángeles.
Ay, quién me ha mandado a mí
conocerte, enamorarme.)

Esa luz de esas estrellas
es la luz de otras edades.
Por eso rompe tan triste
en las playas de mi carne.

Esa luz de esas estrellas
me está cantando en su cante
que después que yo me muera
subiré a sus soledades.

Y la lumbre de mi alma
que ahora mis párpados bate,
librará por los espacios
toda su pena diamante.

Esa luz de esas estrellas,
ahora sin luna y sin nadie,
me está bañando de siglos,
me está besando de ángeles.

(Duermes tú, duermen las nubes
sus sueños de tempestades.
Velan entre mil estrellas
la tuya y la de mi madre.)

104

TU ESENCIA

El alba es una esponja
y borra la pizarra
de los sueños sin rumbo.

Qué difícil contar
los sueños fugitivos
con palabras despiertas.

Quedaron sólo hilachas
de nieblas que al sol nuevo
se afilan, se disuelven.

Y sin embargo eran,
existieron reales,
congruentes los sueños.

Anoche fueron flores.
Tú también entre ellas
eras, participabas.

Confidencias silvestres
de la montaña esquiva,
amarillas, azules.

Yo masticaba cálices,
en mis yemas brillaba
un polen verdioro.

Y un frescor en la lengua
me reveló de pronto
tu esencia más profunda.

105

NO VERTE

Un día y otro día y otro día.
    No verte.

Poderte ver, saber que andas tan cerca,
que es probable el milagro de la suerte.
    No verte.

Y el corazón y el cálculo y la brújula,
fracasando los tres. No hay quien te acierte.
    No verte.

Miércoles, jueves, viernes, no encontrarte,
no respirar, no ser, no merecerte.
    No verte.

Desesperadamente amar, amarte
y volver a nacer para quererte.
    No verte.

Sí, nacer cada día. Todo es nuevo.
Nueva eres tú, mi vida, tú, mi muerte.
    No verte.

Andar a tiendas (y era mediodía)
con temor infinito de romperte.
    No verte.

Oír tu voz, oler tu aroma, sueños,
ay, espejismos que el desierto invierte.
    No verte.

Pensar que tú me huyes, me deseas,
querrías encontrarte en mí, perderte.
    No verte.

Dos barcos en la mar, ciegas las velas.
¿Se besarán mañana sus estelas?

106

SONATA EN SI MAYOR

Sonata en Si mayor, en Si o en ti,
nací y viví esperándote, esperando
realizarme. Por fin mi vida llega.
Arcos equivocados, dedos tímidos
confundiendo las claves, resbalando
por mi teclado que aguardaba siempre
tus dos manos de nieve enamorada.

No nací en Mi, ni en Sol, no, nadie elige
tonalidad, la llave de la vida,
como un color para vestido o alma.
Yo nací con mis cinco sostenidos
como llagas o condecoraciones,
como llamas subiéndome hasta el Si.

Una sonata soy y tú me suenas,
y me tocas, me vibras, me descubres,
me realizas por fin. Durmiendo estaba
como un lago profundo en el que nunca
alas de amor hermoso se posaron.

Tú me interpretas, tú también en Si,
tú para mí nacida y acordada.
Por ti nazco a la vida, tú, mi cielo,
yo tu espejo de agua. Tú y yo fieles,
sonata en Si mayor, nos reflejamos.

107

YO QUISIERA

Yo quisiera encantar como tú encantas
las palabras que asciendes a princesas.
Yo quisiera besar como tú besas
desmayando de dicha aves e infantas.

Yo quisiera imantar como tú imantas
aceros de los ojos que embelesas
y, como llega el tiempo de las fresas,
deshacerme en tu boca cuando cantas.

Ser tu sabor, tu olor, tu amor perdido,
tu recobrado sueño sin fronteras,
tu recuerdo de luz, tu adiós de olvido.

Yo quisiera querer como tú quieras
y, pues que en ti he nacido y he crecido,
yo quisiera morir cuando tú mueras.

108

LA OTRA LETRA

Y el día que se acaben las palabras
¿qué va a ser de nosotros?
Porque ellas, obedientes, vienen dóciles,
pero de tanto y tanto acariciarlas
para hacerles decir lo que queremos
y de tanto cargarles las reliquias
de un amor insaciable,
las estamos gastando y abrumando,
desfigurando de transfigurarlas.
Y ellas no pueden más, las pobres
y ya casi inservibles de tan fieles.

Las palabras se agotan, se marchitan,
y detrás de ellas llega la amenaza
de la mudez.

Y el día que se acaben, que se callen
de pura inefabilidad
¿cómo continuará nuestro amor trágico?
Desprevenidos nos sorprenderá
la estación de la muda.

Hay otro idioma eterno, inagotable,
el que debimos aprender
y no estudiamos nunca. A su crujiente
playa de sal nos acercamos trémulos
sin atrevernos a sus verdes aguas.
Es el mar de la música
o la esponja total —luces y abismos
para el abismo y la luz única
del deseo de amor y de la entrega—.
Allá donde los bosques, las montañas,
las rocas, las arenas de poesía
se desesperan, loco finisterre,
allá nace y resuena y muere y nace
la lengua del amor supremo,
del dolor y la súplica infinita,
la que sabe decir lo que ni el labio
ni la mente conciben o articulan,
la que crea el amor y en él se crece
y se descrece,
y es del amor creída y escuchada.

Pero tú y yo nada sabemos
de sus frases, sus ondas evasivas,
de cómo se moldean y se inventan.

Y amordazados vamos al prodigio
de lo que otros amantes más felices
se dijeron cantando.
Y revolvemos ráfagas o folios,
las cartas a elegir del «Secretario
de los enamorados», esa música
a Clara o a María destinada,
y la hacemos decir tras lo que dice
—lo que de nuestro cielo intransferible
nos abre en flor— la otra humilde letra,
el escucho al oído: «Te amo siempre»,
«Voy contigo a la muerte y no la temo»,
«Ayer tarde ¿por qué no me mirabas?»

109

NO SEAS COMO LA FLOR

No seas como la flor
que ama sólo una quincena
y en el fruto que envenena
se desnuda de esplendor.
Te quiero infinita, amor
de raíz oscura y ciega
al agua que la navega
para ascender a la luz,
amor, amor de la cruz
tras de la tala y la siega.

110

DON DE LÁGRIMAS

Lloraba el niño de dolor,
de vergüenza lloraba el hombre
y lloraba el adolescente
del amor novio entre rubores.

Lloraba a veces el artista
llantos de poesía y de música,
felicidad, pena secreta
de otra alma que llora y le busca.

Lágrimas altas de embriaguez,
lágrimas de dicha olorosa,
como burbujas que nos trepan,
que nos florecen, nos rebosan,

que engloban el cielo y lo tiemblan
y lo sostienen tibio y trémulo
y ruedan luego abriendo un surco
de lava que ignora su infierno.

Siempre el llorar es don divino.
Llueven lágrimas de la amada
sobre nuestras manos culpables
y sentimos fuego en el alma.

Brotan puras como rocío
nuestras lágrimas tan sin nubes
—el cielo está limpio esta noche—.
La mina, el pozo tú lo nutres.

Sí, tú me has dado el don de lágrimas,
el mayor bien sobre la tierra.
Dígante mis lágrimas tuyas
mi amor inmenso que te anega.

111

TÚ ME MIRAS

Tú me miras, amor, al fin me miras
de frente, tú me miras y te entregas
y de tus ojos líricos trasiegas
tu inocencia a los míos. No retiras

tu onda y onda dulcísima, mentiras
que yo soñaba y son verdad, no juegas.
Me miras ya sin ver, mirando a ciegas
tu propio amor que en mi mirar respiras.

No ves mis ojos, no mi amor de fuente,
miras para no ver, miras cantando,
cantas mirando, oh música del cielo.

Oh mi ciega del alma, incandescente,
mi melodía en que mi ser revelo.
Tú me miras, amor, me estás mirando.

112

AMOR SOLO

Sólo el Amor me guía.
Sólo el Amor y no ya la Esperanza,
sólo el Amor y ni la Fe siquiera.
El Amor solo.

Tú, amada a quien amé
y no sé si desamo;
vosotras, mis amantes, que me amasteis,
que me amáis todavía, que ancorasteis
de ancla o de cruz de amor hasta la muerte
vuestros leales corazones míos:
quedaos lejos, más lejos. E invisible,
ya irreal, fantasmal, tú, mi penúltima,
lejos, más lejos, no te necesito.

Es el Amor, sólo el Amor, sin nadie,
quien se mueve y me embriaga y me libera
y en su reino de luz soy todo alas.
Amor, Amor, por fin te veo y creo.
Veo, toco tu faz sin antifaces.
Sí, ya eres tú, la fiera de tus ojos
sigue siendo la misma, la que ardía
—taimada y doble ascua, infierno en cielo—
asomando a la tela sin pestañas
—cerco de ojales crueles de tijera—
de las sedas extrañas que abultaban
narices deshonestas, que a las bocas
no querían cubrir, pozos impúdicos
si abiertas, flores si cerradas,
vírgenes flores misteriosas, serias.

Pero tú, mi Amor solo, tú, mi pascua,
fuiste dejando deshojar el lastre
de tus sedosas máscaras: la verde,
la de rústica rosa ensangrentada,
la de amarilla palidez dulcísima,
la negra acuchillada de fulgores.

Mis manos, torpes, las acariciaban,
querían desgajarlas, pero en vano.
Ellas reían o quizá lloraban,
mientras mis dedos patinaban sedas
y ni un pliegue fruncían.
Y, ensortijando atrás cabellos de humo,
del enigma luzbel se consolaban.

Tú, mi incesante, océano sin fondo
bajo la espuma varia de colores,
esperabas la fecha, mi desánimo,
mi reniego y renuncia,
mi cerrar de ojos crédulos,
para calladamente desprenderte
de la hoja o antifaz, roto el pedúnculo.
Y al alzar yo mis párpados
no te reconocía.
Tardaba en darme cuenta meses, años,
de que era un nuevo carnaval, un símbolo
de otro matiz quien con los mismos ojos
—de otro timbre también pero la luz
magnética la misma— mujer nueva,
eterno amor mentido, me esperaba.

No, Amor sin ella, Amor definitivo,
mi Amor, ya para siempre y descubierto,
Amor vacante, Amor o acaso Muerte,
mi antiyó, mi antivida,
tú, mi Amor, mío, eternidad lograda,
cielo en la tierra, ancla de Dios
descendida a mi arena submarina
entre un fragor sublime de cadenas.
No. Tú, Amor mío, no eres ellas, no,
sino quien tras de ellas se escondía.
Y yo, en tu rayo y rayo, yo en tu hierro,
celeste Amor después de las mujeres,
—oh revés, mascarilla de la amada,
cóncavo encuentro de último infinito—
yo, vaciado en ti, tu forma beso.

XXIV

PAISAJE CON FIGURAS

(1943-1955)

113

VISITACIÓN DE GABRIEL MIRÓ

Y de pronto no te conozco. Nunca te vi tan joven.
Es la miel de tus ojos donde tiembla el recuerdo
de una lágrima fría, diminuta de estrella duplicada,
la que me unta y chorrea y me remoza
y antes de que el abrazo confirme nuestro encuentro
pone en mis labios agrietados y áridos dos sílabas de gozo,
las de tu nombre de miel: Gabriel, Gabriel.

Nunca te vi tan mozo. Apenas veinte años.
La estatura del tiempo tras la tumba
ha rasado el nivel.
Cada muerto, ahora lo veo claro, alcanza el suyo
con paciencia de años,
la talla y cifra de su yo más profundo.
Y cuando están colmados, logrados, estallantes de vida nueva,
anticipan la hora de la resurrección
y se revisten de la carne gozosa, aún no gloriosa,
y de la piel de flor a flor de piel
y de la luz de lágrima y de miel.
Cada muerto elige su edad definitiva.
Cuando él era más él, así será por siempre.
Niños, adolescentes, doncellas, barbados mozos,
y, sí, también ancianos de arrugas musicales
que sólo en el diciembre de su edad
los arpegios más hondos de su ser arrancaron.

Por eso tú al sentirte realizado
vienes a mí, a mi encuentro, impaciente de roces,
de sentir, de saber que se abolió el paréntesis
entre la vida y la vida,
que todo ha sido un sueño, un dulce dormir plúmbeo hasta los [huesos,
un nacer otra vez con la conciencia entumecida
y un crecer otra vez hacia la santa memoria
y la eterna, maravillosa identidad.
¿Y en qué otra edad ibas tú para siempre a edificarte
sino en la del asombro sin cautela,
en la del primer cántico a la luz,
del primer beso ingrávido, del beso recibido,
del beso sin saberlo merecido?

Bien lo recuerdas ahora cuando me miras
fijamente a los ojos. ¿No te parezco otro?
Mírame bien. Mi ángel es el mismo
y aletea en mis vagas pupilas verde abismo.
No me midas con la vara del año
ni me cuentes los flecos nevados o perdidos.
Yo soy aquel que en tu oficina una mañana
vino a dejarte un nido entre tus manos,
caliente y bullicioso de pajarillos nuevos.
Tú buscabas en mí tu mocedad huida
y todavía no lejana.
Luego salimos —mediodía, enero—
al Prado señorial y tu palabra augusta escalaba los cedros
y entre las ramas de encaje libanés
me enseñaste a mirar y valorar
un purísimo azul casi morado.

Ahora, Gabriel, contempla, abre los ojos,
anégalos de azul todavía más nítido y tostado.
Ese es tu cielo: el aire, el ámbito sonoro de Levante
que se raja en delicia al cortafríos, al cortafuegos
de tu mirada amante de diamante.
Ese es tu mar de joya extensa y ciega,
esa tu tierra, tu inverosímil tierra blanca y rosa,
esa tu ciudad cuna que te acuna
al rumor betlemita de las palmas.

Y ese hombre de la triste sonrisa,
de corpulenta madurez cargada de hombros,
ese que se apea del polvoriento asnillo,
que se te acerca blanco de cal y de algodón de julio
para darte un abrazo,
en un misterio de visitación de edades,
es tu primo Sigüenza, el de ti desdoblado, traspasado de biseles
[y espejos,
es tu Sigüenza hermosamente antiguo,
florecida la boca de ironía y sentencia.

Qué plenitud, qué gloria de reconocimiento.
Tu comarca te abraza de horizontes,
te sabe regresado, te festeja celosa y entregada,
esperando el milagro de la posesión por la palabra.
Oh fiebre de matices, oh mudanzas de aromas,
oh los suaves, aspérrimos contactos,
restregados de ráfaga y de dicha.

Y levantas en la palma de la mano
al litúrgico insecto, con casulla de doctor o de mártir,
o exprimes —turbia esperma— la acidez del limón núbil,
como si aún reviviera
la mancha de conciencia de la tinta.

Entretanto en Oleza por Don Magín pregunta
una dama ancianita que llegó hoy en el tren
con un libro y un ramo de nardos y claveles.
Y en el muelle ha atracado, en Alicante,
un barco con un casco y una popa tan vieja
que aún reza la matrícula cristianamente *Cristianía.*

¿Es que el tiempo no pasa?
¿Vivimos ya, vives tú en lo eterno,
en la visitación de las edades?
¿Será verdad —Sigüenza, no sonrías—
que aún se disputan, premian escopetas
por derribar pichones blancos, blancos
en el cielo sin diana, sin tacha y sin un cero?

Déjame que te deje, Gabriel en ese filo
de tu edad más cumplida, ilusa de sentidos y de alma.
Quiero dejarte solo, sin amigos
que se te puedan morir como Isabel al Borja,
solo, mas con los tuyos, eternizados hijos del espíritu,
creados por tu mente, tu corazón de oro y tu fonética:
con Pablo y Enriqueta, Don Jeromillo y Tabalet,
y las figuras soñadas en torno al Rabbi,
en esa Tierra Santa, esa Tierra Sigüenza
hermosamente antigua frente a la tierra de Gabriel Levante.

Quédate solo, sube al cíclope Ifach,
a Guadalest la esbelta, a Aitana majestuosa,
baja a Altea la Vieja, bruñe el cristal de roca
de Santa Pola, entra en Polop,
en tu casa de estío y de penumbra
—un rasgueo de pluma, un bordón de moscarda—
y límpiate el sudor con el pañuelo generoso
al volver a las flores y a los cantos
de tu huerto de cruces.

Ahora, Gabriel, no preguntas
porque tú ya lo sabes.

114

LA DÉCIMA DE LOS NUEVE VERSOS Y UN VERSO

Mas
no obstante
siempre
cuando

sonriendo hacia mí vienes,
aunque conjure en mis sienes
memorias de ti llegando,
nueva y rara y estrenando

tu más misteriosa vida
te acercas desconocida
de quien te conoce a ti
tanto
desde
excepto
si
¿ego
sum
es
esse
fui?

115

EL MERCADER DE SEMILLAS

Plaza de las maravillas,
instala su tenderete
el mercader de semillas.

Las semillas misteriosas
en papeles de farmacia
leves, dormidas, ociosas.

Y los bulbos de jardín
como cebollas de seda,
nombre y familia en latín.

La plenitud de las flores
viene en cartones pintada,
lujuriante de colores.

Huertos de Valencia y Francia
cifran aquí sus abriles
y su remonta fragancia.

Botánicas Bellas Artes.
Yo mi lección de poeta
aprendo todos los martes.

—¿Qué puedo sembrar, amigo?
¿Don Diego de día o noche?
¿Espuelas de Don Rodrigo?

Compadre, ¿qué me aconseja?
¿Dalias de Irán, nomeolvides?
¿Jazmines junto a la reja?

Quiero semillas gitanas
que ansiosas de luz y brisas
florezcan en seis semanas.

Démelas de nombres lindos
y de matices extraños:
gladiolos, miramelindos.

Hierba de plata, alelí,
boca de dragón, caléndula
y silene carmesí.

Y vuelvo al jardín soñando,
apretando contra el pecho
flores que van despertando.

116

EL MISTERIO

Hoy el viento es más denso.
Montañas, astros, almas
se acercan sin remedio.
Y el tren silba aquí mismo,
ululando, plañendo.
Todos vamos viajando.
Yo sólo voy despierto.
El viento es invisible
y visible el misterio.

117

LOKANG

(Boceto para un poema de Bali)

La memoria, Lokang, la memoria.
¿Dónde fueron las nubes
robadas de Java?
¿Dónde está el relámpago
y el trueno y el agua?
La memoria ¿se ahoga o se quema?
¿Se pierde o se salva?

La memoria de mango y de aceite,
la memoria de sangre y sampaga
la ahuyenta la lluvia,
la crea la llama,
la llama que ondula,
que crece, agiganta.
La memoria, Lokang, la memoria
de algo que me arrasa,
algo que me ciega,
algo que me llaga.
¿Dónde están mis ojos?
¿Convertidos en lotos de charca?
¿Eran de topacio,
carbunclo, esmeralda,
de fosfóricas luces marinas,
de centellas de tigre encelada?
¿Dónde están mis brazos,
mis manos de gasa,
mis dedos de incienso,
mis uñas de garza?
¿Dónde está mi cintura de siglos,
mi serpiente irisada de escamas,
y mis piernas tan de hojas sumisas
y mis pies tan de plumas prensadas?
¿Dónde están mis mejillas, mis pechos?
¿Dónde está mi tiara?
¿Dónde está mi memoria perdida,
mi volcánica, céntrica lava?

¿Dónde fue mi gambang de bambúes
que sonaba en la noche sagrada,
y mis trances de niña rituales
en el légong sin tiempo olvidada?
¿Mis insectos de clámides de oro
y mi grito arpegiando las cañas?

Mi memoria, Lokang, mi memoria,
mi memoria en la danza, en la nada,
—¿dónde están mis trenzas
prometidas a Brahma?—
deshaciendo sus nudos, sus lazos,
deshilando sus cintas tan largas
—¿dónde están mis nupcias,
mis helechos de sierra dentada?—
¿dónde caen esas gotas de oro,
gamelanes de noche estrellada?

118

SEGUNDO SUEÑO

(Homenaje a sor Juana Inés de la Cruz)

«No me acuerdo haber escrito por mi gusto
si no es un papelillo que llaman el sueño.»

Dad al sueño también lo que es del sueño.

El sueño es vida, es la suprema vida,
mas no el sueño de párpados piadosos,
vencidos a su peso de ala en nido
hasta rimar pestaña con pestaña.
¿Imagen de la muerte? No. Los muertos
dejan abierta una rendija lívida
¿Por qué se la cerramos? Ellos quieren
luz tamizada, mansa, el entresueño.
Ni entresueño de muerto ni engañosa
luz de escenografía de durmiente.
Dormir es abdicar y viene el sueño
—primero sueño— y ciñe la corona

de deseos, delirios, delincuencias
y reinamos, monarcas del vacío.
Pero es el otro sueño, el otro sueño,
segundo sueño, sueño a que se asciende,
no en humos de vapores sino en alas
del vuelo merecido y apoyado
en otro infante aletear gemelo,
ambos batiendo azul, éxtasis ambos;
es ese sueño —el raro sueño esquivo,
el sueño del despierto, del tan lúcido
que ve lo que los otros ni aun postulan—
el que es vida suprema.

Yo quisiera cantar para ti, Juana,
la didascalia maravilladora
de la más noble y cálida oficina,
del taller de poetas y de sórores.
Porque tú eres poetisa y sabihonda,
musa y monjita, y sueñas y lucubras,
despierta o ya dormida o en el alba
del gradual recordar, de tu alquería
rumbo a Nepantla, al sol y a los virreyes.
Tú me comprenderás, tú amaste mucho,
tú eres siempre una niña enamorada
y estás viviendo tu segundo sueño.

Ya del primero sueño despertamos,
la aurora nos regala y nos posee
y sobre nuestros hombros un vacío
de plumas de cornejas nos recuerda
los trofeos del Erebo y ¿quién sabe?
Y rompemos a andar rasgando el éxtasis.
Este soy yo, mi pierna no es el árbol
ni esa nube de fuego arrebolada
es mi respiración que en el consuelo
de la conciencia azul dura y anida.
El agua, el agua ¿y eso será todo?
¿No habrá más que el remanso, que la copia,
ese otro yo rizado e incesante
que puja desde el fondo del deseo
hasta besar el atrevido límite?

Y con el dedo escribo. Y rompo el pacto
entre el aire y la fábula incestuosa.
Qué soledad maestra y sin indulto
la del ser en su ser. Naturaleza,
naturaleza, ay, desnaturada
madre, princesa y flor del abandono,
flor frutecida para holganza estéril.
Y sigo caminando, sonriendo
de sentirme en mi ser, ser para nadie,
ni para mí ni para aquella nube.
Ni para aquella, no, ni para aquella
estrella de la tierra, tú, muchacha
que encerrada en tu ser pasas y miras.
Esgrima negra, tu botón sin sangre
no cree en primaveras, no se cree
a sí mismo, no abre fe, no ama.
Y se retrae tristísima la antena,
retráctil de estupor, allá a su poza.

Mas de pronto un suspiro como un cielo
la vela hinche del pecho. Es el milagro,
en la pregunta en punta, es la visita.
¿Esta es mi casa, soy yo el elegido,
el súbito? Esta luz —no sé de dónde—
me besa, sí y me orla. ¿Soy traslúcido?
Esta luz, esta luna que me invade
¿dentro de mí dormía? ¿Esta es mi mano
o la mano de un ángel que perdiera
de un rayo infelicísimo la espada?
Y me la beso, beso ya mi mano
—mútil y seccionada vena a vena—
como ajena a mi cuerpo, como un guante
que aún guardara el aroma de su huésped.
Con la otra mano, tibia y compasiva,
la acaricio, la elevo como flor.
Mi mano diestra: una corola, un astro,
un alabastro. Y me pertenecía.

¿Tan mía será ahora como el fuego
lo es de la zarza ardiendo, y el paisaje
del vidrio transparente y siempre virgen?
¿Como el amor de Dios se nos trasluce

en el cariño humano a criatura?
Y esta mano de luz enajenada
¿será también fanal para los otros?
Este pulso de lumbre, estos latidos,
destellos de jazmines y falanges,
fueron ayer calientes, resbaladas
lágrimas de mujer por mí vertidas
—pues ya en líquido humor viste y tocaste,
Juana de ayer, de entonces, siempre,
tu corazón deshecho entre mis manos—.
Y este pulso, destellos o latidos,
este selenio halo de mis dedos
¿es visible también a ojos de enfrente?
Amigos míos, ¿os alumbra y besa
este candor novísimo, novicio,
de mi mano y acaso de mis ojos,
de mi frente ignorándose, de todo
mi ser corpóreo en luna enhechizado?
¿En luna que de un sol espeja, enfría
el bálsamo o recuerdo bebedizo?
¿Os sirve de consuelo esta errabunda
fosforescencia, esta imantada órbita
que una elipse de gloria inventa y cierra
en la orfandad de un mundo tenebroso?

Vestido voy de mí, que mi desnudo
es el sueño, es la luz que me sostiene
y me esgrime en un aire de banderas,
es el amor, la música del cielo.
Y tú que fuiste musa y fuiste música
de armilares, obesos instrumentos,
que pulsaste el esdrújulo y el tacto
helado de marfil del clavecímbalo,
tú, cecilia de fugas sin preludio,
tú, Juana Inés en claustro de sonetos,
sabes cómo se canta y se discanta
cuando se vive en espiral de olvido,
cuando se sueña y anda de puntillas
para no despertar hierbas ni flores,
para no despertarse.
Es un pisar sin peso, es un satélite
andar de vuelo, porque son las alas

—las alas que el pudor negar quisiera
y que se esponjan sin abrir del todo—
las que nos llevan con rumor de ángel,
sin que los pies acierten a otra danza
que a mal fingir para torpes testigos
un trenzado beodo y verosímil.

Es el amor, la música del cielo.
Y los pies tejen ínclitas escalas
y arpegios van las alas desplumando
y en acordes los torsos duran, vibran.
Habitados de amor, somos felices
y nos desconocemos. Dice el cuerpo,
dice el alma: «Señor, yo no soy digno.
Yo no soy digna, no, ya no soy digna.
Cuando antes me arrastraba por la arena,
apagada y opaca, no sentía
la vergüenza de ser, de inmerecerte.
Pero ahora que tú, celeste dueño,
sol de mi vida, me sellaste luna
hundiéndome tus dedos abrasados
en mis íntimos huesos, haciéndome
despertar del letargo, cantar lírica
tu soneto reflejo, tu sonata
de purísimo amor a ti devuelto;
ahora que Dios, Amor que me destilas,
ilumina y trasciende mis racimos,
ahora soy feliz por la tortura,
la negación penúltima y la entrega,
mientras arden mis labios letanías:
no soy digna de ti, ya no soy digna.»

Amor de Dios, supremo amor de arrobo
para el que adolescentes ensayamos
—oh prisiones que labra fantasía
de celosa doncella enamorada—
besando el rastro a esquiva criatura:
esto fue Juana, tu segundo sueño;
sueño de amor humano hacia el divino.

Amantes nuevos, dad también al sueño
lo que es del sueño, Amor.

XXV

SONETOS A VIOLANTE

(1951-1957)

119

LA LLAMADA

A nadie espera ¿a nadie? a nadie espera.
Ya nada quiere ¿nada? nada quiere.
Vive en la nada y en el todo muere.
Sueña que muere y viva desespera.

Una mano que duda, que se altera,
que se arrepiente, y vuelve y con ahínco
—tres, cuatro, cero, ocho, nueve, cinco—
hace girar la rueda mensajera.

Un timbre llama, calla, una esperanza
responde oscura, el alma en el alambre.
Por el hilo de cobre se abalanza

el oro de una voz, mieles de enjambre.
Un mundo va a nacer. Todo es mudanza.
La vida pende de un torcido estambre.

120

EL NUEVO SER

¿Y ahora resulta que las musas aman,
que las musas amáis, que sois mujeres,
que ya me estás queriendo, que me quieres,
que no quieres volver donde te llaman?

¿Que tus cinco sentidos se te inflaman
y tu piel está loca de alfileres?
Carne, celeste carne, ¿también eres
sensitiva a los dedos que te enraman?

Ven, que quiero obtener tu timbre puro
y liberar del éxtasis tu arpegio.
Ven que te arranque un son de sortilegio,

tu nunca oído son que te inauguro.
Ven ya que te bautice entre mujeres:
Violante, el nombre crea, mía eres.

121

DISUELTA EN LLUVIA

Bendita sea el agua, el agua mansa.
Tú me la envías, tú, por ti me besa
en mi frente desnuda y montañesa.
Besa, oh lluvia purísima, remansa

en mí como en mis ríos: Deva, Nansa,
Saja y Besaya —amor que nunca cesa—,
Asón que el salmón salta presa a presa,
Pas que en cantar mi sangre no se cansa,

Miera que a un sable de oro su alma entrega.
Todos mis ríos, toda mi fortuna,
rizados van de ti, lluvia mimosa

que mojas, oscureces playa y duna.
Porque eres tú, disuelta en lluvia ciega,
quien me lame las manos amorosa.

122

NOCHE DE SAN LORENZO

Llamas errantes: esta es vuestra noche,
es vuestra epifanía, es vuestra gloria.
¿Almas visibles sois en trayectoria
de purgatorio a cielo? ¿O sois desmoche

de ángeles rojos que el infierno abroche
en sus hornos candentes de memoria?
Estrellas os llamaron, oh ilusoria
fantasía, oh magnánimo derroche.

No sois estrellas, no, no despeñadas
rayáis con vuestras uñas las cerradas
moradas de ese duro firmamento.

¿Carbones, ascuas, chispas de parrilla?
Centellas de mi amor sois en traílla,
crines errantes de mi pensamiento.

123

LA FALTA

Mi lección no escuchaste. Tú no estabas
entre el callar del mirlo y el convento
del unánime y dulce pensamiento
de las alumnas nuevas. Tú faltabas.

(¿Te pondré falta?) Rítmicas, esclavas,
por aquel virreinal recogimiento
—tu paraninfo en palosanto atento—
mis palabras volaban. ¿Qué orotavas

de amor, teides de éxtasis sublime,
lagunas hondas de estrellor secreto
te me hurtaron? ¿Por qué no estabas, dime?

Salí al claustro, era ya la noche alta
que clausura la flor y abre el soneto.
Y miré al cielo y no te puse falta.

124

MANOS EN EL PIANO

Mis manos son —qué flores tan extrañas—
mis manos que acarician —tú las viste—
el capullo, el marfil —tú las quisiste—,
mis levísimas, líricas arañas.

Míralas cómo pulsan las entrañas,
reman las barcarolas del mar triste,
peinan la espuma negra que tú oíste,
que salpicó tus sienes, tus pestañas.

Qué flores tan extrañas estas manos.
Se cierran y se abren por los valles
de silencio o de música o de olvido.

Vagan por los desiertos extrahumanos,
se pierden por las cuevas de los talles.
Mis manos, la inocencia del sentido.

125

MANO EN EL SOL

Mano en el sol, tu mano transparente.
¿Te acuerdas? Oh prodigio. Traspasada
de rosa eternidad, transfigurada,
era lámpara o jaula incandescente.

Tú la mirabas. Todo lo inmanente
se te hacía real de gloria alzada.
¿Ángel serías, ángel sin espada?
No, que esta aurora es carne. El sol no miente.

Futuro paraíso de falanges,
de alabastros, vidrieras y losanges,
tu mano, sin morir, ya te interpreta.

Esqueleto de dogma, el sol cristiano.
Diáfano el ser, mirando estás tu mano.
(La otra en sombra.) Cántalas, poeta.

126

LA LUCIÉRNAGA

La luciérnaga alumbra su luz verde
y es ya un cuento de hadas la hortaliza,
palacio de la col que ahonda y riza
cámaras, ecos que el reflejo muerde.

Un momento no más, que yo recuerde:
¿dónde vi yo esta luz que así enhechiza,
este verde de estrella agachadiza,
que la tierra ganó y el cielo pierde?

¿Fue en un viaje de acuario submarino,
fue en un pozo de mina de Aladino
buscando el oro verde, la esmeralda?

Déjame que recuerde, limbo o cielo.
Fue a la vuelta del faro y en mi pelo
de niño ardía. Guárdala en tu falda.

127

LA VENUS DEL ESPEJO

Pensemos en la muerte enamorada,
la muerte que es la espalda de la vida
o su pecho quizás, ida o venida,
que hasta abrazarla no sabremos nada.

Creemos que la vida es nuestra amada,
que la besamos en la frente ardida
y que detrás hay una nuca hundida
que acaricia la mano trastornada.

Y vivimos tal vez frente a un desnudo,
una espalda hermosísima o escudo,
la Venus del espejo de la muerte.

Más allá, al fondo, sus dos ojos brillan
de malicia o de amor, nos acribillan.
Oh Venus, ven, que quiero poseerte.

128

¿DE VERAS?

¿De veras necesitas de mis rimas,
te alientan, te alimentan en tus claras,
en tus oscuras soledades raras
—tú, vórtice, epicentro, alud de climas—?

Cuando te extrañas y sin ti te intimas
y tu propia oquedad desenmascaras
y ya no oyes la piedra que arrojaras
alma abajo en la sima de tus simas,

¿pueden mis versos remontar el vuelo
por tus cóncavas playas interiores,
pueden acariciarte, alzarte un cielo,

encenderte un anhelo de rubores,
susurrarte un dulcísimo martelo
de sílabas en flor para que llores?

129

ÁLAMO CERRADO

Cuando estoy a tu lado ¿por qué callas?
Tus labios apretados, di ¿qué río
interior te represan, qué rocío
roban volando y brillan, y batallas

contra ti misma y tiemblas y avasallas
tu cauteloso amor y en desvarío
le haces estremecer de escalofrío,
amor amordazado en tus murallas?

Toda eres tú temblor de álamo verde,
temblando estás —mi brisa te remuerde—
raíz, tronco, ramas, hojas, flores, cielo.

Y se te asoman lágrimas de savia
y te rezuman éxtasis de labia
y te lastiman pájaros sin vuelo.

130

VOY A DECIRTE ADIÓS

Voy a decirte adiós. Ay, ya es hora,
ya es noche casi y soledad apenas.
Quiero absolverte en paz, abrir cadenas,
devolverte a tu vida. Adiós, pastora

de enfaldado sombrero, engañadora
de todos los corderos de mis penas.

Adiós, razón, marea de mis venas.
Adiós, mi siempre isleña. Y llueve ahora,

ahora que a mi renuncia he puesto el sello,
ya en soledad de ti, niña en cabello,
y dulcísimamente se me queja

la lluvia, o ¿es tu charla sotto voce?,
y dulcísimamente se me aleja,
Viola mía, Violante. Y ya es de noche.

XXVI

CANCIONES A VIOLANTE

(1951-1959)

131

AHORA QUE EL VERSO VUELE

Ahora que el verso vuele y vaya suelto,
creándose su forma, su capricho,
su cola, surco, espuma: pez de plata
sinuoso en los senos de agua verde,
en el azul del aire
timón de ave feliz.
Porque tú estás aquí, conmigo, ahora,
te estoy sintiendo lírica a mi lado
y yo, sin calcular bóvedas, sílabas,
te susurro al escucho mis secretos
que son y fueron ya los tuyos.

Violante, mi Violante anticipada
¿y tú me estabas ya queriendo?
Antes que tú existieses en mis ojos,
que yo en los tuyos,
¿mi verso en ti existía,
te sostenía azul, te abría alas
para los más audaces sobrevuelos,
te hundía en enigmáticos abismos,
te devolvía al sol, te buceaba?
Mi verso en ti, besado por tus labios,
desmenuzado —oh dicha— por tus dientes,
más tuya, más eterna, más mía te rendía.

Tú le obtenías íntimos misterios,
sentidos nuevos, tan ocultos,
minas que generosa le inventabas.
Y acariciando así a mi hijo,
me acrecías a mí.
Obra soy tuya, mi increada hija,
mi creatura creadora.
¿Es un incesto, pues, lo que nos liga?
¿Este inocente verso es sangre?
Dime, Violante ¿y desde siempre
tú y yo nos parecemos?
Mírate en el espejo ¿es esa llama
la llama de mis ojos?

Y yo quería descifrarte
y eres tú quien me sabes, quien me dices
lo que hube en otro tiempo sido,
lo que tú sonriendo me añadías.
Ayúdame a creerme. Canto, existo.

132

QUISIERA SER ESCULTOR

Quisiera ser escultor
para modelarte nueva,
para ser un poco Dios.

Dios no tiene poco y mucho,
mas si barro pongo o quito
o pellizco, en Él me asumo.

Soy el todopoderoso,
te prosigo o te interrumpo,
soy —ya está— el todoamoroso.

Con qué ardor mis ojos clavan
los volúmenes aún ciegos,
los santos bultos del alma.

Tú, toda rubor, te muestras
a mis ojos de santero,
isla sin velos, exenta.

Yo navego en torno y cierro
el círculo y mis espumas
mueren en tu plinto seco.

Quiero saberte en mil luces,
mil ángulos cardinales,
mil escorzos y un volumen.

Inmóvil ya para estatua,
una isla es una mujer
nueva en las manos del agua.

Las de mi cuerpo te buscan,
te excavan y te amontonan,
te humedecen y te fundan.

Ya vas surgiendo del sueño,
ya coronan tus volcanes
mis arpegiadores dedos.

Ya estás hecha. Y digo «Parla»
y soplo en tu barro fresco
toda el alma de mi flauta.

Estas manos teologales
te dieron el nuevo ser,
estas mis manos triunfales.

Te abrazo y cierro los ojos.
Palpándote, mar inmenso,
toda mía te conozco.

Tu otra tú regresa al mundo.
Quisiera ser tu escultor,
un poco tu Dios o un mucho.

133

ME ESTÁS ENSEÑANDO

Me estás enseñando a amar.
Yo no sabía.
Amar es no pedir, es dar
noche tras día.

La Noche ama al Día, el Claro
ama a la Oscura.
Qué amor tan perfecto y tan raro.
Tú, mi ventura.

El Día a la Noche, alza, besa
sólo un instante.
La Noche al Día —alba, promesa—
beso de amante.

Me estás enseñando a amar.
Yo no sabía.
Amar es no pedir, es dar.
Mi alma, vacía.

134

MILAGRO

Esta naturaleza
siempre ofreciéndome motivos
como si ella también pensase en ti.
No quiere ella que la cante. Ella
se mueve y se transforma
para ofrendar a Dios sus donaciones.
Naturaleza, hija, toda ella
metamorfoseando
su identidad, su carne, sus avatares indecibles
a la gloria del Padre.
Y yo obediente a mi destino
este de a ti cantarte,
a ti, escala en el cielo hasta el más cielo.

Pues mira, hoy este cielo
este cielo visible y navegable
por donde el hombre pasea
su volubilidad de meteoro,
este cielo, ya ves, azul muy pálido,
tan despejado ¿ves? está llorando,
está lloviendo.
De invisible esponja
exprime gotas cálidas, urgentes,
goterones de lágrimas.
La tierra abre sus labios de terrones
y bebe, bebe
como rico Epulón beneficiando indulto.
Qué maravilla de maná del cielo
que yo recibo en mis palmas abiertas
y en mis labios cerrados para el más casto beso.
Y miro al aire. Ni una nube.
Tan sólo apenas palidez tenuísima,
como si una sola lágrima tuya
se hubiera hecho tan inmensa,
—óptica cúpula del cielo—
y difundiendo su cristal borroso
se le hubiera adherido,
vacilante, flotante y tan piadoso,
y de puro extenderse y resistirse
se quebrase en mil gotas y cayese
tu lluvia o bendición inverosímil
sobre este suelo que por ti ya es santo.

135

MIS VERSOS

«Nunca olvidaré tus versos.»
Entre mis versos y tú
dejaste así el pacto hecho,
pastora de mi poesía,
todo el rebaño obediente
de mis felices corderos.

Nunca olvidarás mis versos.
Pero mis versos, a mí
¿me olvidarán?
Tan bien hallados contigo,
acudiendo a pacer sal
en tus manos,
dóciles a tu memoria
que los pasa y los repasa
y el lomo les acaricia,
tan bien sabidos por ti
ay ¿no me olvidarán?
Si tú en ellos te detienes,
si tú en mis versos te paras
y ellos no piensan en mí,
vueltos a ti para siempre,
entonces será conmigo
nada más mi soledad,
nada más.

«Nunca olvidaré tus versos.»
No. De ellos no tendré celos,
como los tienen los novios
de sus cartas enviadas.
No son celos, es tristeza
de tu regreso a Violante,
cuando Violante soñaba
en los versos de Belardo
y Belardo no existía
sino en sus versos
y Violante en parte alguna.
Ni siquiera imaginable.
No vuelvas atrás la rueda
del tiempo; la que pasó
agua pasada se queda
en la balsa de memoria
que estrellas dentro amoneda.
Pero no sube a la fuente
del no saber, del nacer.

Tú tan sólo preexistías
cuando sabías mis versos,
mis versos de profecía,

sin ocurrírsete aún
buscarme a ver si era un nombre
o un sueño, un ángel o un hombre.
¿Sola, ahora ya, con mis versos?
No, no es posible.
Déjalos dormir, apártalos,
pues que hoy me sabes
nombre encarnado, mortal.

136

LA HERMOSA LIBERTAD DE LA ESPERANZA

Y ni una línea tuya,
ni la espiga vivaz de un solo rasgo.
Tu crueldad total es mi esperanza,
prenda de que tú sufres cuando me escribes siempre
con dibujo menudo, mies de espadas,
en el aire sin rumbo y sin envío.
Mi desesperación es salvación.
Soy el salvado por desesperado.
Y de no verte nunca, de saberte
de veras y sin hilos clausurada
crece en mi pecho ansiante
la hermosa libertad de la esperanza.

137

EL NO SABER

Tienes razón. Mensaje de la ausente
nos la trae engañosa, abre un paréntesis
que ya al curvarse solicita el cierre,
el mutuo espejo cóncavo.
Dentro queda una finta, una ruptura
del encanto
—planeta de la ausencia y sin satélite—
y rota ya la órbita
el antes y el después ya no se abrazan
y el encanto apagado se deshizo.

Quiero estar solo, solo.
El no saber de ti,
de ti cuánto me enseña.
Tu no noticia noche oscura cierra.
Temor de verte es mi sabiduría.

138

TÚ TE LLAMABAS ISLA

Tú te llamabas Isla, Elisa, Elsa.
Yo me llamaba ¿me llamaba yo?
Yo no tenía nombre. No. Yo no
me llamaba. Y tú me preguntabas,
me preguntabas siempre. Y yo estuve
por decirte: me llamo Cisne, Nube,
Melibeo, Calixto, Elosabad,
Islamey, Lohengrin, Ulises, Cero.
¿Cómo me llamo? ¿Y tú me lo preguntas?
Me llamaré, me llamarás Tequiero.
Pero tú preguntabas, preguntabas.
Y otra vez era tu segundo sueño.

XXVII

TÁNTALO

(VERSIONES POÉTICAS)

(1919-1959)

139

PAUL VALÉRY

EL CEMENTERIO MARINO

(Le cimetière marin)

Ese techo —palomas y caminos—
entre tumbas palpita y entre pinos.
Filo del mediodía, arde la amarga
mar, la mar siempre recién renacida.
¡Premio al pensar: cómo después mi vida
calma en los dioses su mirada larga!

¡Que un tejer de relámpagos consuma
tanto diamante efímero de espuma,
y la paz por ventura comprendemos!
Pues cuando un sol reposa en el abismo,
labores puras de un Principio mismo,
el tiempo brilla y, al soñar, sabemos.

Tesoro estable, templo de Minerva,
sosiego en masa y lúcida reserva,
Agua parpadeante, Ojo que ocultas
bajo la llama tanto sueño y calma,
¡oh mi silencio!... Edificio en el alma,
colmo de oro, techo que sepultas.

Templo del Tiempo en un suspiro, un rapto.
Trepo a ese punto puro y a él me adapto
y en torno esparzo mi mirar marino.
Y a los dioses elevo —ofrenda suma—
tanto imposible hervir de luz y espuma
desparramando un tedio diamantino.

Como la fruta en goce se resuelve
y su ausencia en delicia que no vuelve
en una boca que abolió su esfera,
mi porvenir de humo aspiro en vida
y el cielo canta al alma consumida
cómo en rumor se muda la ribera.

¡Mírame otro, oh bello, oh cierto cielo!
Tras tanto orgullo y tan extraño anhelo
de ociosidad colmada de pujanza,
a este espacio me doy. Mi sombra leve
sobre las casas de los muertos mueve
sus velos y se humilla a su mudanza.

El alma expuesta a antorchas de solsticio,
¡yo te sostengo, riguroso quicio,
ley de la luz en armas, sin piedad!
Pura, te vuelvo hasta tu antigua cumbre.
¡Contémplate!... Mas devolver la lumbre
supone en sombra aciaga otra mitad.

Para mí solo, solo, donde mana
de mi íntima poesía la fontana,
entre el vacío y el suceso puro,
aguardo el eco de mi hondura interna
sombría, amarga y música cisterna,
alma hueca de un son siempre futuro.

¿Sabes, falsa cautiva de esas frondas
o rejas que devoras con tus ondas,
a ojos ciegas secretos esplendentes,
qué cuerpo me empereza hacia esta nada,
a esta tierra de huesos abonada?
Una centella piensa en mis ausentes.

Sacro redil, lleno de un fuego alado,
trozo de tierra a la luz ofrendado,
en él, ¡antorchas! quiero complacerme.
Árboles, oro, piedra y mármol tanto
temblando sobre tanta sombra y llanto.
La mar —leal— sobre mis tumbas duerme.

¡Ladra tú, perra espléndida, al impío
idólatra! Que yo, pastor, sonrío
y apaciento carneros misteriosos,
blanco rebaño de las tumbas quietas.
Aléjame palomas recoletas,
baldíos sueños, ángeles curiosos.

Y el porvenir es ya pereza. Rasca
la agria chicharra y chasca la hojarasca.
Todo, ardido, deshecho, va a la altura,
por el aire, a no sé qué grave esencia.
Vasta es la vida, en embriaguez de ausencia,
la mente clara y dulce la amargura.

Escondidos aquí en el cementerio
que los calienta y seca su misterio,
los muertos bien están. Y arriba el quieto
Mediodía en sí piensa, a sí se gusta.
Cabeza en paz, diadema que se ajusta,
en ti yo soy el devenir secreto.

¡Me tienes sólo a mí entre tus temores!
Mis desmayos, mis dudas, mis dolores
son el defecto de tu gran diamante.
Pero en su noche, toda hundida en mármoles,
un pueblo en las raíces de los árboles
vaga hacia ti, despacio, vacilante.

Ya se han fundido en una ausencia espesa.
Bebió la arcilla roja de la huesa
la blanca especie. Y flores allí oscilan.
¿Y las frases queridas de los muertos?
¿Y el arte, el alma, personales, ciertos?
Donde lloros manaban, larvas hilan.

Chillidos de muchachas retozadas,
ojos, dientes, mejillas mal gozadas,
el seno audaz que juega con el fuego,
sangre en los labios que por fin se entregan,
últimos dones, dedos que aún los niegan:
¡Todo va bajo tierra y vuelve al juego!

¿Y tú, alma grande, un sueño acaso esperas
que ya no mienta tintas lisonjeras,
como ese oro, esas ondas en vaivén?
Disuelta ¿aún cantarás? ¡Bah! ¡Todo huye!
Mi presencia porosa se diluye
y la santa inquietud muere también.

Flaca inmortalidad, negra y dorada,
consoladora horrenda y laureada
que nos cambias la muerte en madre tierna.
Qué lindo embuste y qué piadosa traza.
¿Quién que ya los conozca, no rechaza
al cráneo huero y a su risa eterna?

Padres hondos, cabezas no habitadas,
bajo el peso de tantas paletadas,
tierra sois en que el paso se me pierde.
El gusano, tan cierto, que me roe,
a vosotros, durmientes, no os corroe.
¡Vive de vida y sin cejar me muerde!

¿Amor quizá o es odio de mí mismo?
Su oculto diente ahínca en tal abismo
que cualquier nombre le es indiferente.
Qué importa. Mira y quiere y sueña y toca
y le tienta mi carne y le provoca.
¡Viviendo estoy de ser de ese viviente!

¡Zenón, Zenón de Elea la nombrada!
¿Me has traspasado con tu flecha alada
que vibra y quieta está, vuela y no vuela?
¡Me engendra el son, me mata la saeta!
¡Oh Sol!... ¡Qué sombra de tortuga, meta
del alma, Aquiles que el correr congela!

¡No, No! ¡De pie! ¡A la era sucesiva!
¡Rompe, cuerpo, esta forma pensativa!
¡Bebe el nacer del viento que te sonda!
Esa frescura que la mar exhala
—¡la sal!— me vuelve el alma y me regala.
¡Corred! ¡Saltad! ¡A hundirnos en la onda!

¡Sí, delirante mar alborotada,
piel de pantera y clámide estofada
por mil soles que al sol heredan culto,
hidra absoluta, carne azul de ola
que te muerdes las chispas de tu cola
en un sordo y unánime tumulto!

¡Hay que vivir! ¡Ya se levanta el viento,
cierra, abre el libro, a ráfagas, violento!
¡Allá van olas, chocan, se deshacen!
¡Volad, páginas mías, deslumbradas!
¡Romped, olas del júbilo brotadas,
el techo liso en que los foques pacen!

140

RILKE

LEDA

(Leda)

El dios invadió al cisne, ebrio de urgencia,
temblando de sentirle tan hermoso
y en él se abandonó turbio, azaroso.
Mas ya el dolo apremiaba a la inminencia

del acto, aun sin pulsar palpitaciones
del no estrenado ser. Y ya la abierta
recibía en el cisne a ciencia cierta
al Encarnado. Y supo. Últimos dones

él suplicaba, y viéndose perdida
nada pudo cubrir. Mano vencida
burló el cuello a través, lazo tras lazo,

y el dios sin fin se desató en la amada.
Sólo entonces gozó pluma esponjada
y de verdad fue cisne en su regazo.

141

JOSEP CARNER

LA RED

(La xarxa pesquera)

Quiero ir de pesca en noche azul de luna.
Todo será fulgor de encantamiento;
la flor en el sombrero, signo de una
alma vacante, abandonada al viento.

Y que dance en vaivén la barca o cuna,
de estrella y calafate el ritmo exento.
Que yo me iré a pescar —azar, fortuna—
palabras con temblor de pensamiento.

Y pues que Amor no entiende de soldada,
no han de arrastrar mis artes la pesada
plata viva de peces en traíña.

La red que hoy encargué, virgen de oficios,
será un pálpito, un brillo de orificios
y sin señal de cuerda que la ciña.

XXVIII

LA RAMA

(1943-1960)

142

LA RAMA

La vi en la hierba, abandonada, rota
y me la traje a casa. Aquí en la mesa
donde trabajo en sueños, duerme o flota
su torso estilizado de princesa.

Es una rama tierna y quebradiza
de leñoso peral. La eterna danza
—mitológica fábula— me hechiza
y me incluye en su rueda de esperanza.

La gracia universal torna y retorna,
savia de luz y sangre de amor puro.
Un solo ritmo a la razón soborna
cerrándose en anillo alto y maduro.

Con qué nubilidad la rama tuerce
la línea de su escorzo, interrumpida
cuando frente a la norma del alerce
creía en la belleza de la vida.

¿Y quién sabrá dónde la muerte empieza?
Líquenes, hongos de escritura rúnica
ya recaman, ya estofan su corteza.
Reina de Saba no vistió esa túnica.

Y a trechos la piel abre su ceniza
para mostrar desnuda —quién pudiera
pintar de su rubor el ala huidiza—
la carne angelical de la madera.

Todo mi cuerpo al contemplar la rama
en su ser vegetal se corrobora
y un recuerdo magnánimo me llama
de cuando fui ilusión de árbol que llora.

143

LA TORMENTA

Siniestra nube envuelve en su placenta
de piedra y rayo a la malventurada
lóbrega luz y ya al nacer violada
que al cielo ultraja y a la tierra afrenta.

Torpe sopor mis venas acrecienta,
enloquecen los potros la llanada
y en el cráneo retumba, abovedada,
la predestinación. Es la tormenta.

El ángel leñador blande y arroja
el hacha, ciega y lívida, a destajo.
Tiembla el tronco infeliz, tiembla la hoja,

y la humana entereza se despuebla,
porque la noche se ha agrietado al tajo
de un fulgor de novísimo en tiniebla.

144

«RETABLO» EN ZARAGOZA

Melisendra en Sansueña
y Falla en Zaragoza.
Lo que el oído goza
fantasía lo sueña.

¿Y no será al revés? ¿Falla en Sansueña,
viviendo sus sansueños de otro mundo,
y Melisendra oyendo el son profundo
del Ebro, ahora, aquí, la buena moza,
la francesa lozana,
digna de ser de hoy más zaragozana?

145

VICTORIANO CRÉMER

En su libro *Tacto sonoro*

Victoriano Crémer —cabeza
desbastada en piedra románica—
nos mira cuando le miramos
fijo desde el fondo del alma.

Guarecido en Puertamoneda
o libreto al sol de la plaza,
forja, esculpe, talabartea,
batihoja, repuja, trabaja.

No le va bien la sombra lúcida
de la Pulchra, gótica dama.
Necesita muros espesos,
densidad, gravedad, amarras.

Si se ha equivocado de siglo,
no culpa, atavismo es de raza.
Erigiera San Isidoro
o un Beato, atento, miniara.

Mil veces mudara de gremio
sin hallarse el fondo del alma,
el fondo desde el cual nos mira
si le miramos cara a cara.

146

AUTORRETRATO

Todo lo que llevo dentro
    está ahí fuera.
Se ha hecho —fiel a sí mismo—
    mi evidencia.
Mis pensamientos son montes,
    mares, selvas,
bloques de sal cegadora,
    flores lentas.
El sol realiza mis sueños,
    me los crea
y el viento pintor, errante,
    —luz, tormenta—
pule y barniza mis óleos,
    mis poemas,
y el crepúsculo y la luna
    los aventan.

Podéis tocar con las manos
    mi conciencia.
Gozar podéis con los ojos
    —negro y sepia—
los colores y las tintas
    de mis penas.
Y eso que os roza el labio,
    bruma o seda,
es mi amor —flores o pájaros
    que revuelan—
mis amores, criaturas
    libres, sueltas.

Todo lo que fuera duerme,
    queda o pasa,
todo lo que huele o sabe,
    toca o canta,
conmigo dentro se ha hecho
    viva entraña,
víscera, oscura y distinta,
    sueño y alma.

Si pudierais traspasarme
os pasmarais.
Todo está aquí, aquí dormido.
Dibujada
llevo en mi sangre y mi cuerpo
cuerpo y sangre de mi patria.

Luces y luces de cielo,
cosas santas.
Todo lo que está aquí dentro
fuera estaba.
Todo lo que estaba ahí fuera
dentro calca.
El universo infinito
me enmaraña;
auscultadme, soy su cárcel
sin ventanas.

Escuchadme, dentro, fuera,
donde os plazca.
Mis más íntimos secretos
por el aire los pregonan
y los cantan.

XXIX

GLOSA A VILLAMEDIANA

(1952-1961)

147

LIBRA

Y en el mar —cuerpo y sangre— el sol se hunde.
Pudo rodar, pero cayó al abismo.
Mírale tú con tus ojos de jaspe
que al furor cenital desafiaron.

Se está ahogando ya, y el mar piadoso
se lo traga en silencio, lo comulga
en especie de pan, sangre de estela.

Mis pupilas cobardes ya se atreven
a la cresta de fuego, al arco, al punto,
a la chispa tristísima, morada.
Y una llaga de ciego amarillea,
verdea en la cortina de mis párpados.

¿Así se hunde el amor, se hunde en el mar
de la memoria oscura ensangrentada,
dejándonos tan sólo un mapa ardiendo
si cerramos los ojos, una lívida
calcomanía cárdena, violeta?

Tú miras allá lejos, allá lejos,
patricia, remotísima, cesárea
—ultramar, ultrasol, ultrahorizonte—

y en la mica tan glauca de tu espejo,
tan soberbia en su luz, escondes trémula
cristales piadosísimos de lágrimas.

De pronto, a oriente vuelves la cabeza
en escorzado ímpetu —tan tuyo—
y —oh sorpresa, oh prodigio— la montaña
alumbra, hija redonda de la tierra,
una luna traslúcida, aerostática.

La balanza en el fiel (Yo nací en Libra.)
Las dos esferas para que yo juegue
sopesando la nieve con el fuego,
el oro con la plata, la memoria
con la virgen, novísima esperanza.

No. No muere el amor, de oeste a este
por el mar, por la tierra, por el cielo
muda de antorcha, salta, se releva,
se transfigura, estrena en astro y brillo
—ya está la luna en plata llena amando—
para que tú, que luna y sol perennes
me escondes y me ofreces simultánea,
te hundas en mí, en mi mar, y nazcas nueva
y plena ya, de mi montaña grávida.

148

DEL ESPEJO AL RETRATO

Besarse bajo un retrato,
besarse frente a un espejo
es ahondar en dos abismos,
el del alma y el del tiempo.

El retrato nos contempla,
nos mira con ojos quietos,
nos bendice de esperanzas
nos sonríe de recuerdos.

El espejo nos aleja,
nos irrealiza en su seno;
somos dos alas y un alma
en la luz de su misterio.

Por muy lejos que el cristal
nos absorba en su aposento
siempre estará a flor de labios
la vicisitud del beso.

Tú temblabas, toda nueva,
toda aroma, bisel, fuego,
y el marco oro de la luna
te concebía en su cerco.

Yo también de ella nacía,
hijo del no ser inmerso,
narciso unido a tus labios
sin agua lámina en medio.

Cuando después respiramos
todo el aire, el junio entero
—mariposas desdoblándonos
y las almas no pudiendo—

penetramos en la sala
como si el milochocientos
hubiera de confirmarnos
el equilibrio del vuelo.

Y esta vez fue bajo el óleo
—fuerza del sino en el lienzo—
segundo beso de vida
que anulaba espacio y tiempo.

149

LUNA EN BAHÍA

He revivido esta tarde
el milagro de una luna,
allá abajo, toda plata,
toda estela que relumbra.

Aunque estemos solos, solos
en la sala y la penumbra,
yo estoy viviendo de nuevo
aquel paisaje que buscas,

que estás buscando conmigo
—nuestras memorias se aúnan—
en el más puro silencio
adivino y sin preguntas.

Pies que arena de oro cálido,
pies que guirnaldas de espumas
—mediodía e inocencia—
estampan o desdibujan,

aquella noche querida
la senda de plata ensayan,
quien andarla, calzándose
de fe y de amor las sandalias.

Ay, mi bahía a la luna,
luna llena, llena magia,
ay, playa de los peligros,
ay, novela de mi infancia,

aquella noche querida
cuando allá abajo en el agua
senda de plata infinita
la luna te devanaba.

150

ÍCARA

Tristes miran tus ojos asomándose
a los míos, de bruces,
como a pozo sin fondo.
Miran ardiendo, desplegados, inmensos,
flotando como alas oscurísimas
que me van a azotar, que se me arrojan
y de pronto se quedan suspensas, maternales,
ocultándome el cielo,
cubriéndome de sombra poderosa.

Por tus ojos rasgados,
no por tus cejas,
que vuelan paralelas más arriba,
eres mi águila empírea.
¿Tan profunda tristeza de mí surte
y te llega a tus ojos? ¿Tanta vena
negra de azul marino ha de colmarte
la inmensidad de tu melancolía?

Suspensa estás, oh Ícara,
Ícara mía augusta,
detenida en tu ruta de suicidio
—un instante, un milagro—
madre infinita del amor.

Pero te hundes en mí
quemándote sin tregua, vuelco a vuelco,
en mí, sol tuyo no, mar tuyo,
tu mar de fuego en vilo
que te lame, amor mío y te devora
y vuelve a modelarte y a incendiarte
tus voladores, anchos ojos alas.

Tus ojos, tristes de no ver ya nunca el cielo,
me miran, se derrumban, no, me miran.

151

EL TIOVIVO

Sois vosotras —lo sé— mis bendecidas
las que a la tarde y a la prima noche
cabalgáis en juguetes,
valquirias sin relámpago, amazonas
de dos pechos y un solo corazón,
no esgrimiendo las flechas herboladas,
sino abriéndoos crédulo el corpiño
para albergar las mías.

Todas vosotras sois, flores de antaño,
en la rueda sin ruedas de la vida,
en la rueda sin tiempo de la suerte.
Pasad, pasad, jinetes en los potros
de blancura de espuma o noche o fuego,
pasad, pasad, sonando espuelas, cascos,
cascabeles de plata, agudas risas,
glisandos de organillo y de verbena.
Pasad, pasad por turno, disfrazadas
de eternas niñas que en la mano aprietan
las monedas del pago,
para que otra vez más y todavía
los caballitos giren, rueden, troten,
torciendo entre los árboles su fuga.

Ay, anillo en el aire; ay, brisa, brisa
mareadora de frentes.
Ay, mi vida que fue, que vuelve. ¿Entonces?
¿Sois vosotras —decidme—, y me mirabais
dándome cielo desde vuestro trono,
me mirabais así, niño a la orilla?

XXX

MI SANTANDER, MI CUNA, MI PALABRA

(1946-1961)

152

BAUTISMO

No sé cómo deciros que este libro brotando,
creciendo,
que este libro no es mío, que este libro no se ha hecho
queriendo.
No me pidáis de él cuentas, yo no sé lo que ha escrito
mi mano
en estas hojas líricas que me arrastraba el viento
solano.
Caían sobre mis hombros, pecho, brazos y piernas
pidiendo
que os cantara a todos lo que ellas me cantaban
cayendo.
Y yo, como entre sueños, iba depositando
temblando
palomas y palomas con temor de que huyeran
volando.
Versos como palomas, palomas como versos
queriendo,
a blancos palomares —sueños de Atarazanas—
volviendo.
Tomadlas, pues, en brazos, hacedles y mullidles
el nido;
un nido a los recuerdos de lo que nunca ha sido
os pido.

Diréis que fue verdad, que lo que yo os cuento
os canto,
vosotros lo vivisteis y que el niño no miente,
que es santo.
No os hagáis ilusiones, yo sé lo que es poesía.
Os juro:
del vive Dios que pudo ser, es ella el recuerdo
más puro.
Y así se ha hecho este libro, se ha deshecho mi vida
cantando,
como nube pasa, pájaro vuela, vela se arría
flotando.

No murmuréis que sobran juegos, jugos de nueces,
los sesos,
óleos. El hombre piensa y porque piensa es hombre
de besos.
El que más piensa es el niño, el pensativo
sin pausa.
Cantar, volar, besar, es pensar hasta el fondo,
la causa.

Por qué, por qué preguntan párvulos y poetas.
Azares.
La pregunta es respuesta, moneda de dos caras
juglares.
Y yo me iré y se quedará este libro vivo
latiendo,
y sus hojas juguetes de nietos y palomas
volviendo.
Acaso un día llegue en que lo no vivido
soñado,
se hará carne. El Espíritu navega ya el futuro
no anclado.

Amigos que conmigo crecisteis, compartisteis
maestros.
Apadrinad vosotros este libro. Sus cantos son
vuestros.
Mucho canté. Mis hijos del sueño son ya prole,
son muchos.

Más que los de la carne. Y aún quieren que los lleve
a cuchos.
De mis hijos con alas es este el que más quiero.
Bautismo.
Acercaos a la cuna. Mirad bien en su ojos.
Yo mismo.

153

PEÑA CABARGA

A Ricardo Gullón.

Peña Cabarga, norma humanizada
de mi arte y mi alma en piedra viva,
maestra de la noble perspectiva,
siempre fiel de tus valles rodeada.

Ya te me acerques, agria, en la otoñada
si el ábrego te empuja y no derriba,
ya tras la lluvia, ciego, te conciba
o, ausente, palpe tu memoria amada;

ya te cubras de nieblas, te destoques,
nimbada del abril —novia de foques—,
reina de mi paisaje, hermosa y larga;

tu lomo puro y grave —línea, quicio
de mi cielo y mi tierra— te acaricio
y nace el verso así, Peña Cabarga.

154

ELEGÍA DE ATARAZANAS

Ni ascua ya, ni ceniza ni pavesa;
aire en el aire, luz en el sobrado
de la santa memoria. Aquel tejado,
trampolín de aquel sueño que no cesa;

vuelve la golondrina y embelesa
con su trovar mi oído enamorado,
y está el cielo del Alta serpeado
de altas cometas que el nordeste besa.

¿Todo es ya nada? El fuego ¿también puede
devorar la ilusión, lo que no cede?
A ese alado ladrón ¿no hay quien le ladre?

Nada es ya todo. Viva está mi casa.
Es verdad. No te has muerto. Un ángel pasa
por tus ojos azules, madre, madre.

155

MAÑANA DE SAN ROQUE

A Fernando Barreda.

Jamás brilló tan de oro y fuego el toque
—¡bocacalles al mar!— de la corneta
pidiendo paso al tren. Corre, poeta,
enarbolando el banderín de choque.

Es la mañana y gloria de San Roque.
Canta el feliz nordeste la paleta
de hirviente espuma verde y luz violeta
y cae del cielo el rayo de un emboque

entre un tronar de bolos. Banderolas,
arden globos grotescos, vuelcan yolas.
Y qué brindis de sal y olor marisco

al doblar por la peña del camello
y en la pierna sentir, limpia de vello,
del can del santo el cándido mordisco.

156

BARQUILLERO

A Enrique Vázquez, «Polibio».

Si yo fuera Campoamor,
barquillero,
qué dolora, qué primor
rimaría en tu loor,
camino del Sardinero
—ay túnel de la Cañía—
en el tranvía de Pombo,
barquillero,
para inscribirla en tu bombo,
junto a la luna y el sol
de ama y soldado español.

Barquillero de canela,
tu alta vara de barquillos
sube tan alta, tan alta
que ya la ven los chiquillos
tras el balcón de la escuela,
tan alta que llega a El Alta.

Pintor que pintó tu bombo
y que se quedó tan ancho
no lo cambio yo por Goya,
por Riancho
ni por Sebastián del Piombo,
por Tiepolo y su tramoya,
Venecia, techos ducales,
San Antonio y su cuadrilla.
Otros ángeles chavales
rondan por tu barandilla.

Números, flor de los réditos,
desdichas de anfiteatro:

mucho 1 y 2 y hasta 4,
y el 30 y el 20 inéditos.
Cómo rueda la lengüeta
—tan soleta,
soletísima— torcida,
saltando de barra en barra.
Cómo al final duda inquieta
y su duda nos desgarra.

Si yo fuera Campoamor,
barquillero,
yo sería tu cantor
de romería y verbena.
Porque te vas por las Landas
llevando el bombo en volandas
de espalda lisa o gibosa
y llegas al Piamonte
y a Flandes y hasta los Andes,
a ti y a tu rueda o rosa
—«Viva la niña rumbosa»—
de horizonte,
camino del Sardinero,
quiero brindarte esta glosa,
barquillero.

157

LOS RECUERDOS PERDIDOS

A León Felipe.

Los recuerdos que se pierden
¿adónde van?
Las rosas que se mustiaron
¿en dónde están?

Quisiera saber las horas
de mi niñez,
ver la película entera
segunda vez.

¿Por qué no me acuerdo ahora
        de cuando fui
niño de sarampión rosa,
        ciego, ay de mí?

¿Qué es lo que vi tras los párpados,
        plomo gandul?
¿Infiernos o paraísos,
        fuego o azul?

¿Por qué no guardo memoria,
        estampa fiel
de mi abuela un día untándome
        manteca o miel?

No ver la cara de Emilia,
        su bastidor.
¿Cómo tenía los ojos,
        cuál su color?

Se fue la voz de Manolo.
        No la oigo ya.
Cuando la voz se recuerda,
        vive, ahí está,

junto a uno, cierto, seguro,
        el que marchó;
es que juega al escondite.
        Por eso yo

vivo en su cielo con ellos,
        con los que sí
me oyen, puesto que les oigo.
        —¿Quién? —¡Carabí!...

—No te escondas, te conozco—.
        Ciego otra vez.
Ay recuerdos que se fueron.
        Ay mi niñez.

158

MONÓLOGO DEL CAPITÁN AERONAUTA

A Felipe de Mazarrasa.

Entro en la plaza alegre de los toros.
Mi vida el mongolfier. Ya se hincha y crece.
Suena la tela. Brisa en el volante
faldellín. Qué hermosura. Oh forma plena,
vida mía, mi alma. Las amarras
va a sacudir: tal Gulliver despierta,
los cabellos atado a Liliput.

Ya me despido y al trapecio subo,
saludo con la gorra marinera
y ¡ole! el gran salto súbito rozando
las mudéjares tejas.
                    —Capitán,
buen viaje.
            —Adiós, pigmeos—. Vuestros vítores,
colgado de los pies, ya no los oigo.
Qué plenitud de fábula mi vuelo,
comprobando mis músculos. Apoyos,
nivel del balanceo, las anillas.
Y ya me siento en trono de trapecio.

Miro hacia arriba. El cielo me reclama.
Sorbido voy a ti, Dios que te ocultas
tras de ese globo o lágrima magnánima.
Miro a mis pies. La plaza, íntimo anillo,
tan olvidado. Y la ciudad, los mares
de sur y norte, todo se me hunde,
se me dibuja, se me deshumana.
¡Viva la libertad! Libre soy, libre,
amarrado a mi alma. Mi alma es esa,
esa inmensa avellana, ave redonda.

Y yo su cuerpo soy, yo soy su sino,
su cascabel de sangre y de congoja,
péndulo y mudo en el azul silencio.

Tener el alma fuera, ver el alma,
colgar del alma y sólo unos cabellos
para unirnos, oh gloria, oh Dios tangible.

Quiero dormir, soñarme en vuelo eterno.
No desmayes, mi alma, nunca tornes
al suelo, al anticielo original.

(Morse. «Cabo Ortegal». Caído globo
frente San Pedro Mar. Nornoroeste,
tres millas costa. Capitán salvado.
Recogido canoa Obras del Puerto.)

159

CIRIEGO

Quieres tener casa en tu cuna,
en tu ciudad o en su paisaje,
que con los tuyos te reúna
y el mar arrulle en su oleaje.

Casa hacia abajo tienes una,
besan su puerta sol y luna,
lluvia de paz la lava luego,
tierra la arraiga y mar la acuna.
Tus padres duermen en Ciriego.

160

LA ISLA DE MOURO

A Julio Maruri.

Adelantada tú en el mar violento,
se estrella en ti el retumbo de la ola,
que se abre y alza en férvida corola
con raíz de galerna y de tormento.

Sube el globo —tan blanco—, sube lento,
lento, moja el fanal de la farola
—quieto, oh nivel, oh cumbre— y ya se inmola,
ya se derrumba turbio y ceniciento.

La catapulta tu perfil socava,
pero tú, isla de Mouro, te alzas brava,
sobre el puntal de arenas y de espumas,

partiendo en dos la enfilación del viaje.
—¿A dónde tú, alma mía, al cabotaje?
—No. Al septentrión de las heladas brumas.

161

MANO EN EL AGUA

A Eduardo Díez-Rábago.

Hierve el agua feliz de sal y roce,
al desflorarla en flecha la costura
de la proa. Por una y otra amura,
senos se hunden, abultan, piden goce,

tacto viril, castigo que destroce,
solidez a que asirse, forma dura.
Y yo dejo colgar mi mano impura,
mi mano que el misterio desconoce.

Mano en el agua, palma muerta, estrella,
dedos que peinan lágrimas y risas,
líquidas chispas de la helada fragua,

mimos de madre y burlas de doncella.
Mano en el agua y sus delicias lisas,
siempre verde, inconsútil, virgen agua.

162

EL PADREMADRE MAR

A Bernardo Casanueva Mazo.

Mar de mi costa, mar, mar, mar, mar, mar.
No me canso de nombrarte.
Tu nombre eres tú mismo.

Cantas y ruges, te hundes y te alzas,
me creas tú, me forjas, mar martillo,
mar yunque, fragua, agua de fuego.
Y me sumo irresistiblemente en ti y a ti,
a ti me arrojo, en ti me fío,
sostenido en tus senos, madre fiera,
madre amansada, y juego con tus pozos
y hundo mis brazos por tus venas
y te obtengo aunque me huyas y te rías
en carcajadas de irrisión y espuma.

No sabe, no conoce al mar,
a la mar, al padremadre mar
quien no naufraga y flota,
quien no se siente en él inacabado
creándose y deshaciéndose
y de nuevo existiéndose en sus brazos.
Ay del contemplativo que le teme
y no depuso en él peso y orgullo.

Jamás sabrá de sí ni de la vida
ni del mar mismo, espejo impenetrable
que hay que romper en mil añicos
poseyéndole en ímpetu genésico
para sentirse en él el ahogado,
el poseído de su azul demonio,
todo glorioso de una muerte
que es una salvación. Cielo y mar truecan
sus luces, ejes, polos,
y el embriagado de ahogo, el ya sin aire,
mira por vez primera,

con delirantes ojos
cata el verdor diáfano del ser.

Es la otra vida, el vuelo
creador del nadir o cielo inverso
del que cuelgan columnas de burbujas,
vuelo de libertad entre estrellas
que lentamente giran
emisoras de eléctricos calambres,
palmas que se abren, cavernas sin revés,
estelas de una espada perseguida del fósforo,
ojos que laten, y medusas huecas:
la otra vida, la vida creadora,
el inmanente seno sin destino.

Cuando después del rapto, al cielo altísimo
devolvemos en plancha nuestra yacente cruz,
y mar y aire se reparten
como a buque de obra muerta y viva
nuestro rígido cuerpo,
es ya otro el mortal tras de esa muerte
y esa resurrección devoradoras.

Mar, mar y mar, sí, padremadre mar.
Desde el origen nos amabas,
nos amabas total, cierre, esperanza.
Al salir de tu limbo siempre es por vez primera
y nos vemos modelados y cumplidos,
hijos del mar y en nuestro ser colmados.

163

PAPELES DE PLATA

A José Simón Cabarga.

Mis papeles de plata y de colores:
sois mi pintura, sois la prueba pura
de mi niñez divina, criatura
que vibra a los clarines ruiseñores.

Papeles, mi ventura, mis pintores,
cada color creando su figura,
su estilo de invención y su hermosura,
oh mis timbres, mis túnicas, mis flores.

Aquel azul de estrella frayangélica,
aquel rojo de púrpura evangélica
y el cobre fuego que a Tiziano inventa.

Yo os aliso, banderas, embelesos,
entre las hojas de mis libros presos
y en vosotros seré niñez de menta.

164

LA JALIBA

San Vicente de la Barquera.
Muerto le llevan en una pera.

Echemos suertes, buen compañero.
Muerto le llevan en un harnero.

Fiel dromedario de alzada giba.
Muerto le llevan en una criba.

Dura la puente del espinazo.
Muerto le llevan en un cedazo.

Ya vuela el pájaro, la cola abierta.
Muerto le llevan en una espuerta.

Pongo las manos en la joroba.
Muerto le llevan en una escoba.

No rocé el pelo con la tijera.
Muerto le llevan en una estera.

Ahora sin manos. Salta, salmón.
Muerto le llevan en un serón.

Ponte tú ahora: Libre yo y vuele.
Muerto le llevan en un pelele.

Así es la vida: jaliba y bache.
Muerto le llevan en un patache.

El uno pace y el otro vuela.
Muerto le llevan en una vela.

Salta tú a nado los ocho pies.
Muerto le llevan en un bauprés.

Si no son ocho, ya serán siete.
Muerto le llevan en un tolete.

Trampa, no vale pisar la raya.
Muerto le llevan hacia la playa.

Ahora en castigo, toma jaliba.
Muerto le llevan, la ría arriba.

Zúrrale estole, pícale espuela.
Muerto le llevan en una tela.

Qué prisa tienes, Paulino Oria.
Muerto le llevan en una noria.

Cangilón sube, cangilón baja.
Muerto le llevan en una caja.

165

LA COMETA

A Eduardo Casanueva.

Descalza por la mar, la primavera
llega, racha de sal, para que vueles,
niña feliz de cañas y papeles
con la trenza ondulante y onceañera.

Alta la brisa va, alta y ligera
la cometa. Qué lindos sus cuarteles
de angélicos y exágonos broqueles
y qué airosa en el cielo y callealtera.

Cómo tira de mí, cómo me llama
a su rampa de luz, cómo me incita
y me dice en secreto que me ama

cuando en mi pulso azul muerde y palpita.
Oh mi primera novia en la alta rama
de esta pasión de álamo infinita.

166

LA TROMPA

A Emilio García G. Marañón.

Bailarina en la mina de una punta,
sobre el polvo o la palma,
libras al sol el vértigo del alma
que por su Dios pregunta.

El verdugo te ciñe tu cilicio
atando el cuello el nudo,
pero, al dejar tu ámbito desnudo,
amar es ya tu oficio.

Amar en puro éxtasis quietista,
cuerpo místico en trance,
amar con toda el alma y sin balance
y edificar mi vista.

Cuántos segundos infinitos dura
el zumbar de una trompa.
Oh América del Sur, nadie te rompa.
Te alza mi mano pura.

Tan rápida es tu gloria sin raíces,
tan simultánea y fija,
que no se ve tu piel de áspera lija
y horribles cicatrices.

Sólo una vida, un alma, un cuerpo, un voto,
que en el aire te ofreces.
Mas si la mano inclino ya, te meces
como una flor de loto.

Cuando por fin desmayas y amplificas
tus últimas mudanzas,
quién sabrá descifrar las esperanzas
que en mi palma rubricas.

167

LA NOVELA DE UNA TIENDA

CAPÍTULO I

La tienda

De una tienda que existía
quiero narrar la novela.
Pieza en cascada vertía
nueve o diez varas de tela.

«Géneros del reino» a fe,
y aun «Extrangeros» con ge.

Ay, viejas letras del título.
Y un mostrador con barniz
para jugar al desliz.
Y este es el primer capítulo.

168

CAPÍTULO IV

El gato

El gato. Siempre hubo un gato
que era el gato, el gato eterno,
la gracia de un garabato,
la luz de un maullido tierno.
El gato era Persia, Egipto,
magnetismo, dinastía,
la selva, el tigre conscripto
a soñar filosofía,
a coser —tan siderales—
sus ojos en sus ojales.

169

CAPÍTULO VIII

El dependiente novelero

Sobre el corazón la mano
y el secreto en la joroba,
el duelo a muerte, el urbano
parlar que engatusa y roba.
Enredos de amor y odio,
cada noche un episodio,
la boca en trance refiere.
Y en el mostrador sentado
escucho maravillado:
«Lagardere, Lagardere.»

170

CAPÍTULO IX

Los húngaros

Qué multicolora estampa.
Huele a Cárpato y Danubio
cuando —el chaparrón no escampa—
buscan en la tienda asubio.
Húngaros de cobre errantes,
sonantes, tintineantes,
magiares de rumbo y ganga.
Seis pañuelos —seda y juego—
vuelan, pájaros de fuego,
a esconderse en una manga.

171

CAPÍTULO XVIII

La Parlapoco

Cuando entra la Parlapoco
tiemblan mi padre y mi madre.
Espita que así baladre
jamás se oyó en plaza o zoco.
Corbacho de zorromoco,
vejiga de cabezudo
no espantan tanto. ¿Y aún pudo
reenhebrar? Qué tarabilla.
¿Se va? No. ¡Coge una silla!
Válganos San Bruno el mudo.

172

CAPÍTULO XXII

Tía Matilde

Y no era más que una tilde;
menos, un punto de i,
arrugadita y humilde
diciendo a todo que sí.
Me miraba con ternura
tras cristal y cristaliano.
Yo fui el último sobrino
que niño siempre perdura.
Perdura en mi frente impreso
el perfume de su beso.

173

CAPÍTULO XXIX

El jorge

—Cógelo por la cintura,
delicadamente ata
un hilo fino a la pata.
—Trepa, ya, cosquilla pura.
Ábrete, jorge sonoro,
como un relojito de oro,
tapa y retapa de encaje.
Tus abanicos agita
y, a volar, ángel de ermita,
por la tienda hecha paisaje.

174

CAPÍTULO FINAL

Los cuatro elementos

Primero agua, luego tierra,
fuego después y aire al fin.
Cuatro elementos en guerra
heredándose un botín.
Sobre agua del mar salada
una tienda fue plantada,
ancorada carabela.
Setenta años al socaire
son hoy un cubo de aire
y el ángel de la novela.

175

EMILIA

La adelantada fuiste tú en la tierra
a sonreír desde la cuna,
tú, nuestra adelantada hoy en el cielo,
rica de primogenitura.

Si la primera entre los diez hermanos
fuiste en la cuna y en la tumba,
más crecida entre todos, nos preparas
en nueva casa nueva cuna.

Hoy es quince de agosto y es el día
en que María el cielo surca:
que Ella te diga que en ti espero y pienso,
tú, su azucena en las alturas.

Yo era un niño de meses, tú una infanta,
virgen de musas y de músicas.

Entre tus brazos de soñada madre
tú me estrechabas con ternura.

Durante trece meses que mi lengua,
pétalo apenas que se curva,
no supo articular la santa sílaba
que leche y madre clama y busca,

fuimos tú y yo de padre y madre hermanos
—nuestra mudez, madre profunda—
y al pensar que ya pronto me perdías,
más me robabas cada luna.

Tú chapuzabas en mis ojos nuevos
tus ojos fijos de preguntas
y hablaban con las mías tus pupilas
voces de arroyo que susurra.

Al jugar tu recelo y mi inocencia,
mi transparencia con tu angustia,
sentías derramarse en tus entrañas
mil cataratas de clausura.

El mundo para ti se te abreviaba
entre mantillas y entre espumas;
mis puños sonrosados que esgrimía
eran tus flores, sólo tuyas.

¿Cómo de aquellas pláticas sublimes
la clave hallar que las traduzca,
de aquellas letanías de amor puro,
de amor que lleva a la locura?

El padre y los hermanos nos miraban
y se asomaban a la cuna,
al umbral del misterio doloroso
de aquella sima taciturna.

¿Acaso ya sabías, dulce hermana,
dulce doncella sordomuda,
que Dios que te selló boca y oídos
para embriagarte de su música,

desataría un día mi trabada
lengua discípula y adulta?
¿Sabías ya que yo iba a ser poeta?
¿No eres, tú, Emilia, quien me apunta?

176

SANDALIO

(Comillas)

Tu nombre fue humildad. No lo escogiste.
Te lo encontraste por el suelo.
Calzaba tu medida, en él te hallaste,
polvo en el polvo del sendero.

Desde el Bautismo al Orden, y a la alada
Extrema Unción, seis Sacramentos
se sucedieron, únicos o múltiples,
a alimentar tu sed de cielo.

Si las sandalias sucias, los pies limpios.
Te levantaste de tu lecho,
ceñidos los riñones por la muerte,
para lavar tus pies postreros,

que a recibir a Dios pulcros umbrales
ha de aromar el cuerpo o templo.
Y pediste el lebrillo y la toalla
y al corazón último esfuerzo.

Tus ojos fatigados de alefatos,
puntos y escolios masoréticos,
vislumbraban por nieblas y resquicios
zarza y columna de oro y fuego.

Vivías ya en tus Santas Escrituras,
reyes, profetas y evangélicos,

los gozos del Cantar de los Cantares,
las impaciencias del Salterio.

Y se te atropellaban las palabras
en la lección sabia del Texto.
Diáconos bebían de tus labios
linfas de vida y de misterio.

Tu voz se iluminaba y se aniñaba
en ricas mieles de comento
cuando en sublimidades de Isaías
ya la doncella encarna al Verbo.

(Y salta en cuatro puntas tu bonete
—va a Zacarías el recuerdo—
siempre que pasas frente a la columna
donde Ella pisa y alza el vuelo.)

Conmigo ahora sales a la ronda:
Cantabria entera en cuatro vientos.
Y me muestras las cumbres soberanas
y el rumoroso mar inmenso.

Mis ojos gozan nieves y collados.
Tiemblan tus labios un Te Deum.
Te miro ahora en nimbo de hermosura,
última vez que te contemplo.

Hermano y casi padre mío, indigno
soy de tu amparo y magisterio,
de tu cariño y padrenuestro y Misa,
como en la tierra así en el cielo.

Pídele tú a la Madre, a la Santísima,
la Mediadora, Diego a Diego,
Nuestra Señora de la Buena Muerte,
mis limpios pies para el Buen Sueño.

177

JOSÉ

De todos los hermanos tú fuiste el siempre niño,
el de más voluntad de entrega y de inocencia.
Tú domaste tus cóleras y te volviste dócil
con la voz tan lejana como una lluvia buena.
Jugabas con tus juegos de adolescencia pura
detenido en el borde sin hollar pubertades.
Y mudabas el turno —el ajedrez o el piano—
según tu más profunda virazón de almanaque.

Durante largos años compartiste mis sueños.
Nuestro cuarto —la puerta entreabierta— aún latía
del corazón —qué ritmo de estrella— de la abuela,
y el aceite soñaba luz de su lamparilla.
Nuestras respiraciones durmiendo se fundían
deponiendo entre nimbos fatigas e ilusiones,
y al acordar sus músicos sosegados compases
se abrazaban dos ángeles hermanos de la guarda.

Hermano sencillísimo, sosiego de mi alma,
cuántas veces te siento sosteniéndome al lado,
traspasando diáfano mi existencia tan turbia,
asomándote al rostro de alguno de mis hijos,
a tiempo de salvarme, hermano, hermano mío.

178

ÁNGELA

(El Pájaro Azul)

Raudo alboroto azul, siempre al acecho
del cuarto de mis padres y mi cuna.
Mi hermana cuenta, inventa. Abra la luna
sigilosa el cristal del antepecho.

Al dulcísimo y cándido cohecho,
se va durmiendo el niño. Y ya le acuna
la niña madrecita de fortuna,
ya se disuelve el pájaro en el techo.

Ala azul en el cielo azul del día,
te perdías, cenit de Juan de Herrera.
Sólo en la noche el fasto azul ardía,

fuego azul, raso azul, azul vidriera.
Por una de tus plumas, ay, daría
mi poesía alada y verdadera.

179

NIÑO ROMERO

«La Bien Aparecida»

Sube tú, niño romero,
a la Bien Aparecida.
Trepa tú apartando helechos
por esa ladera pindia.
Cómo suenan las abejas
en el sol del mediodía.
El gusanico del tren
desde arriba
qué diminuto se escurre,
tuerce, cabalga el Asón
—túnel— de Marrón a Limpias.
La Virgen ya te esperaba
alzándose de puntillas.
Entra tú, niño romero,
en la ermita
y tu cabeza rapada métela en el hueco santo
de la piedra húmeda y fría.

Ya no tendrás más dolores,
pesadumbres ni malicias.
Rézale, niño, una salve
a la Bien Aparecida.

180

CASTRO DE VALNERA

Ascensión desde Espinosa (1910)

A mi hermano Marcelino.

La niebla a nuestros pies rasga sus velos
y alumbra, verde y virgen, la montaña.
Rocío en hierba, en flor, en telaraña.
Oh hermosura en redor de mis abuelos.

Ellos aquí, bebiendo paz de cielos.
Esa fue, piedra y lastras, su cabaña.
Pero tú arriba, a coronar la braña,
niño de ojos de lince y sin gemelos.

Arriba, más arriba. La pedriza
y la arista de piel resbaladiza
vencí descalzo. Salve, peña Labra.

Picos de Europa, albricias, que allí ondea
blanca entre azul y azul —bendita sea—
mi Santander, mi cuna, mi palabra.

181

CASTRO DE VALNERA

Atardecer en la Braguía

Cuando en la tarde azul y rosa de noviembre
te vi acercárteme agigantando
tu mole ya con nieve
y en lo alto del puerto abrimos
un éxtasis de silencio para contemplarte,
se me reveló de pronto tu testimonio paterno,
el nortesur de tus vertientes
para las nieves resbaladas de mi sangre.

Qué hermoso, qué majestuoso en la espera del véspero,
qué entrañable de mi apellido residías
en tu trono de ábrego quieto y divisoria.
Ya estabas —grande y puro— en tu tamaño
hablándome con tu santo silencio,
mirándome tierno, serio, augusto,
tú, padre de mi padre o tal vez él mismo.
Sí, tú, padre mío, ahora tan cerca,
tan corpóreo en la mesa rezando el padrenuestro.
Tu arista vencedora con su central almena
que sobre Peña Cabarga se asomaba
día a día, años y años,
a contemplarse —lejana— en mi bahía y en mis ojos,
ahora en este crepúsculo solemne
se confirmaba en toda su grandeza,
me confirmaba en toda mi nobleza.
Por ti soy noble con los tuyos, con los míos,
sangre de Diegos, lengua de pasiegos,
que al Ebro pudo acrecentar o al Pas
precipitarse en llanto de cascadas.
Y tú, balanza de Valnera,
compensaste la cuna de mi padre,
en tu ladera sur,
haciéndome nacer de un vuelo justo
en la concha de sal, última linde
de tu mirada al septentrión desparramada.
Grandeza tuya y mía, oh Castro
de Castilla y Cantabria, oh paz de Iberia.

Ya el sol se puso. El ábrego remueve
su plumaje insinuante de acercadora brisa
y te modela cárdeno y morado
y blanco —inmenso— y blanco en tus collados, en tus puertos,
en tus nombres —la Sía, la Lunada, las Estacas—
mil veces recreados en los labios del padre.
Mi paisaje se aumenta, crece el bulto
de la montaña y yo también me crezco,
y en tanto la provincia se dilata,
allá abajo en la Vega entre unos robles
ha nacido la noche.

182

PICAYOS DE VIÉRNOLES

Picayos, viejos picayos.
Uno, dos, tres, cuatro. Cuatro.

Canta en el alma la copla,
el cuerpo hierve de goce.
Cuatro y cuatro, los panderos
se inclinan ante San Jorge.

Picayos, santos picayos.
Uno, dos, tres, cuatro. Cuatro.

Danzan los mozos derechos
como chopos de candela.
Se cruzan en aspa mártir
por el aire que revuela.

Picayos, altos picayos.
Uno, dos, tres, cuatro. Cuatro.

Sagrada monotonía
de la cuadrada tonada.
Suben, bajan los panderos
y el santo armado cabalga.

Picayos, bajos picayos.
Uno, dos, tres, cuatro. Cuatro.

Los brazos en alto —¡alondras!—
se cruzan, repican, vuelan.

La madera del cerezo
florece en las tarrañuelas.

De Viérnoles los picayos.
Uno, dos, tres, cuatro. Cuatro.

183

TIERRAS DE REINOSA

A don Ramón Sánchez Díaz.

Busquen por estas tierras al ángel de mi sangre
que vino coronando colladas y portillos.
Persíganlo entre riscos como a esquivo rebeco.
Descífrenme su rostro resbalado en las seles.

Tierras todos los días nacidas, alumbradas
del desgarro suavísimo de la niebla sin límites,
campos que son un éxtasis a la luz transparente:
los grises azulados, los verdes casimiros.

Doctorado en cien nieves de otoño a primavera,
entre meseta y braña ondula el techo siempre
virgen aunque le surquen sombras de ángel o águila,
techo de mi Cantabria, la bendición de suso.

No. No quiero nombrarte por cabañas ni arroyos,
de voces campurrianas no he de esmaltar mi verso,
ni evocaré linajes, heredades, prehistorias.
Sólo digo mi amor, mi poesía vivida.

Porque esta patria quieta de la Iberia que fluye,
esta frente reinante con diadema de picos,
esta esperanza anclada arbolando sus naves
me reconoce y quiere cada vez que a ella vuelvo.

Me sabe como ella, abrigado y desnudo,
el paño bien forrado y a la intemperie el alma.
El candor de los míos aquí se hace más párvulo.
Tengo sólo seis años o quizá seis mil siglos.

Siempre estoy ascendiendo como en globo de niebla,
transida de alta luna y rota pradería,
desde la concha o bárcena hasta el envés de escudo,
siempre estoy descubriendo la promesa del páramo.

El aire aquí se bebe como linfa de herrada
y, de tan fina, el agua naciente se respira.
Con calidad de arpa la luz vibra en los álamos.
El rumor se decanta en suspensión sin tiempo.

Civilidad delgada ahonda sus raíces
y se complace en lentos coloquios y primores.
La mocedad rodea la noria de Cupido.
¿Qué reina de hermosura te bautizó «Reinosa»?

Y cuando en el diciembre cuaja el hielo la escarcha
y Orión en los acebos prueba su filo y temple,
de tanta estrella clara la bóveda se puebla,
tan íntima y tan pura que se escucha su cántico.

En la tristeza esclava del lago hecho por hombres
flota otro cielo exacto que rueda lentamente
mientras bajan las voces a enlazar sus antífonas
con esquilas de hundidas, mojadas espadañas.

184

MANUEL LLANO

Carmona

Muy fácil me sería, Manuel Llano,
con tus libros, tu lengua y tus trebejos,
centonear en verso astuta síntesis,
vistiéndome de ti para evocarte,
pero trampa estudiosa no la hago.

Quiero que encantes tú con habla y prosa
—prosa de corazón, corazón de oro—
el oído y el alma de quien sabe
leerte y escucharte. Que a ti vayan
los siempre de poesía enamorados,
los que aniñarse saben como aquellos
que quería el Señor.

Niño me hiciste
oyéndote ¿te acuerdas? Me enviaste
—qué embajada encantada— tus anjanas.
Nunca te había visto ni aun leído.
Y hechizado quedé de tus «colores».
Colores, folcolor por ti aprendido,
vivido o inventado. Inverosímil
luz de matizaciones, sólo tuyas,
poesía exactísima. Colores
de maíz, de rey grillo, de esclavina
de párroco revieja, grises últimos
de buche de paloma solariega;
verdes —la gama entera— lagartijas
crías o adultas sobre el sol de tapia.

Pintor, escuchador, rabel florido
con percusión de albarcas. En ti alienta
la Montaña, Collada de Carmona,
por Cabuérniga arriba a Tajahierro,
braña del serroján, prado concejo.
O las mentiras que la moza escucha
del agua del molino parletana.
Y la vida sorbida, sed de niño,
candor de lazarillo profanado.
Y el alma siempre pura, azul, negándose
a la fuerza del mal, del sino torpe,
abrazando el dolor de tierra verde.
Tu alma, Nel, Manuel. Plática tuya.
Suene siempre tu gloria en mis oídos.

185

ROMANCE DEL NANSA

A José María de Cossío.

Yo bien quisiera cantarte,
río amigo, río Nansa,
como cantara a otros ríos
que por las venas me cantan.

Los nacidos, no al rumor
que alterna el mar en la playa,
sino a su beso tan niño
en la machina y la rampa,

dormimos luego y soñamos
o velamos en la grava,
oyendo o viendo la fiesta
del agua dulce, del agua.

Sus transparentes espumas,
burbujas, guijas y charlas
nos maravillan de cuentos,
nos inventan otra infancia.

Como esa música tersa,
sin latidos, resbalada,
que hace el sueño con la vida
y la piedra con el agua,

no hay otra, no hay un consuelo
para el hombre y su nostalgia
como la queja hecha risa
del río, todo de alma.

Así eras tú, río claro,
río mozo, río Nansa,
así eras tú sin temores
bajo la peña giganta.

Si un argayo, el fabuloso
ojáncano te arrojaba,
saltabas al cielo estrecho
en mil júbilos de lanzas,

y te reunías contigo
en tu lecho de cascadas
rodeando al torpe intruso
y royéndole las calzas.

Y cuando el cuello ofrecías
a yugo y puente de tablas,

yo te escuchaba tu égloga
desde el balcón de Tudanca.

Yo bien quisiera cantarte
y entretejer con mi flauta
en tu solo de rabel
una rústica sonata.

Pero una hórrida ortopedia
ha lisiado tu garganta
y vacío de ti mismo
enmudeces por La Lastra,

hacia Cosío agonizas,
te arrastras a Puentenansa
esperando a los arroyos
inocentes que te salvan.

Y cuando en la Tina vuelcas
tu viril son de venganza,
tu querella el mar asume,
río mártir, río Nansa.

XXXI

EL JÁNDALO

(1957-1964)

186

LUZ DE SEVILLA

Cómo quisiera cantarte,
Sevilla de luz desnuda,
la Sevilla más difícil,
la más pura.

La que de tan cerca, cerca,
no puede ver a su Dama
pero que la lleva dentro
sin nombrarla.

Sevilla quieta de sombra
verdegay y azulpurísima,
la sombra con luz de eco,
luz de rima.

Cuando la tierra es ya sueño,
el sueño aroma, el aroma
clavo en la sien y la sien
se nos deshoja.

Nadie en la calle del Aire,
el aire solo y parado.
Pasó hace poco un poeta
veinticuatro.

Ciudad donde nació y vive
mi otro yo, mi yo de enfrente,
que de tan hondo vivirla
no envejece.

Sevillano soy, amigos,
con siete siglos cabales
y otros siete que me esperan
en el aire.

(Por las Atarazanas,
Torre del Oro,
eslabones rodaban,
corren los moros.)

Por esa luz de esos ojos
donde el pensamiento vuela,
por esa luz de esos ojos
verde y negra,

viven muriendo los hombres
y trasminan los jazmines
y mármoles de columnas
pisan firmes.

Y cuando las trece llamas
de Pentecostés descienden,
ay, qué estampido de pétalos
en las frentes.

Sí, luz de Bética antigua,
luz de Itálica sagrada,
heredada en los blasones
y en la gracia.

Por ti se salva la muerte
y se cristiana la pena
y el azahar ya no sabe
por qué besa.

Por ti, luz en luz flotante,
por ti, luz de norte en sur,
luz de Sevilla la clara,
sola luz.

187

LEJOS, MÁS LEJOS

(Despedida a Adriano del Valle)

Lejos, más lejos, cada vez más lejos,
andando, siempre andando por la muerte.
¿Quién dijo que la muerte es el reposo?
La muerte es andar siempre,
siempre adelante, fijo, eterno, recto,
y ligero, eso sí, sin peso, alegre.
Que el horizonte viejo se descosa,
que del cielo la tierra se despegue
y cabe de pie un muerto o pasa echado
como en prohibido umbral carta yacente.
Y no le vemos ya. Mas le sentimos
incorporado, andando, sin fatiga
y sin volver atrás jamás la frente.
Lejos, más lejos, cada vez más lejos
va el muerto caminando por su muerte.
¿Volverá acaso, si el espacio es curvo,
al sueño de una cuna que aún se mece?

188

PRIMAVERA DE RAFAEL LAFFON

Blanca ebriedad de jazmín
colma sin favor de viento
este íntimo aposento
cerrado a cal y confín.
¿De qué remoto jardín
y por qué invisible grieta
violó la clausura asceta
de estas mis cuatro paredes?
Dímelo tú, salsipuedes,
laberinto de poeta.

Prodigio que tal me tañe
y luz que tanto me irisa
no son astucias de brisa
ni magia verde que engañe.
Pues sin que nadie se extrañe
de dentro surtió el clavel.
Huele a albahaca el papel
y a dompedro sevillano
cuando remueve la mano
un libro de Rafael.

189

SANTA PAULA

En el compás de Santa Paula
había pájaros abriéndose,
celestes trepadoras granadillas,
un silencio de sueño de maitines,
una abeja insistiendo.

Y como en un murillo,
un cesto con labor en una silla.

190

LA VISITA

No me echaron a dormir
donde yo quería.

Ni sauce, juncos y lirios
y mata de campanillas,
ni rayo de luna en claustro
ni prendiendo en tierra floja
cardo azul y cuatro ortigas.

En mi cátedra yacente
duermo, doctor sin quererlo,
a la sombra de Sevilla.

Afuera se inflaman átomos
y en un sol de amor palpitan.
Camino de San Jerónimo
—llevaba una mano fuera—
iba en el carro la niña.

Sólo una vez un poeta
me hizo al paso una visita,
muerto yo de muchos años,
él muerto de pocos días.

Lo que hablaron nuestras almas
nunca lo sabrá Sevilla.

191

SEVILLANAS

Venid a ver, los príncipes del mundo,
arios, semitas, chinos, indonesios,
nietos de Cam elástico, hindúes,
incas de oro, egipcios o gitanos.
Venid a ver bailar dos andaluzas
—dos sevillanas puras—, sevillanas.
Ellas y el baile así se llaman, Justa y
Rufina ya bailaban sevillanas,
púdicas flores derramando gracias,
cristianas alegrías sevillanas.

Venid, entrad mejor que a las casetas,
en las íntimas casas sevillanas.
Las niñas de la casa —Luz, Rocío—
van a bailar las cinco sevillanas.
Ved cómo se entreabren y entrecierran

tirsos, capullos, ramas sevillanas,
cómo se esquivan, buscan, curvan, yerguen,
riman, rubrican firmas sevillanas.

Dos mariposas crúzanse academias
—sin llegar nunca al beso— sevillanas.
Los palillos felices vuelan, tornan,
aletean, gorjean sevillanas
y quiébrase al final cada figura
en variación de estampas sevillanas.
Éxtasis somos casi transparentes,
casi llanto de ver las sevillanas.

Nada en el mundo —confesadlo príncipes—
nadie como vosotras,
sevillanas bailando sevillanas.

192

ALCÁZAR

Si me perdiere en Sevilla,
atravesad el patio de banderas,
seguid túnel adentro y desdeñando
sombras de Don Fadrique y de Don Pedro,
buscadme en los jardines.

Me hallaréis a la sombra apasionada
del amargo naranjo
o la palma real
gozando una sospecha
de perfume de Indias
y pensando que después de todo
no sabremos jamás lo que es la vida.

193

«ALIANZA»

Desterrado peón del Alcázar,
voy rondando al azar la muralla.
Y, materna, se me abre una plaza.
Siete letras de música: ALIANZA.

Y la fuente, la fuente que canta.

Azahares desputan, se rasgan.
Es la noche marzal, sustentada.
Soledad de mi vida y mi alma.

Y la fuente, la fuente que danza.

Refugiado al rincón que me abraza,
miro al cielo de faz pavonada.
Qué bandera de raso sin lágrimas:
Torreón, palma alta, Giralda.

Y la fuente, la fuente, la fuente
que reza, que salva.

194

UBRIQUE

Oyendo el agua del río
en Ubrique.

Oliendo la flor del huerto
en Ubrique.

Mirando la niña guapa
en Ubrique.

Sintiéndome raterillo
en Ubrique.

Bebiendo, oliendo, mirando,
acariciando, cosiendo
en Ubrique.

195

RONDA

(Con permiso de Málaga)

Niña, si al tajo te asomas,
acuérdate
que los ángeles vuelan de pie.

Niña, si al tajo de atreves,
niña de los peines.

196

ALGECIRAS

Siempre hay baile en el Estrecho
y al que baila le parece
que es Algeciras
la que se mece.

Y Algeciras se está quieta
frente al inglés, frente al moro,
clavándose la peineta.

197

SAN FERNANDO

La esfera y la pirámide.
Sección de oro.

De día salinero,
de noche astrónomo
y en la Escuela sudando
los polinomios.

198

EL PUERTO

Puerto de Santa María.
El Puerto de Rafael.
Todo pregunta por él.
Si volvía.

Castillo. Vuelos al sol.
Entre almenas,
resbaladas por la piedra
—qué maravilla—
la sombra de la cigüeña.

Agüero, dime que sí.

199

JEREZ

La si sol mi fa re mi. Fa mi re mi.
Pienso en el Jerez de Albéniz.

Son de collares lejano
y braceos de jacas y de mozas
en arabesco y arabesco y arabesco.

Alegría y tristeza y alegría.

Isaac, qué alegría de feria.
La si sol mi fa re mi.
Qué alegría más seria.

200

ROTA

Pasé de largo por Rota.
Pasé como sobre brasas.
Qué linda piña de casas.

Rota de mis alegrías.
Rota.
Ay, Rota de mis penas.

Pasé de largo.

201

BONANZA

Bonanza. Qué esperanza.
Ría.
A la ese del Guadalquivir
desde el cielo del vuelo la sabía.

Hoy he bajado al nivel
              trainel
de la canal pleamar.

Bonanza.

Por la ese —que aquí es «eze»—
sale y entra, mengua y crece
              la esperanza.

XXXII

VUELTA DEL PEREGRINO

(1951-1965)

202

MILAGRO EN ALTAMIRA

A Emilio Botín-Sanz de Sautuola y López.

Creer lo que se ve: la fe suprema.
Milagro en Altamira. Hoy se descubre
la dimensión tercera de la historia.
Ya no es plana la fábula del hombre.
Ya es cavidad, relieve, perspectiva.
Ya podemos meter hasta los codos,
y más que Don Quijote en Montesinos,
los brazos en la ciencia y la aventura
sin temor de encontrarse fondo ni límite.

Tiempo del hombre son doce mil años,
tiempo del hombre y no prehistoria, historia.
Y los bisontes bajan a embestirnos,
bramando: «Ayer es hoy también. Palpadnos.»

Y la niña creía. Eran sus ojos
ventanas de la fe, la fe purísima.
«Toros, toros pintados. ¡Mira!» Eran
doce años inocentes. Cada año
profundizaba mil años de caza,
de religión, de magia, de escultura.

Bulto y línea, color y movimiento
nacían —vida y sueño, arte y materia—,
nacieron, nacerán, siguen naciendo.
Prodigioso acordar de dos edades.
El cristal de la fe y la antorcha trémula
de la ciencia humildísima ensayando,
alumbrando reliquias, presta siempre
al sacrificio heroico de la hipótesis.
¿Abraham e Isaac? No. Es una niña,
su hija. El padre mira, no da crédito
a lo que ve, está viendo. Está tocando,
siguiendo con la yema de su índice
el perfil prodigioso, el anca eléctrica,
lomo abultado, testa revirada,
astas en lira que se desvanece.

La humedad de la cueva suda gotas
y le moja la mano que acaricia
—protuberancia natural— el vientre,
creación ya del arte, honra del hombre.

Y el padre ya no palpa, ya no mira,
cierra los ojos, reza, abre sus ojos,
mira los de la niña y cree, cree.

203

FORMENTOR

A Tomeu Buadas.

Hay que ponerle a la hermosura un nombre.
La libertad lo tiene y en él vive
y se sacia. Al cielo llaman cielo
y a lo común de los mortales pena.
Pero tener un nombre, un solo nombre
para un único ser, un nombre propio,
es ser más que los ángeles rebeldes.
No serás como Dios, serás tú mismo.
Hay que ponerle el nombre a la hermosura.

La hermosura, si no, como hasta ahora
seguirá estando allá, o aquí, o en vuelo,
errante en ala azul de ave preciosa,
depositada en lámina de mica,
derramada y perdida por las olas.
Nunca será la exenta y no cliente.
¿La llamaremos Lozanía, Gracia,
Belleza? Nada. Enigma por enigma.
Máscaras son no más de la muy esquiva.

Hay que inventarle, hallarle el nombre propio,
el de un sitio, un momento, una figura,
sorpresa burladora por la espalda
sin darle tiempo a que se nos disfrace.
Y si un día en la siesta se descubre,
tan descuidada, fiel, desnuda toda,
una tarde de mayo —quietos, ¿duerme, finge,
acaso sueña?— vamos de puntillas
disfrazados de brisa y en el nácar
de su auditiva playa susurramos
—oh beso, oh despertar—: «¿Cómo te llamas?»

No lo pudo evitar. Como un suspiro,
de sus labios de sal voló su nombre
en nunca oído trueno de hermosura.
Y sonríe y moviendo el brazo izquierdo,
tan perezoso, en arco felicísimo,
nos invita al supremo goce a fondo,
al de la posesión por la palabra.
Y repetimos, sí, todos a una
—metal coral de acentos arcoíricos—
ese nombre secreto, abierto sésamo,
colmo del existir en el regazo
del ser, su nombre oro, impronunciable,
tal el de Dios al prosternado hebreo.

Y miramos en torno y demoramos
larga y densa mirada colectiva.
Aquí entre el taronger y la olivera,
entre el pino y la adelfa, blanca o rosa,
de abajo arriba entre la gentil cala
y ese pozo de cielo atardecido,

tan hondo y tan morado que la luna
se nos ahoga en él, caída de espaldas.
He aquí la fija, el fiel de la hermosura.
Aquí el son amarillo, el olor verde,
el sabor rojo, el tacto azul, rebosan
de plenitud, amor de mar a isla.

Apura ya el coloquio sus anillos.
La sonata de adioses abre alas.
Los que atienden las voces misteriosas
en su plática afinan ondas, timbres
con mutuo apoyo de color y choque,
y el serpear fugaz tuerce y destuerce,
feliz de alta indolencia, los azares
que han de desembocar donde Dios quiere,
en un golfo mecido de mareas:
la unánime poesía, hija del hombre,
prenda de paz, nordeste de Mallorca.

La sonata de adioses abre alas,
las confluencias van a separarse
y un rayo de sol, súbito, patético,
atraviesa la sala y las palabras
y suspende en el ámbito dorado
transparencias de un más allá, llamadas
de un doble fondo, tenue, casi afónico:
«Hermanito menor.» Brilla una lágrima,
temblando en el cristal de la esperanza.
No se vaya a quebrar. Todos callamos.

Y casi comprendemos. Aún no todo.
Josep María, Carles: hoy, mañana.
Tu voluntad, Señor. Plena la esfera
—«sorpresa burladora por la espalda»—.
Aún no estaba redonda la hermosura.

Gozad, gozad, poetas, sus hechizos,
sus profundos hechizos. Lanzad, nautas,
al mar de amor la incalculable sonda.

204

FALLA EN LA ALHAMBRA

(Recuerdo de 1925)

«La Alhambra no, que nadie se la enseñe.
Quiero llevarle yo.» La tarde era
frágil y gris de niña primavera,
norte del sur. (Ay, mi Verdoso lueñe.)

Puerta del Vino, Debussy. Despeñe
sus arpegios de uña la habanera.
Don Manuel se detiene, habla, pondera.
Me mira y calla: que yo escuche y sueñe.

Azulejo de Albéniz, huésped, monje.
Y llueve al fin pianísimo. Que esponje
la hoja nueva y la flor de los sembrados.

El arrayán se abre: un gnomo ardiente.
Falla y él charlan, qué piadosamente,
—catedral sumergida— de Granados.

205

LA VOZ DE FEDERICO

Qué pena que el archivo de palabra española
no captase en su cera la voz única.
Cuando todos nosotros sus amigos testigos
terminemos de morirnos,
con nosotros el timbre inolvidable,
sus inflexiones se desvanecerán.
Desvanecer, tremendo destino de lo humano,
y esta vez sin siquiera el engaño piadoso
del habla en noria atada
que gira y gira y gira desgastándose.
Como esa luz de estrella
que estamos contemplando y ya no existe.

Tan sólo su pianillo
cascabelero, fresco, exacto, ritmo puro,
nos sonoriza la memoria suya.
Y, sí, yo le estoy viendo,
acercándose, todo luz, sonrisa
—triste sonrisa alegre, luz morena—.
Y le veo sentado
echando atrás por encima del hombro
—golpecito del dedo—
la ceniza del pitillo.

Pero es su voz, su voz la que me llega,
la que en mi oído vive,
su voz como encuevada, suavemente ronca,
de un tono pardo único,
y su recitación —música y gesto—
y sus ondeadas, íntimas carcajadas
—ejé, ejé, ejé—
celebrando sus anécdotas,
verdades milagrosas de lo increíble.
El día en que se invente, si se llega a inventar
la poesía de palabra-ruido,
la música concreta del idioma,
podremos remedar su voz y su metal oscuro.

Háblame, Federico. Tantas noches
sueño que no has muerto,
que escondido vivías y estamos en Granada,
una maravillosa Granada distinta, tuya y mía,
y otra vez o la misma somos jóvenes
y nos contamos cosas, proyectos, dichos, versos.
Y tu voz suena y eres tú, gracias a ella.
¿Quién, ni en mundo de sueños podría falsificarla?
Tu voz que me habla siempre, que me llama,
tu voz, sí, tu voz llamando,
tu voz clamando...

206

LA MIRADA DE ORTEGA

Mueren los ojos, pero ¿cómo
puede morir la luz, la luz de la mirada?
Como espíritu que es,
vuela, vaga errante, torna y retorna,
hermosea la vida, remueve, esparce, queda.

Quiero contaros como un cuento
—fastuoso, inverosímil—
la mirada de un hombre,
puesto que gocé de ella tantas veces
que sobre mí, sobre mis ojos casi avergonzados
de tanta luz de amor e inteligencia
se posó, se fijó deslumbradora.
Mas ¿cómo relatar al lejano, al tardío,
al muchacho que no llegó a alcanzarla
lo que ha de ser para él novela o mito?
Hablad a un ciego de colores,
a un sordomudo de celestes músicas,
habladles por metáforas, sinestesias, engaños.
Todo inútil.

La luz que de él, de sus ojos emana,
el metal de esa luz, su iris sideral,
su simpatía, su rigor, su timbre,
su alegría surcada, ondeada,
abanderada de oceánicas prodigalidades
¿es que me va a cegar?
Por momentos había que entoldar los párpados
para así protegerse contra sus radiaciones.
Pero no. No es miedo. Ella me incita,
me invita a su tesoro,
me cala hasta lo hondo y me cautiva amigo suyo.
Era ella, su mirada, como una nueva fábula
dichosamente inventada cada día,
siempre distinta y a su mente fiel,
a su vocación de saber, querer saber,

amar saber —filosofía—
y sentirse más él contemplando a los suyos,
más sí mismo, más hogar, foco cálido
con suprema caricia de humor tornasolado.

Ah, sí. El tornasol, la tornaluz, el modulado prodigioso
de aquella —no, de esta, la estoy viendo,
me está mirando— mirada campeadora
con sabor a especias indecibles,
con brillos, no, con rayos interiores
de fundentes metales, cuerpos simples inéditos,
magias de un pozo de universos líricos.

La mirada sagaz, conversadora,
centelleante a estímulos diversos
—personas, obras, cosas—
centrando en sí, imantando voluntades,
viajando en el diván de clima en clima,
fija en el aula, ardiente y metafísica,
curiosa a la sorpresa resbalada
de paisajes viajeros,
cómplice en el tribunal con el azorado alumno
que interpreta bien claro el
«no se asuste, no es eso, mas no importa».

Y la rima perfecta
cuando lo que los ojos proclaman
los labios escoliastas lo confirman.

Sol, soles en su órbita que a veces
se acercan y ciñen en curva hasta abrasarnos.
Ahora se ha ido lejos, muy lejos,
pero su fulgir errante, flotante, nos acosa,
nos faceta, nos conforta. Luz, luz de amor humano.
La mirada de un hombre.

207

JUAN JOSÉ DOMENCHINA

Juan José de temblor, sombra sin tierra:
por nadie fue o será jamás cantada
Castilla del adobe y la majada
como por ti. ¿Castilla de la guerra?,

no ¿de la paz? Y subes a la sierra
de tu deseo a verla, a olerla, alada,
tal delgada a la luz, transverberada,
gloria de alondras que en su seno entierra.

«No me dejéis morir mi muerte en vilo.»
Sí, tu cáliz bebiste hasta las heces,
el Cristo recobrado tu consuelo.

Y sus brazos te alzaron. Grano en silo,
ya eres cosecha salva eternas veces
y duermes en Castilla, la del cielo.

208

ROMANCE DEL HUÉCAR

A Federico Muelas.

Y el Huécar baja cantando,
sabiendo lo que le espera,
que va al abrazo ladrón
de su nombre y de su herencia.

Y el Huécar baja contento
y cantando pasa el Huécar,
torciendo de puro gozo
sus anillos de agua y menta.

Toda la hoz, todo el eco
de la noche gigantesca,
se hace silencio de concha
para escuchar su pureza,

porque viene tan vacante,
tan sin cítolas ni ruedas,
que está inventando la música
al compás de su inocencia.

Nunca vi un río tan íntimo,
nunca oí un son tan de seda,
es el resbalar de un ángel
unicornio por la tierra.

A un lado y otro del tránsito
renuevan su muda alerta
rocas de pasmo sublime
humanadas de conciencia,

casas con alma y corona
y, al baño de luna llena,
los descolgados hocinos
sus rocíos centellean.

La creación está aquí,
aquí mismo se congregan
el nacimiento del aire,
la voluntad de la piedra.

Y allá en lo hondo —unicornio
entre lanzas que le tiemblan—
cosas que sabe del cielo
nos canta el ángel del Huécar.

209

CABO DE GATA

A Julia Estevan.

Un revuelto, titánico oleaje.
Y la danza convulsa se detuvo.
Y se erigió supremo el corifeo
en cono agudo, vertical, purísimo.
Cuajado quedó el ímpetu, la cólera,
la soberbia de siglos y de entrañas.
Oh plenitud de forma, oh movimiento
de la quietud lograda, oh feria atónita
en un solo color de los colores:
el tostado de gloria, amor de mina,
robador de levantes y ponientes,
sol hecho roca, tierra, hoguera dura.

Y abajo, honda, la mar: lenguas saladas
de sus calas lamiendo, alborotando.
cantándole su amor a prometeos,
acariciando, consolando a andrómedas,
ciñéndole su flanco a una sirena,
desesperada de alcanzar de nuevo
su resbalada piel y escama, víctima
de una venganza atroz.

¿Por qué anduvo
Ulises, escaló esos picos, quiso
pisar las huellas de aquel divino Herakles
que ensayó en estas peñas sus membrudos
brazos para su empresa tenebrosa?
Más de una esquirla, islote, acantilado
sueñan aún sus uñas, garras, músculos.

Oh potencia del ser, del testimonio,
de la afianza en peso y en raíces
de su bloque total. Cesó la brama o música,
el vértigo de Gea parturienta,
y al aplacarse furias, rayos, brasas,
cada hermana en cadena de azul coreografía
quedó viva en su muerte y color tierra.

Tierra áspera, espejo al sol que ronda,
metalurgia sagrada en piel expuesta,
trasminadora de la sangre ciega
de esclavos, siglo a siglo,
arrastrándose en torvas galerías.
Mas nada sabe de ella
la inocente armonía que invisible mano
ordenó para siempre, siempre nueva,
virgen siempre, girándose a sí misma.

Por las noches la luna, la enamoradora,
hechizando, derramando, untando
la sierpe inmensa de la mar morada,
se acuesta y hierve y entre sueños contempla
la danza enorme de las cumbres,
masas que crecen cada vez más altas,
vistas desde su foso.
Y por amor de ella, de la mar o espejo,
vuelven a remecerse en ondulante, silencioso coro,
al resón besador de sus espumas.
Amor de monte y mar.
Vida, vida. Atalaya. Excelsitud del Sur.

Cabo de Gata,
puerta de Hesperia, gozne del Sureste
—mi mapa del Colegio y yo cantando
los nombres de los Cabos,
el puntero en la mano y prohibido tocar
su oloroso brillo—.
¿Qué imaginaba un niño de seis años
ante esa Gata misteriosa, huraña?

Cabo de Gata hoy, luz de poniente,
esteros de salinas, reflejos, láminas
de un rojo sordo, tabaco oscuro que va a negro
junto al blanco ya fantasmal de la sal que se enfría.

Y Venus candidísima en el cielo.

210

ORMOLA

Salí a buscarte, madre, niña mía,
en la mañana —viento sur— de invierno.
El hálito templado acariciaba
últimas hojas de los robles viejos,
castaños despojados, varas altas
de fresnos, barniz y luz de acebos
e hinchaba mis pulmones de pureza.
Versolari imposible hacia mi verso
ascendía impaciente, hacia mi fuente,
mi manantial que está sangrando tiempo.

Y me habló Ormola según yo escalaba
sus lajas, sus torrentes y repechos.
—Mira hacia abajo. Ese es tu valle matrio,
tu Azcoitia de ocho años, niño serio,
tu villa abuela de nogal vascuence
y de Ángelus de cáñamo y de rezo.
(Resbala por el quieto mediodía
Gabriel, visible a los alpargateros.)
Mira cómo se bañan tus patitos,
tus corros que decís allá en los pueblos
de tu natal Montaña, tus delicias
cuando azotan relumbres y aleteos.
Mira el frontón y el porche y la ancha bóveda
—parroquia familiar, órgano, incienso—.
Y esa cúpula gris es tu Loyola,
vaticano menor, largo paseo.

Y sigo y trepo arriba, más arriba,
hasta asir con mis manos mi alto empeño.
Ormola al fin, soñando en Cacerneja.
Caserío y cabaña: a su amor debo
mi regalo de vida, mi existencia.
Último fruto soy, otoño vuestro.
Casa donde nacisteis y jugasteis,
María Uría, Ángela Cendoya,
abuela que gocé, madre del alma.

Y os veo ahora, niñas, niñas siempre
y siempre madres, madrecitas mutuas,
primero tú y yo luego, esa es la vida.
Y a mis oídos vuelven el «maitía»
y el «choriburu» tierno y la suprema
jaculatoria «¡Ángela María!»
juntando en cielo vuestros nombres mismos.

Caserío de Ormola. Contrafuertes
—la planta en desnivel— catedralicios.
Y desde el antuzano los hastiales
veo robustos y salir el hércules,
miembros de oso, el huésped aitzkolari,
«genius loci», heredero. El tío abuelo
fue también campeón —la raza éuscara—
de abrazar, levantar bloques de piedra.
Mas no son esas —míticas de Ormola—
las glorias de mi sangre y de mi hueso,
mis cariños y orgullos. Son las madres
a la rueca aplicadas, al cultivo
del lino, a la magosta, a los manzanos
que maceran en jugo oro de sidra
y vuelven en abril a vestir túnica
cual no ostentó jamás reina de fábula,
redundando de mieles la ladera.

Madres de madres, sí, niñas de niñas.
Ya os oigo, te oigo treceañera,
ardilla rubia en salto —gracia y fuego—
inventarme, llamarme, conjurarme,
sintiéndome ya flor en tus entrañas,
tu benjamín de octubre y embeleso.
Tú niña, tú doncella, tú ya esposa
en Castilla del mar, abrazo insólito
de dos cumbres cantábricas: Ormola,
Valnera. Padre, Madre. Santa madre,
cumplo yo hoy la edad que tú alcanzabas
—noviembre humano ya, cerca el invierno—
cuando Dios te llamó y tú ahogándote
me mirabas tristísima y alegre,

heroica (te ahogabas) sonriendo,
desgarrándote, hundiéndote, salvándome
desde tu ultraladera, me mirabas
subiendo, azuleándome de cielo.

XXXIII

«EL CORDOBÉS» DILUCIDADO

(1964-1965)

211

«EL CORDOBÉS» DILUCIDADO

«El Cordobés»
—¿lo ves?,
¿no lo ves?—
no es lo que es,
es lo que no es.
«El Cordobés» es un estratega
y de tanto como se entrega
y se arrima
las balas le pasan por encima.
«El Cordobés»
es el toreo al revés
y es el mechón de través
y la muleta rabieta veleta
pero sujeta
—derecha, izquierda— a la escondida rima
que de eco en eco canta y se aproxima.
«El Cordobés»
es el bordón reñido con la prima
y la mecánica muñeca
que tuerce y quiebra la embestida seca.

«El Cordobés»
es el toreo en inglés,
en danés

y en pequinés
y en volapuk y sin mover los pies.
¿Si no te quitas tú te quita el toro?
A «El Cordobés» el toro no le quita.
«El Cordobés» imita la mezquita
menos cuando andando andando
se va del toro y es Pasos Largos con todo el alijo
por sierra Morena
—«adiós, mi hijo»,
dice a mi lado una chilena—.

Él es rural y tónico y sonoro.
Bendito sea «El Cordobés» de oro
y sus salidas por Úbeda cerrera
y cuando sale el sol por Antequera.
«El Cordobés» hereje
excomulgado sin concilio exprés
por su tejemaneje
y porque suma: dos y dos son tres.
«El Cordobés» de puja y de subasta,
de espaldas y al trasluz, al sesgo, al bies,
que se inventa con casta
el toreo que es porque no es.
«El Cordobés» no sabe ya si existe
y se palpa y se suena y se jalea
y en rapto como Elías por el cielo se pasea.

Y tú, recalcitrante negativo y triste,
vete a ver al fenómeno y al número
y apúntate catecúmeno
de la flámula y la fe de «El Cordobés».
De «El Cordobés»,
ay,
que en San Sebastián le cantan ¡bai!
y que en Bilbao te gritan ¡es!
¿Y en Málaga? Por supuesto, ¡oui!, ¡ja!, ¡yes!

«El Cordobés»
podría ser un gran torero
pero
él prefiere ser un ente
terráqueo y refulgente:
«El Cordobés».

212

LA DOMINACIÓN Y EL TRONO

Rafael «El Gallo»

Bajan del cielo —mirad—
la Dominación y el Trono
cuando angélico corono
faena de majestad,
con diez sobrenaturales
a izquierda y derecha, y tales
que no me enmiendo ni un pie.
Por mi espalda la muleta
cambia de ángel e interpreta
el símbolo de la fe.

213

TAUROMAGIA

A Anselmo González Climent.

Tauromaquia, toreo, tauromagia. Jornadas.
Moradas del castillo. Ardua ascensión de gradas
y vistillas al cielo entre almenas y espadas.

Tú, Anselmo, la inventaste. Sea tuyo el poema.
Al decir «tauromagia» creabas el teorema,
la teoría y su exégesis. Todo está ya en la yema.

Subir hasta la cima donde ya no se plagia
es mística de amor sufí, ciencia trisagia,
rara buenaventura de la azor tauromagia.

Pocos los elegidos que descorran el velo
y ondeándolo alumbren andanadas de cielo.
Raptos, quietismos, éxtasis en el quicio del vuelo.

Pocos los elegidos, los devotos no muchos.
La masa no discierne ángeles de avechuchos,
ni babilonios toros de bastardos moruchos.

Pues también Jove augusto, sabiéndolo, entra en trance.
El ritmo le contagia y esculpiendo su avance
participa en la atónita revelación del lance.

La creación entera se hace pasmo y testigo.
Y el coloquio sin límites del amor y el amigo
es el jardín murado de prohibido postigo.

Sólo de tarde en tarde se gana el jubileo,
que esas no son victorias del hijo de Peleo,
sino triunfos divinos que hacen cantar: yo creo.

Mas hollar la alta cumbre con pies angelicales
requiere haber penado barrancos y canchales.
Morada tras morada, las etapas cabales.

Fueron rudos cimientos de lucha y de hemorragia,
ascesis y cartillas de ortodoxia selvagia.
Sólo el faquir despliega tapices de la magia.

Y el volapié lentísimo, símbolo de hermosura,
relumbre en paraíso y brisa de escultura,
cuando el perfil del tronco vacía su cintura.

Tal es la tauromagia, celeste intermitencia.
A su soledad honda adquirimos videncia
de que a lo eterno vamos, plenitud de existencia.

214

PICASSO

Fiel aliado del azar,
Picasso —época del «Bomba»,
malagueño de gayomba,
de chumbera y limonar—

sigue en sus trece: pintar,
porque él pinta, pinta, pinta
al óleo o al aguatinta,
—mancha, capricho o diseño—
toros de ojo o de sueño
como el Sordo de la Quinta.

215

«MAGRITAS»

Voy a evocar de Luis Suárez la norma,
voy a enhebrar en mi verso su hilo,
reflorecer su purísimo estilo,
clásica musa.

Andan sus pasos prudentes y sabios,
andan de frente, cuartean apenas,
suben y bajan sus brazos. Atenas
nace de nuevo.

Mírale el toro quieto, quieto, quieto,
siéntese esclavo del ritmo inaudito.
Debió arrancarse y aguarda: que el rito
logre su colmo.

Ya se decide el astuto, y el hombre
—ángel acaso— pespunte tangente
casi acelera, sin prisa, fuyente.
Vértice amaga.

Ya es inminente el encuentro, el encuadre.
Las banderillas brotan de la faja.
Manos arriba se unen. Fuego baja.
Cumbre redonda.

Vuelven al cielo los brazos, las alas.
Vivo milagro cumplido, el envite
se hinca en el aire. No hay prisa, no hay quite.
Queda el aroma.

XXXIV

ODAS MORALES

(1966)

216

A LA DUDA

Duda, fija y bravía,
girando siempre en torno de tu quicio,
fuerte matrona mía,
contralto del indicio
que abres tu facistol de apuesta y juicio:

tu secuencia que avanza
como un oscuro río subterráneo
graba y borra esperanza,
total ya e instantáneo
eco y surco en la bóveda del cráneo.

Sigue, ya no me asustas,
yo te exprimo sustancia y quintaesencia.
Tus prosas siempre justas
van en fatal cadencia
a acostarse al hondón de mi conciencia.

Por ti el ser es adulto
y en su entraña de luz al niño ahoga,
y el condenado a indulto
a la esfinge interroga
y no dan paz sus manos a la soga.

Pues negación no eres
ni espíritu del mal, sino verdades
que tú vives y mueres,
resquicios, majestades
que turnan, cegadoras soledades.

Madre, nunca me aduermas,
tenme siempre despierto en tu regazo.
Pueda yo, si tú enfermas,
curarte y de rechazo
aumentarte la fe, que es tu embarazo.

Que mientras la hora llega
del silencio sin ritmo, extenso, mudo,
yo me acojo a tu brega.
Sin tacha y sin escudo,
contigo y contra ti lucho desnudo.

217

A LOS VIETNAMESES

La ley de la rapiña
sigue imperando en cerco tenebroso.
Innoble rebatiña:
dragón, águila y oso
tras cordero interpuesto entablan coso.

Ese bella entre eses,
curva el país su costa. Horrendo tajo
la hiende. Ay, vietnameses.
Culpa brutal contrajo
quien el hacha blandió de arriba a abajo.

Alemanias, Coreas
clamando están. ¿Y a eso llamáis victoria?
Político: no seas.
¿Decíais que la historia
maestra es de escarmiento? Oh ciega noria.

Una vez desatado
el blanco, el negro, aceitunado odio,
quién verá cancelado
su último episodio
y al ángel de amor volar custodio.

Tiempo fue en que la vida
foliaba en paz calendas y sosiegos.
Al Buda obeso, ardida
por bonzos y por legos,
subía la fragancia de los ruegos.

La fresca y honda orquesta,
heridora de pieles y metales,
en ecos de floresta
y gamas virginales
desnudaba sus timbres de cristales;

y ondeaba la danza
—flores cabeceando en su cestillo—
y liturgia y balanza
—viso verde, amarillo,
naranja— serpeaban el anillo.

Oh paraíso. Helechos,
cañas bambúes, hojas que crecían
del tamaño de lechos
a amantes protegían
y en túneles sombríos escondían.

Y ahora buitres hinchados,
abortos de las nubes demenciales,
abrasan los poblados,
desmoronan bancales,
ensangrientan espejos de arrozales.

Donde la garza airosa
bajaba a hundir en ciénaga de ría
su pico y sobre rosa
zanca después se erguía
y de sus alas el paypay abría,

hoy leve oscila y baja
—hojas van por los vientos impelidas
y otoño las baraja—
llorado por sus bridas,
un muerto a tierra en su paracaídas.

XXXV

VARIACIÓN 2

(1941-1966)

218

CANCIÓN DE LA PENA ABRILEÑA

Canción de la pena infinita.
Canción de la pena no escrita.
El agua que hoy llueve es bendita.

Canción de la pena abrileña.
Canción de la pena norteña.
La lluvia a llorar nos enseña.

Canción de la playa perdida.
Canción de la espuma absorbida.
Canción de la muerte en la vida.

Canción de dos almas gemelas.
Amor de las dos paralelas.
No se unen jamás sus estelas.

Canción del jamás en el suelo.
Canción del quizás en el vuelo.
Canción del compás en el cielo.

(Amor solo.)

219

CANCIÓN

Canción de la pena infinita.
Canción de la pena no escrita.
El agua que hoy llueve es bendita.

Canción de la pena abrileña.
Canción de la pena norteña.
La lluvia a llorar nos enseña.

Canción que planea en el techo.
Canción que aletea en el lecho.
Canción del momento deshecho.

Canción de dos almas gemelas.
Amor de las dos paralelas.
¿Jamás se unirán sus estelas?

Canción de la letra y el son.
No existen. Se buscan. Ya son.
Se encuentran. Se abrazan. Canción.

XXXVI

CARMEN JUBILAR

(1966-1967)

220

CARMEN JUBILAR

Carmen, cántico, coro,
cantad conmigo, uníos a mi júbilo
pues por vosotras y vosotros vivo
y solemne y humilde estoy pasando
bajo el arco triunfal
que vuestros brazos ágiles erigen.

Arco sin puerta. Del azul venía
y al azul sigo. Toda es transparencia
mi vida en este enlace
de un pasado que queda
a un presente constante que advendrá.

Humana obra de misericordia,
enseñar al que quiere saber el que no sabe.
Y sin interrupción cuarenta y seis años
y medio.
Qué aprendizaje hermoso de inocencia,
de ciencia y de paciencia,
y cuánto respirar, beber poesía,
poesía alumna, mi única maestra,
mi juventud perenne. Oh, gracias, gracias.

Cuando los años son cursos
a caballo de años,
no se arruga la seda del verso,
tan terso ahora
como en la ilusa evasión por el portillo de la jaula.
Jaula y aula.
Y vacación.
Libres las alas hacia la aventura.

Vosotros los de Duero en la ribera
cantaréis —¿me permites, Garcilaso?—
mi poesía al raso y de frontera,
y no mi muerte, no, mi vida al paso
cantaréis cada día.

Y en vosotros, mis cántabros y astures,
discípulos del alma, me contemplo
como el niño que un día fui,
que soy ahora y hoy.
(Hay foto de jardín y escalinata
y en el bolsillo cápsula y bovedilla de eucalipto.)

No os olvido a vosotros, chicos, chicas
madrileños, velazqueños
de toda España, al aire de la sierra
despiertísimos, hoy también varones,
madres, como ya abuelos los de Soria.

Y a vuestra rapacina prole, gijoneses —ese
es un sexto discípulo-nieto del que a Jove
supo heredar el nombre augusto y sacro—.
Ni menos a vosotros, amigos de mi brindis,
con la ventana abierta
a mi bahía verde de abril nuevo
—1920, Dios sea loado—.
A vosotros, los vivos y los muertos,
muertos pero vivientes en mi abrazo,
uno por uno nominados.

No, ni a vosotros ni a vuestros hijos,
hijos predilectos
de vuestra sangre y de mi verso.

Ni a vosotros podría bajo mi arco de júbilo
—de invisible laurel sienes ceñidas—
no deciros: Estáis, estáis aquí conmigo,
josués de un sol que me calienta y dora.

Mas si apretada piña de muchachos
rodeando al maestro le remoza,
¿qué decir de vosotras,
lindas beatrizgalindas
que mi vida madura tan intensa-
mente aromasteis?
Bien lo sabéis. Nunca sentí fatiga
de hablar, de persuadir, de desnudar bellezas y emociones
para vosotras,
porque me rodeabais siempre y siempre
en capullo o en flor recién abierta.
Los intangibles años de la alumna
fijos están aunque la luz se mude
de verde a negro, de castaño a azul
en la fragante pregunta y misterio
de los ojos distintos.
Los siempre trece o diecisiete
hacen florecer siempre cada curso
el árbol del maestro y del poeta;
de un maestro todo dudas,
de un poeta que apenas si ahora aprende
y para aprender más cierra los ojos
y se esconde en su casa
para seguir soñando con vosotras.

221

JARDINES DE LA VILLA DE ESTE

Jardines de la Villa de Este.
Bajan las aguas, suben, cantan.
Jilgueros, tordos, ruiseñores,
refrescan la hora meridiana.

Los cipreses viejos de siglos,
robustos y firmes de espaldas,
sostienen en el azul gloria
bóveda de invisible traza.

Jardines, túneles, grutescos,
éxtasis, suicidios, barandas,
piedras verdosas, corroídas
por el tumulto de las aguas,
musgos en monstruosos muñones
de mitos sin caños de gárgolas,
mientras surten en las glorietas
blancos cipreses de fontanas.
Jardines para estar callado
junto al silencio de la amada
o envuelto en su presente ausencia
con la queja y goce del agua.

Jardines para estar oyendo
entre las aves que discantan
el piano del Abate Liszt,
cántaro de samaritana
volcando, alzando, sosteniendo
aguas y perlas y nostalgias
de la melodía infinita
que canta y que canta y que canta.

Suben árboles brolladores,
suben altísimos, desgajan
—cimera, indecisa, anhelante—
su última rama de esperanzas
y de su derrumbe armonioso
nace otra vez la osada lanza.

¿No es este el sueño de los ángeles
bajando y subiendo la escala?
Hay que caer con todo el peso
para volar con toda el alma.
Y este es el misterio visible,
el pecado que mueve la Gracia.

Sólo dos seres en la tierra
nos evidencian cielo o patria.
Música que vuela a su origen,
agua de pie, columna santa,
y entre las dos olvida el hombre
que lleva arrastrando las alas.

ÚLTIMOS POEMAS
(1968-1983)

XXXVII

LA FUNDACIÓN DEL QUERER

1

UN ROMANCE ES UN INSTANTE

Un romance es un instante,
un romance es una vez,
un romance es siempre, siempre
volver a empezar, volver.

Siempre estamos empezando
y no sabemos qué es
pero sí lo que será
porque mañana es ayer.

Ayer te quise yo tanto
que te quiero y te querré.
No tengo más que asomarme
a aquel jardín burgalés.

Tan sólo cinco minutos
a la sombra de un laurel,
y tú de alivio de luto
y yo de alivio de sed.

Y otro año y otro año
segunda y tercera vez,
tercera —y va la vencida—
bajo un nombre cordobés.

Un poeta de Sevilla
y otro de Granada infiel
maniatando mi destino
y conduciéndome a pie.

Te estoy viendo allí a la orilla
del mar con el viento aquel,
verde viento sur de octubre
que calentaba la sien,

bajo tu boina marrón
tu pelo de oro de miel,
mejillas inverosímiles
de seda, de no sé qué.

Te quise mucho y despacio,
tan despacio que —ya ves—
tan joven viejo que soy,
soy en flor leña de arder.

Ahora sí que va a empezar
nuestro pliego de cordel.
Mira, escucha cómo cantan
la fundación del querer.

2

LA FUNDACIÓN DEL QUERER

La fundación del querer
es una suerte profunda.
Se funda lo que se quiere,
se funda lo que se busca.

Lo que se anhela que dure
más que atracción, más que junta,
más que vida, más que muerte,
más que luz, más que locura.

No se sabe cómo ha sido,
una chispa que chamusca
y lo que azar parecía
ya es el pleno, es la fortuna.

A mí me has tocado tú
y tu órbita se consuma
enredándose en la mía
y las dos son sólo una.

Se funda lo que se quiso
a fuerza de fe y de angustia.
Se funda el mar y la tierra.
También el querer se funda.

XXXVIII

CEMENTERIO CIVIL

3

MORTAL, MIRA ESAS NUBES

La vida es sueño, ecuación, plurivalencia.
Es ganas de dormir, qué sueño tengo.
Y es el dormir mismo, la dimisión involuntaria.
Y en el limbo del durmiente
la vida es fantasmagoría,
la vida es, son los sueños,
nubes de Debussy que suavemente
resbalan, giran, mudan luces, timbres,
ademanes frustrados, vagabundos.

Y la vida es también el otro sueño,
sueño del despierto,
el sueño del amor.
Y la vida más y más y todavía
es el sueño definitivo,
el del ancla en tierra.
La vida es muerte.

La muerte es esa agarrotada vida
que sin conciencia aspira al sueño tacto,
es el cero absoluto entre paréntesis.
Sublime apóstrofe aquel de Medinilla:
«Dinos, Muerte, así vivas.»

Habló por fin la Muerte muerta.
Habló por fin la Muda y volvió al Ser

y otra vez fue, principio sin cesar,
el Verbo.
La vida es sueño, sueño en el sueño,
caerse de sueño, levantarse de ensueño,
muerte sin más y muerte de la muerte.

Mortal, mira esas nubes.

4

MUDANZA DE EDUARDO VICENTE

Se ha mudado Eduardo Vicente
sin dejarnos ni señas ni adiós.
Sus amigos quedamos temblando
como hojas que octubre arrugó.

Se ha quedado olvidado, yacente.
Era uno y ahora son dos:
ese rígido, extraño testigo
y ese vuelo invisible en el sol.

Él trazaba y aguaba y pintaba
con levísimos toques de unción
acuarelas felices y tristes,
óleos tenues, fragantes de amor.

Arrabales, suburbios, madriles,
parroquianos de frasca punzó,
la muchacha que en cama de hierro
se desviste olorosa a jabón.

Y qué cortos ahora sus viajes
al París que del siempre hace hoy
o a vivir con los negros de Harlem
y a pintar sus tugurios de horror.

Su paleta evapora, decanta,
va a volar, a ser brisa el color.

Él inventa su lila y su rosa,
su aura verde que marzo insinuó.

Él esconde la línea que tiembla,
cimbreante, infalible de ardor,
tras la tierna apariencia indolente
de sus manchas movidas de son.

Se habrá ido por esas praderas
a cantar junto a King el pastor
(pero ¿cómo olvidó aquí su cuerpo?)
con sus pobres en la procesión.

5

REVELACIÓN DE MOZART

A Antonio de Zubiaurre.

Todo es divina superficie, todo
humanidad profunda. Mozart vivo,
pintura vegetal, hoja aplicada
a una pared, él y el misterio
del vacío infinito. Y una línea
—bisel cortante— en ángulo quebrada
que es un perfil de espejo metafísico.
Nadie intente salvar esa frontera
entre la plenitud y el lienzo puro
o la nada. Los dos orbes eternos,
la vida y lo que nunca nacería.

Es imposible ya comunicarse
sin cortarse los ojos que se atrevan
a transgredir la puerta. Pero el hombre
de ese retrato está mirando allendes,
tocando, revelando con sus ojos,
sus ojos que querrían ir de vuelo
si las riendas sutiles no tensaran
su esclavitud. Los ojos mozartianos

bañados de otra luz que no es la nuestra
besan, rajan cristal, niños y abiertos
en abultado éxtasis, nos salvan
al salvar el abismo, nos rediment.
Oh Mozart, Mozart flor, libre y atado
para quedarte siempre con nosotros.

Tres voces niñas cantan a la puerta
del misterio inminente. Hechiza un pájaro
las nieves y los juegos de una flauta.
Y la revelación ya en nuestros dedos
se deja acariciar, nos da sentido.
Con las piernas cruzadas toca un niño
de nueve años —triste ya y jugando,
creando melodía y equilibrio—,
el pianoforte que ahora está naciendo
al tacto de unas yemas delicado,
y no al hundir, al levantar las teclas
timbra, encadena, cristaliza escalas
y aroma de myosotis todo el ámbito.
—«"No me olvides." La música es no olvido
y yo sólo sabré toda mi vida
decir cómo os quiero y cuánto, cuánto
—no me olvidéis— seré menesteroso
de vuestro amor. Y así como ahora errante
de Corte en Corte os lo voy cantando,
improvisando variaciones, arias,
sonatas onduladas de agua fresca,
así continuaré transparentando
cada año de mi vida más profunda
mi pena sonreída azul myosotis.»

Rocas, fontanas, plazas de Salzburgo
en la octava del Corpus. Un sol lírico
calienta en los jardines de palacio
las casi negras máscaras mortuorias
que fingen los enormes pensamientos
entre los jaspeados y amarillos.
También la tierra piensa, piensa y canta,
y sus muertos se asoman a la vida
a gozar de este sol, oro de música,
y a oír cantar los mirlos y los niños.

La tierra, el ruiseñor, el niño, el muerto
cantan sobre la orquesta que hace el río,
cantan, miran y piensan. Tal la vida
se enreda con la nada y doce tonos
modulan de uno en otro sus mensajes
—color melancolía, matiz gloria,
tinte desmayo, iris esperanza—.
No olvida, no, la música. Ella cree.

Mas qué verán los ojos —¿niño, hombre?—
que así penetran más allá del límite.
Porque ellos ven la bienaventuranza
y la espejan en cláusula, en cadencia
ofrecida al candor, porque ellos rondan
y descubren la espalda de los sueños,
por eso ya nosotros nos alzamos,
somos corpóreos, prietos e infinitos,
sabemos dónde pisa cada instante,
por qué curvas, volutas, por qué estrías
resbala tan feliz, a qué se expone,
cómo se salva y gira y es ya otro
y a la vez sigue siendo el mismo, suma
de todos los instantes presentísimos,
orbe acabado y siempre, siempre haciéndose.

Y terco el pulso azul myosotis, péndulo,
pisondero, alzacola, menudico,
lecho latido, golpeado, cifra
entretejida, leve, queja y goce
en simple identidad para que el tempo
y el ritmo alcen sus brazos allá arriba,
sus libres acueductos donde surcan,
transcurren con las nubes las estrellas.
Todo se hace y se deshace, todo
se logra y se malogra, torna, gira,
tal una pompa de jabón que sube,
desciende, globo frágil de colores,
tensa esfera que nunca nunca estalla
porque consiste, vuela, vuelve, es.

Y habló el cuarteto ahora: «Ya he explorado
todo, arranqué a la esfinge su vacía

mascarilla. ¿Y no hay más? Dadme otra viola.»
No era sólo la pena, era la alada
habitabilidad plena, absoluta,
la quinta dimensión que descubría
hacia el dolor o el gozo su poliedro,
su ángel de cuatro velas y un navío.
Siempre una voz ¿de más?, no, de conciencia
tan injertada al fuste que está obrando
la unidad de Narciso, el morar dentro
y fuera a un tiempo mismo, divisándose,
duplicándose y ya perteneciéndose
o extraperteneciéndose:
                                        las cuatro
angélicas opciones que se esperan,
se entrecruzan, se evaden paralelas,
se arrepienten, preguntan y preguntan
por la ninfa, la siempre retrasada
—como en el juego de las cuatro esquinas—
volando, sucediéndose, arpegiando
el anhelo, la angustia que se alza
hasta la infinitud de la novena
para ir desmoronándose en sus pétalos.
Y sin cesar un punto, la amorosa
quinta presencia —arroyo, guija, beso,
pespunte mesurado— certidumbre
del existir en el sesgar del tiempo.
Cinco arcos multánimes, unánimes,
y un solo ángel sin cesar perdido.

Y en cuanto a otro ángel, recobrado,
ese es el del amor y del teatro,
porque la escena es, no la conciencia,
la ciencia. En ella sabe lo de todas
las almas, todas sí, menos la suya.
Entre el acuario escénico y la sala,
grana y oro y espectros de otra vida,
viene y va la piedad, drama jocoso.
Y Mozart canta y llora, rasga, incendia
la tela del vivir. Duerme la vida
y sueña que es teatro y que es de música
el pensamiento humano. Fantasía
son esos palcos, tronos, damas, príncipes,

y realidad, irrefragables seres
las melodías sobrevoladoras.
¿Dónde están las palabras? Ya no existen.
¿Dónde personas, máscaras? Disueltas,
absueltas en las ondas, los metales
de transfiguración por timbre y gracia.

Y las manos del niño entre cartones,
colores, pespectivas, cortan, arman
escenarios de grutas, líneas, ecos,
templos, serrallos, bosques, horizontes
de mar en lejanías de violines,
la modulable irrealidad del tacto.

Mas del niño, manos del anciano
que en huerto oculto por sí solas viven
aunque el hombre invisible, el evadido,
el cumplido muriese a la edad justa
como fruto en la flor ya consumado.
Pero esas manos que se desarrugan,
que se achican, suavísimas, mimosas,
para jugar entre linterna y muro
a las sombras chinescas —borriquillo
que habla, mariposa, liebre, trucha
que salta y riza espumas y mordientes—
esas manos o rosas o capullos
o fragancias errantes o caricias
siempre se están abriendo en jardín verde,
se están plegando de pudor y ensueño:

Para que más arriba, ojos ilímites
—adultos ya y astrales, emigrados—
nos descubran situado el paraíso
que hormigas como ángeles mensuran
—prisa de artejos y frescor de alas—.
Música desde el cielo para el hombre
a su medida clásica y divina,
revelación herida en el costado,
oh Mozart mío, de ese tu universo
que es el regazo puro —los timbales
de tu agonía ya alejaron truenos,
ya el azul restaurado de Salzburgo

celeste es el celeste azul novísimo—
universo o regazo revelado,
el estado de gracia, el ser de gracia,
prenda de salvación por el retorno
en espiral al mástil del no olvido.

6

SALVACIÓN EN EL TEMPO

No quiero retrasar por más que el tiempo retrase
y mienta en números lo que en verdad confiesa.
No quiero quedarme al margen como caña sin dueño
mientras el río canta su eterna maravilla.

¿El río muere, el río vive, el río llora, el río ríe?
Yo quiero ser mi río y mis dos orillas.
Irme quedándome.
Agua y cauce,
pez y sauce.
Y melodía y risa y brisa.

Pero retraso no. Mi andante justo.
Desde el alba al ocaso
marcando el paso siempre paso a paso.
No hay que hacer caso al tiempo sino al tempo.

Oh tempo, en ti me salvo. Te soy fiel.

XXXIX

COMETA ERRANTE (HOJAS)

7

LOS ÁRBOLES DE GRANADA

A Manuel de Falla.

I

En el principio fue el invierno.
No. No fue la primavera.
En el principio fue el sueño soterraño.
Las raíces escarbaban con sus uñas.
El mantillo de hojas mojadas y podridas
entra en las entrañas de la madre.
En el principio la madre, la invisible, sueña.
Duerme y sueña.
Espera y sueña.
Despierta, empuja y sueña.
Trabaja y sueña

Manuel de Falla se encierra en su torre [diminuta,
su torre, su almendra,
toda prieta de sueños y sansueños.
Manuel de Falla, eremita,
reza, inventa, trabaja, tañe, acendra.

Árboles de la Alta Antequeruela,
del Albaicín cerrado y aterido,

de la Vega hortelana bien podados,
de los místicos Mártires,
curvados sobre el Darro,
trepando al Sacromonte,
por los paseos melancólicos,
alamillos de su barrio, lanzas, filos,
guardia firme, infatigable
de cipreses sin sueño ni relevo,
y tiendas de campaña a la redonda,
de asombrado verdor, tiempo durmiente.

II

Marzo marcea, Abril se abre.
Mayo delira. El Corpus sangra.
Árboles de la primavera.
Árboles del soto.
Árboles del bosque.
Árboles de la vida.
Árboles, árboles, árboles.
Daos prisa, yemas, hojas,
savias, resinas, impaciencias,
capullos mínimos, flores, fragancias,
sombras móviles, toldos indecisos,
nubes errantes, lluvias de la sierra,
aguas felices, arroyos, albercas rizadas,
cotas de malla, agujas,
acequias y barandas y deslices y escuchos.
¿Cómo fue el milagro, muñones, codos, varas quebradizas?

Manuel de Falla me lleva a la Alhambra.
—Que le enseñen Granada los amigos.
Pero a la Alhambra le acompaño yo—.
Llueve leve llovizna.
Hay que volver a casa a calzar chanclos.
La Alhambra se disfraza de Cantabria
pensando así adularme.
Y cómo huele, qué humedad suavísima.
Cómo tiemblan de amor
las aguas aéreas del Generalife.
Y guardamos silencio.

Sólo los ojos hablan, gozan juegos
de verdes, rosas, granas, amarillos.
Y yo le miro escudriñando
—ritmos, ritmos, ritmos—
su secreto manar de nueva, esbelta música.

Álamos negros, álamos de plata,
olmos, moreras, ailantos, aligustres.
Arpegiadores cedros y su ventalle en la sien de San Juan.
Y los castaños de Indias alumbrando sus situadas candelas,
y el magnolio que esconde, asoma ya sus cálices,
redundando indecibles esencias y opulencias.

III

Ya está en su ser el bosque.
Ramas, hojas, se abrazan, se entrelazan.
Ya llegó la unidad, la plenitud.
Toda la Alhambra es un solo verde,
un verde solo de mil colores abolidos,
un universo verso de mil versos unánimes.
Es la cumbre del año, el logrado paraíso.
Todo se estipuló para llegar a esto:
El bosque en su ser.
Y la arquitectura, la pálida, la rojiza,
temblando en sus paneles de miedo y de placer.
El bosque, el alma una de la Alhambra.
Todos los tordos son un tordo,
un ruiseñor los prolongados ruiseñores.
Fuera, en corros, en hileras, en plazuelas,
sueltos, exentos,
a cuerpo y aire limpio y ardoroso,
los árboles de abajo
sosteniendo en sus hombros el verano.

Y vuelve el maestro a su celda.
Atrasa su reloj dos horas
y así la mañana laboriosa es infinita,
y la tarde sesteante y charladora,
y la noche de errantes estrellas
no tiene nunca prisa.

La música tampoco.
Lejanos grillos cantan, cantan.
Y Manuel de Falla crea en sueños.

La vida humana ¿será bosque,
un archipiélago de ínsulas rebeldes?
¿Quién manda a quién?
¿Es la estival la sazón de los hombres?
¿Vivimos para morir, morimos para vivir?
¿Semilla, hoja, flor, fruto?
Los árboles nos hablan: aquí estamos.
Aprended de nosotros.
Y vuestra vida sea bosque eterno.

IV

El otoño amarillo.
El otoño de oro.
El otoño de fuego.
El otoño de lumbre, de herrumbre, de ceniza.
Altas llamaradas quietas.
Vestirse de glorias ya no de este mundo.
Árboles del otoño.
Árboles de la Vega.
Árboles del bosque.
Chopos, plátanos, álamos,
promesa y colmo agudo, ánimas en paraíso.
Los no caducos verdes luchan pero en vano.
Los azulados grises, los pizarras
reflejan ya, no absorben.
Granada arde en gloria, gloria, gloria,
y la nieve modula a cada hoja que cae.

Manuel de Falla apaga oros en su ermita.
Cierra los ojos para escuchar vuelos.
—Vístanse de esplendores la colina y la orquesta
que a mí me basta túnica negra y blanca
como a la urraca rectilínea.
Todo el otoño es templo,
holocausto al Altísimo

y de la Atlántida remota
vienen a visitarme los alciones,
dictándome modos y tientos de mar—.

El anillo se cierra.
Sin saber cómo
los oros y los cobres y los fuegos
se han disuelto en el aire.
Allá en la sierra quedan unos robles
velando con sus hojas,
ascetas y sayales y agarradas
la vida soterraña que renace.

1975

8

LA AMISTAD

En memoria de Antonio Pérez Gómez.

Quisiera yo decir ese milagro
que es la mitad de fuego,
la ignición propagándose
sin consumirse nunca,
la llama que nos ciñe y no nos quema.
Mas ¿cómo puede la devoradora
renovarse sin magia de ceniza
y salir y reentrarse en su hogar puro,
rica de más y más conciencia
a cada nueva lengua de desatado espíritu?

Mi amigo es mío y suyo y tuyo.
Es él y somos todos
en la alta fiesta de la entrega pródiga.
No hay resistirse, él vence sonriendo
y piensa en cada uno
y en su pecho lo abriga.
¿Hay enemigos? que los haya.
¿Desatadas pasiones, demasías?
No se puede ser hombre
sin presentes memorias cicatrices.

Pero lo innumerable siempre crece
y en la soledad luego, casa de dolores,
el buen amigo calla, alumbra, espera.

¿La madrugada ya? Engaño. El tiempo duerme.
¿Burla el reloj su acompasado paso,
huella de puro sueño
su no movida —tic, tac— marcha tullida?
Rezamos el rosario en el insomnio
y de la eternidad el bebedizo
nos suma en cuenta sin cesar naciendo.
Aún tardará —el cálculo sugiere, apuesta—.
Alguien en la tiniebla ensaya el fósforo
y la raspa se niega, no hay errante
estrella ni aun efímera, burlada.

Ancló la angustia en la alta mar de insomnio.
Los sueños ¿sueños son? Son realidades,
uno por uno. Lo que soñé dura,
me clava su puñal,
sigue clavando,
ahondando,
atornillando.

Y yo acudo al amigo,
a la amistad bien viva,
a aquel que estoy seguro que lo mismo
haría en trance semejante,
y al llamarle y venir
con él vienen todos, los infinitos,
todos, la amistad.

Con él, sí, contigo,
amigo al otro lado que me fías
la melodía inalterable
iniciado en esta todavía
ladera donde amigos éramos,
tú en humildad, yo en pena
de no saber decirte lo indecible.
Ahora sí, ahora creo saberlo
gracias a ti, a tu luz de Navidad
que me canta ya el alba a la que aspiro.

1977

9

MURIENTE ESTÁS

Muriente estás, muriente acreditado,
muriente permanente e instantáneo,
muriente mas no muerto, moribundo
mas no mortal. En tus palabras vives,
mueres y vives y te restituyes,
te quedas, te glorías, te abandonas
y tus abanderados te seguimos,
partícipes de ti, tus partidarios,
tu fe mojada en espumosas ondas.
Para que no se diga el desvarío
de tu yerro vacío de esperanza;
pues olvido es el mar, mudanza el viento.

1981

10

LA CIUDAD Y LA PAZ

A vista de pájaro
se divisa el caserío
y aquí tan cerca
plantas, arbustos en silvestre maraña.
Cuatro niveles:
el niño, el hombre, el ave, el ángel.
El peldaño es el orden, es el

Ser.

Sobre la Ciudad, la Paz.

1983

11

AVENTURA

La Aventura ¿en dónde la Aventura?
Pues que la tengo   ahí aquí   en la
mar que refleja la montaña
Mar y Montaña
Son aventura y —sí— bien hermanadas
para evitar la rota desventura
Nacer de ti   contigo   en la Montaña
Y ser para la mar   para ti   madre
la misma y a la vez otra
espejo mutuo
siempre rompiéndose
y siempre renaciente   suya   mía
es algo más que vivir
más que aventurarse
es identificarse   ahondarse   cuna
madrina   mi Santander   más   mi palabra
entre la cumbre de la luz y el abra

1983

12

LA SOMBRA DEL NOGAL

Homenaje a Vicente Aleixandre.

La sombra del nogal es peligrosa
Tupido en el octubre como bóveda
como cúpula inmóvil
nos cobija e invita
a su caricia fresca
y van cayendo frutos uno a uno
torturados cerebros nueces nueces

Por las noches
sombra de luna muerta de el nogal
y van suicidándose una a una

sus hojas quejumbrosas
y pies desconocidos invisibles
las huellan las quebrantan las sepultan
librándolas así
del torbellino eólico
que azota a lo mortal abandonado
sobre la haz funesta de la tierra
impenetrable

Pero ¿quién pasa quién posa?
¿De quién los pies piadosos redentores?

1977

13

NO ESCRIBIRÉ YA MÁS...

No escribiré ya más un verso
en que no haya embarcado toda el alma
aunque no lo parezca
aunque se le antoje frívolo
al que no sabe la misión del fuego
y su escondido origen
Creedme todos   Una rama
delgada y quebradiza
es el bosque total
la madera y la hoja y la flor absoluta
Y hay que estar siempre cayendo
siempre creando
para hacerse creer revivir perdonar
en la insolución del misterio
El color que se evade de la pared funesta
la lágrima que ya asomaba y que se vuelve ceniza
el surco liso y sesgo del errante pajarillo
el beso de la llama a su hijo el humo
y el reflejo del deseo
en la columna giratoria del acorde
me están diciendo en lenguas inmortales
que mi grumete verso trepa
y va a zarpar sobre la mar el barco

1977

14

VUELO EN BUSCA DE PLACENTA

Ay déjame perderme extraviarme
por dentro de mí todo en fuga sin preludio
mudo y sordo de música olvidada
Que yo pueda orientarme
en el seno del nido giratorio
volar buscando mi placenta
sin saber que hay afueras y adentros
y gotas siempre colgando
que nunca acaban de llorarse
¿Quién es ese que llora cuando lloro?
Buscadme más adentro
que me perdí abierto de ojos
olvidado de nidos
siempre yo mismo un vuelo
en busca tenebrosa de placenta

1982

15

ROMANCE JINOJÉPICO

En el tono de «Cata Francia, Montesinos»

Cata Francia, Montesinos,
cata París la ciudad,
cata a Casta y a Gustavo.
Cata a la gata que está

maullando por el tejado
esperando a su galán.
El día que tú naciste
hubo una grande señal.

En el cielo de Sevilla
dicen la incredulidad
y otras verdades de a folio
que hubo una estrella de más.

Cata, cata, Montesinos,
cata a Marisa mirándote
con ojos de enamorar,
cata, cata a Catalina,
Catalineta juncal,

cata, cata a Gloria Fuertes
del brazo de Paco Umbral,
y a María de los Reyes
que al ayuntamiento va,
a su sección de cultura
a escribir versos de Itálica
y su mustia soledad.

Por atún y a ver al Duque,
Aquilino, vete ya
que en Sevilla hay más poetas
que en la Generalitat.

Cata en torno, Montesinos,
cata la catacumbal
cripta del Café Gijón
luminosa de amistad,

que si a mí no me columbras
es que me manda encerrar
mi médico Tirteadentro.
No puedo salir de noche
ni a comer pescaíto frito
que es una lastimidad.

Pero ahí va mi jinojepa,
cátala tú, cantalá.

1973

16

JINOJEPA DEL CERVANTES

Ay Cervantes, Cervantes, Cervantes;
pero, hombre (y por vía de apremio)
¿por qué no llegaste quince años antes?

Déjame que te jinojepe
porque aunque sepas mucho más que Lepe
y más que Lepijo
y más que su hijo,
no sabes lo que es una jinojepa.

Una jinojepa es una chanza
como la de Cipión y Berganza
y también como hablar por bernardinas
—que ahora dicen en camelo—.
Abre los ojos y mira a Don Quijote
que ya estamos en la cueva de Montesinos
—¿otra vez, Rafael, con Marisa y Salsipuedes?—
y arriba queda Sancho Panza.

Tu Don Quijote es una jinojepa monstruosa
y tu «Vive Dios que me espanta»
es otra de juguete.
Por aquí anda Rinconete en su rincón,
cripta o boquete,
y se asoma y sube y baja un Angelo-
te García Lo-
pe,
pe, pe, yo sé lo que digo
y Cortadillo es de café con leche
y el Oidor es Carlos de la Vega.
Y el bachiller Sansón Carrasco
viene de Tomé Cecial,
y para ese chasco
hacen falta narices
y quitárselas para empinar la bota
y Sancho no lo cree el muy pasota.

Por allá va Manzanos
que guiña el ojo mejor que Maese Pedro
y el Licenciado Vidriera pegado a la misma
a ver los pájaros, las parejas y la grúa.
Y los del dominó por esos prados
ahorcando cinco dobles:
son como criaturas, pobrecillos,
y el jinojepero primero
que es Pepe García Nieto

y los votos del Clase que es Don Paco Pavón,
y los cuatro evangelistas Lucas y Marquitos
y Mateo que lo busco y no lo veo
y otro jinojepánico, Juanito Pérez Creus,
y atado a su columna de cristal y jacinto
Delgado Benavente que es otro Vidriera.

Y en un aprieto justo de poetisas
las hijas de las madres o al revés,
y en su bauprés, Garcés.

Ay Cervantes, Cervantes, Cervantes
¿por qué no viniste antes
y ahora te encoges y te alargas y te largas?
Averígüelo Vargas.
Descíframelo, Borges.

1980

17

MONASTERIO - SILOS

Silos de mi alma.
Yo te canté y te canto.
En mi pecho te abrigo.
Ahora es también el claustro
y, al azar, un capitel.
Arpías virgilianas
con sus cabezas de mujer maldita
y su alas cerradas, poderosas.
Y leoncillos vencidos por los pavorreales.
Corre por el cimacio un doble entrelazado.

Con este único símbolo hoy me alimento.
Los poderes del mal, el bien que lucha.
Sólo esta estampa prodigiosa,
y a escuchar —instante eterno—
la música sin pauta del ciprés.

18

SAN ISIDORO - LEÓN

Entre un cubo de muralla
y una modesta casa de vecinos
se levanta la torre isidórica.
Es invierno sin duda.
Lo revelan los árboles, el lector ambulante,
el ciclista abrigado
y la palidez de la fachada
y el pasmo de campanas quietas, yertas.

Torres de España,
a todas ascendí para gozar volúmenes
y cielo azul y vida íntima en patios y azoteas
y juegos de chiquillos en plazuelas.
Caracol de piedra oscura,
escalones altísimos, asomados a saeteras,
y el vencimiento de los músculos.
Torres románicas,
paseos por el dorso, rodeos de cimborrios,
de naves y de bóvedas.
Posesión plena de la arquitectura,
entrañamiento de la fe y del tiempo
en un meridio de Alta y Baja Edad Media.
Criptas, torres tan mías,
bautismales, ungidas, gloriosas.
Mi románica España.

19

PLAZA VIEJA

La Plaza Vieja. Mi Plaza Vieja y el reló en su torre,
reló de torre, reló de bolsillo. No se ha inventado el de pul-
[sera.
«A cotejar, a cotejar, Gerardo.» Yo en el puente de Vargas.

20

ATARAZANAS

¿Nada? Quedo yo, Jaime el Jinojépico.
¿Cuál tu casa? —Mira allí arriba el aire, allí nací.
¿O es que no fue verdad Puerta la Sierra?
Mis respetos a Barcelona y a Sevilla.
Pero de estas mis Atarazanas salieron San Fernando y Bonifaz.
Santander: Atarazanas, Astilleros,
Barcos, Escuadras, gloriosas vencedoras o vencidas.

APÉNDICE

PRIMERA ANTOLOGÍA DE SUS VERSOS (1918-1941)

FECHAS DE LAS COMPOSICIONES

1918.—*Iniciales, El romancero de la novia, Nocturnos de Chopin* y número 22.
1919.—*Evasión* (menos número 22), 26, 27, 43, 45, 47.
1920.—28, 29, 30, 31, 32, 34, 46, 66, 67.
1921.—30, 35, 36, 37, 38, 39, 40, 41, 42, 44, 48, 49, 50, 71.
1922.—65, *Manual de espumas* (menos 71), 87, 88, 89, 90, 91.
1923.—51, 53, 54, 55, 56, 57.
1924.—52, 58, 59, 60, 61, 62, 63, 64, 70, 84, 85, 86, 92, 93, 94.
1925.—68, 69, 112.
1926.—125, 127, 150.
1927.—99, 113, 114, 124, 151.
1928.—100, 115, 116, 117, 118, 121, 128.
1929.—96, 129.
1930.—95, 102, 130, 131.
1931.—101, 103, 119, 126.
1932.—105, 106, 107, 132, 133, 134, 135, 136, 137.
1933.—108.
1934.—104, 109.
1935.—97, 98, 138, 139, 140, 141.
1936.—120, 142, 143, 144, 145, 146, 147, 148, 149.
1937.—122.
1938.—121, 154.
1939.—123.
1940.—153, 156.
1941.—110, 111, 152, 155.

LIBROS REPRESENTADOS EN ESTA ANTOLOGÍA

LIBROS IMPRESOS EN EDICIÓN PRIVADA

II.—*El romancero de la novia.* Santander, 1920.
X.—*Soria,* Galería de Estampas y Efusiones. Valladolid, 1923.

XIII.—*Fábula de Equis y Zeda.* México, 1932.
XIV.—*Poemas adrede.* México, 1932.

LIBROS PUBLICADOS

V.—*Imagen,* poemas. Madrid, 1922.
VIII.—*Manual de espumas.* Madrid, 1924.
VII.—*Versos humanos.* Madrid, 1925.
IX.—*Viacrucis.* Santander, 1931.
XV.—*Alondra de verdad.* Ediciones Escorial, Madrid, 1941. (Agotada la 1.ª edición; en prensa la 2.ª)
XVI.—*Ángeles de Compostela.* Madrid, 1940.

LIBROS INÉDITOS

I.—*Iniciales.* (En preparación, una edición de este libro en un mismo volumen con *El romancero de la novia.)*
III.—*Nocturnos de Chopin.* (En preparación, una edición de este libro con comentarios en prosa.)
IV.—*Evasión.* (Contiene una parte inédita a la que pertenecen los números 16 al 21 de esta ANTOLOGÍA, y otra parte publicada en el libro *Imagen,* números 22 al 25.)
VI.—*Limbo.*
X.—*Soria.* (Consta de tres cuadernos: el primero es la *Galería de Estampas y Efusiones,* números 87 al 91 del presente libro, impresa en Valladolid para los «amigos de José María de Cossío»; el segundo, el *Nuevo Cuaderno de Soria,* números 92 al 94, que se traspasa de *Versos humanos* a esta colección completa de *Soria;* el último, números 95 al 98, inédito. Edición en preparación.)
XI.—*Biografía incompleta.*
XII.—*Hasta siempre.*
XVII.—*La Suerte o la Muerte.* (Preparado para editar.)
XVIII.—*Versos divinos.*

Ediciones «Patria» ha editado además una antología de *Romances* (1918-1941), selección y prólogo de G. D.

NOTA ACLARATORIA PARA LA CUARTA EDICIÓN

He querido respetar lo que antecede, tal como figura en la primera edición, reflejando el estado de mis libros en febrero de 1941. Por eso mismo me parece necesario aclarar las variaciones y aumentos de los libros —en composición y en edición— hasta el presente junio de 1958.

La primera sección, de «Libros impresos en edición privada», ha sido publicada íntegra. El II, *El romancero de la novia,* juntamente con el I, *Iniciales,* en Madrid, 1943 (Biblioteca Hispánica. Librería General, Zaragoza). El X, *Soria,* aumentado con otras nuevas secciones escritas después de 1941, en Santander, 1948 *(El Viento Sur.* Librería León Sánchez Cuesta, Madrid). Los XIII y XIV, *Fábula de Equis y Zeda y Poemas adrede,* en Madrid, en un solo volumen, 1943 (Colección Adonais).

A la sección de «Libros publicados» deben, pues, pasar todos los que anteceden más el I, VI, XI, XII y XV, según se detalla luego. Y por otra parte, hay que advertir que se ha publicado una nueva edición del IX. *Viacrucis,* aumentada, en Madrid, 1956 (Ediciones Ágora). Y que el XVI, *Ángeles de Compostela,* constituye ahora, muy aumentado, un libro en su mayor parte nuevo, pendiente aún de edición. Por lo tanto, la representación antológica de *Ángeles de Compostela,* lo mismo que la de *Soria* y la de *Poemas adrede,* también aumentados en la edición de Adonais, resulta ahora insuficiente, al no poder incluir lo escrito después para la ulterior vida de esos libros.

Otro tanto sucede con algunos de los inéditos, y representados ya en esta ANTOLOGÍA, que aún siguen inéditos. El III, *Nocturnos de Chopin,* El XVII, *La Suerte o la Muerte,* que ha pasado de cuatro poesías a más de setenta. Y *Versos divinos,* también muy incrementado. De los otros entonces inéditos, no lo son ya el VI, *Limbo,* Las Palmas de Gran Canaria, 1951 (Colección El Arca). Ni, como hemos dicho, *Soria* (aunque ya hay más poesías esperando una nueva edición), ni el XI, *Biografía incompleta,* Madrid, 1953 (Instituto de Cultura Hispánica). Este libro creció también mucho desde 1941 a su fecha de publicación, y por lo mismo no está bien representado en la presente ANTOLOGÍA. El XV, *Alondra de verdad,* salió en dos ediciones, agotadas ambas. Madrid, 1941 y 1943 (Editora Nacional).

De todo lo apuntado se deduce que ya va siendo hora de prolongar este libro con una SEGUNDA ANTOLOGÍA que elija entre lo escrito por mí después de aquella fecha. Espero no tardar mucho en prepararla para esta misma Colección Austral, y ha de resultar por lo menos un libro tan extenso como este (*). Piense el lector que en estos diecisiete años he escrito, además de todo lo que corresponde a los títulos antiguos antologados en este libro, seis libros totalmente nuevos y ya publicados: *La sorpresa* (Consejo Superior de Investigaciones Científicas, Madrid, 1943); *La luna en el desierto y otros poemas* (Santander, 1948); *Variación* (Madrid, 1954); *Amazona,* dos ediciones (Madrid, 1955 y 1956, Colección Ágora); *Paisaje con figuras* («Papeles de Son Armadans, Palma de Mallorca, 1956), y *Amor solo* (Espasa-Calpe, Madrid, 1958). Y además otros diez libros inéditos, la mayor parte totalmente concluidos.

G. D.

(*) Publicado en 1967 en esta Colección con el número 1394.—*N. del E.*

SEGUNDA ANTOLOGÍA DE SUS VERSOS (1941-1967)

TABLA CRONOLÓGICA

(Fecha de las composiciones)

1941.—2, 25, 27, 39, 40, 41, 42, 43, 44, 46, 48, 51, 52, 54, 60, 74 y *La sorpresa.*
1942.—3, 5, 8, 9, 28.
1943.—1, 6, 37, 64, 65, 87, 114, 115, 116, 117, 145.
1944.—4, 26, 56.
1945.—47, 139.
1946.—7, 61, 153, 154, 161.
1947.—155.
1948.—31, 32, 34, 36, 45, 49, 55, 86, 88, 152, 164, 165, 166, 175.
1949.—10, 11, 12, 13, 14, 15, 16, 33, 71, 89, 90, 91, 92, 93, 94, 143, 160, 178, 180.
1950.—69, 144.
1951.—95, *Amor solo,* 113, 119, 120, 121, 122, 123, 124, 125, 126, 127, 131, 132, 133, 218.
1952.—17, 18, 19, 29, 30, 35, 66, 94, 118, 128, 129, 147, 151.
1953.—167, 168, 169, 170, 172, 174.
1954.—68, 141, 142, 150.
1955.—38, 57, 59, 72, 134, 135, 136, 137, 138.
1956.—53, 177.
1957.—130, 140, 156, 157, 158, 159, 162, 163, 176, 179, 181, 182, 183, 184, 185, 208.
1958.—58, 67, 187.
1959.—50, 70, 186, 189, 190, 191, 192, 194, 195, 196, 197, 198, 199, 203.
1960.—146, 188.
1961.—148, 149, 171, 173, 202.
1962.—62, 204, 219.
1963.—63, 193, 200, 201.
1964.—213.
1965.—205, 206, 207, 209, 210, 211, 212, 214, 215.
1966.—20, 21, 22, 23, 24, 216, 217, 220.
1967.—73, 221.

LIBROS REPRESENTADOS EN ESTA ANTOLOGÍA

Los libros representados en esta SEGUNDA ANTOLOGÍA, que es una continuación de la *Primera Antología de sus versos* (número 219 de esta misma Colección Austral), versos naturalmente míos, de G. D., llevan una numeración romana que hasta el XVII no es correlativa. La razón es que de los anteriores sólo sirven de cantera para este libro aquellos sobre los cuales he seguido trabajando, prolongándolos o ensanchándolos, después de febrero de 1941, fecha en que entregué el original de la *Primera* a la imprenta. Los demás, publicados entonces o todavía inéditos, no han sufrido aumento ni transformación alguna y no había por qué volver sobre ellos ahora. En cambio, el X, *Soria,* se publicó luego muy aumentado. Más todavía el XI, *Biografía incompleta,* también publicado y prolongado, vuelto a prolongar en recientísima edición de este mismo año. El XII y el XIV, *Poemas adrede* y *Hasta siempre,* se publicaron también con añadiduras y en el primero de ellos incluí la *Fábula de Equis y Zeda,* número XIII de mis libros poéticos. El XVI, *Ángeles de Compostela,* se convirtió después de su primera versión y edición en un libro muy ampliado, pero por crecimiento orgánico, no por continuación. El XVII, *La Suerte o la Muerte,* era apenas un proyecto en la *Primera Antología* y se convirtió a lo largo de muchos años en un libro-poema muy extenso, subtitulado «Poema del toreo». También el XVIII, *Versos divinos,* ha seguido aumentando sin cesar y aún hoy no lo doy por concluso, por lo cual permanece inédito.

A partir del XIX, *Preludio, Aria y Coda a Gabriel Fauré,* siguen los libros totalmente nuevos, escritos desde la primavera de 1941 hasta 1967, y en cada caso señalo bajo su título las fechas correspondientes de composición, no de publicación.

He aquí, pues, la lista de los libros representados en este, con indicación editorial, o de distribuidor o librero a quien se le puede solicitar.

X.—*Soria.* «El Viento Sur». Santander, 1948. Librería de León Sánchez Cuesta. Serrano, 29. Madrid (1).

XI.—*Biografía incompleta.* Segunda edición con nuevos poemas. Madrid, 1967. Colección La Encina y el Mar. Ediciones Cultura Hispánica. Avenida Reyes Católicos, sin número. Madrid (3).

XII.—*Hasta siempre.* Madrid, 1948. Colección Mensajes. Agotado.

XIV.—*Poemas adrede.* Madrid, 1943. Colección Adonais. Agotado.

XVI.—*Ángeles de Compostela.* Madrid, 1961. Nueva edición completa. Distribuidora Hispano-Argentina. Conde del Valle Suchil, 6. Madrid (15).

XVII.—*La Suerte o la Muerte.* «Poema del toreo». Madrid, 1963. Taurus Ediciones. Claudio Coello, 69 bis. Madrid (1).

XVIII.—*Versos divinos.* Inédito.

XIX.—*Preludio, Aria y Coda a Gabriel Fauré*. Santander, 1967. Edición numerada de 150 ejemplares, más 10, letras A a I. Con versión al francés de Edmond Vandercammen, facsímiles de primer borrador autógrafo y de primera versión a máquina con enmiendas manuscritas del autor. Xilografías en color de Seoane, ilustraciones de Eduardo Vicente, Lara y Molina Sánchez, y de partitura y portada de Gabriel Fauré. Cada ejemplar lleva la firma del poeta. Ediciones Alimara. Moratín, 6. Apartado 12.230. Madrid. Se sirve directamente por suscripción.

XX.—*La sorpresa (Cancionero de Sentaraille)*. Madrid, 1944. Consejo Superior de Investigaciones Científicas. Serrano, 117. Madrid (6).

XXI.—*La luna en el desierto y otros poemas*. Santander, 1949. Agotado.

XXII.—*Amazona*. (Dos ediciones.) Madrid, 1955 y 1956. Ágora. Agotado.

XXIII.—*Amor solo*. Madrid, 1958. Espasa-Calpe. Ríos Rosas, 26. Madrid (3).

XXIV.—*Paisajes con figuras*. Palma de Mallorca, 1956. «Papeles de Son Armadans». Ediciones Alfaguara. Orense, 35. Madrid (20).

XXV.—*Sonetos a Violante*. Sevilla, 1962. Colección La Muestra. Agotado.

XXVI.—*Canciones a Violante*. Madrid, 1959. Ediciones Punta Europa. Montalbán, 14. Madrid (14).

XXVII.—*Tántalo (Versiones poéticas)*. Madrid, 1960. Hispano-Argentina. Conde del Valle Suchil, 6. Madrid (15).

XXVIII.—*La rama*. Santander, 1961. Publicaciones La Isla de los Ratones. San José, 20. Librería Sur. Santander.

XXIX.—*Glosa a Villamediana*. Madrid, 1961. Colección Palabra y Tiempo. Taurus Ediciones. Claudio Coello, 69 bis. Madrid (1).

XXX.—*Mi Santander, mi cuna, mi palabra*. Santander, 1961. Editado por la Diputación Provincial de Santander. Pídase a Espasa-Calpe, Ríos Rosas, 26. Madrid (3).

XXXI.—*El Jándalo (Sevilla y Cádiz)*. Madrid, 1964. Colección Palabra y Tiempo. Taurus Ediciones. Claudio Coello, número 69 bis. Madrid (1).

XXXII.—*Vuelta del peregrino* y

XXXIII.—*«El Cordobés» dilucidado*. Ambos libros editados en un solo volumen, bajo el título *«El Cordobés» dilucidado* y *Vuelta del peregrino*. Madrid, 1966. Ediciones de la «Revista de Occidente». Bárbara de Braganza, 12. Madrid (4).

XXXIV.—*Odas morales*. Málaga, 1966. «Cuadernos de María José». Edición limitada y no destinada a la venta. Publicaciones de la Librería anticuaria El Guadalhorce.

XXXV.—*Variación 2.* Santander, 1966. Colección Clásicos de todos los años, dirigida por Pablo Beltrán de Heredia.
XXXVI.—*Carmen jubilar.* Libro inédito.

*

En la PRIMERA ANTOLOGÍA, número 219, como he dicho, de esta misma Colección, quinta edición, figura con la misma claridad que en la lista antecedente la de los libros I a XVIII de los que se eligieron las composiciones. Ya se han citado aquí los libros X, XI, XII, XIV, XVI, XVII y XVIII, que también por su ampliación posterior tenían que figurar en esta SEGUNDA. Los otros son los siguientes y sólo se indica la referencia correspondiente en los que se hallan a la venta.

I.—*El romancero de la novia.*
II.—*Iniciales.* Estos dos libros en un solo volumen. *El romancero de la novia-Iniciales.* Madrid, 1944. Hispánica. Librería de Melchor García. San Bernardo, 18. Madrid (8).
III.—*Nocturno de Chopin (Paráfrasis románticas).*
IV.—*Evasión.* Caracas, 1958. Lírica Hispana. En dos tomitos, números 189 y 190. Apartado 3.551. Caracas.
V.—*Imagen.*
VI.—*Limbo.*
VII.—*Versos humanos.*
VIII.—*Manual de espumas.*
IX.—*Viacrucis.*
XIII.—*Fábula de Equis y Zeda.*
XV.—*Alondra de verdad.*

También se han editado antologías, anticipaciones de libros y poemas sueltos, que no me parece necesario enumerar aquí. Digo lo mismo de mis libros o poemas traducidos a otras lenguas o representados en antologías extranjeras, así como de mis obras en prosa.

No se ha incluido en este libro ningún fragmento de otra obra poética. *El cerezo y la palmera,* retablo escénico en forma de tríptico, estrenado en el teatro María Guerrero, de Madrid, el 22 de diciembre de 1962 y editado por Escelicer [Héroes del Diez de Agosto, 6, Madrid (1)] en su colección Teatro, número 445. 1964.

ÍNDICE ALFABÉTICO DE POEMAS